Dietz Berlin

Lutz Brangsch / Miriam Pieschke (Hrsg.)

Sich nicht regieren lassen

Rosa Luxemburg zu Demokratie und linker Organisierung
Ein Lesebuch

Dietz Berlin

Inhalt

»Sozialistische Demokratie beginnt nicht erst im gelobten Lande, wenn der Unterbau der sozialistischen Wirtschaft geschaffen ist, als fertiges Weihnachtsgeschenk für das brave Volk, das inzwischen treu die Handvoll sozialistischer Diktatoren unterstützt hat. Sie beginnt mit dem Moment der Machteroberung durch die sozialistische Partei. Sie ist nichts anderes als die Diktatur des Proletariats. Jawohl: Diktatur! Aber diese Diktatur besteht in der Art der Verwendung der Demokratie, nicht in ihrer Abschaffung …«

Zur Einführung

von Miriam Pieschke

Jedes Jahr in der Januarkälte erinnern Tausende Menschen an die Ermordung von Rosa Luxemburg und Karl Liebknecht. Vor allem Rosa Luxemburg steht für viele von ihnen für einen demokratischen Sozialismus, für Meinungsfreiheit, vor allem auch innerhalb linker Organisationen und Parteien, und für ein Verhältnis von »Masse und Führung« auf Augenhöhe. Rosa Luxemburg gilt vielen Menschen als wichtige, weil nicht-diskreditierte Ikone der linken Geschichte und Bewegung. Das macht sie zur Identifikationsfigur. Und doch kennen die meisten nur Stichworte über sie. Was genau war ihr Verständnis von (sozialistischer) Demokratie und linker Organisierung? Dieses Buch soll ein Leseangebot zu diesem Thema sein.

Luxemburg betonte immer wieder, dass die Bedingungen politischen Handelns nicht von sozialistischen Kräften allein bestimmt würden: Weder könnten sie sich die Situation, in der sie agieren (müssen), aussuchen oder gar herbeiführen, noch könnten sie ihre Strategie- und Taktikvorstellungen einfach eins zu eins umsetzen. Schließlich handele ja auch die Gegenseite und verändere so permanent die Bedingungen jeder Auseinandersetzung. Daher ging es ihr darum – und hierin sah sie die zentrale Aufgabe politischer Führung –, die jeweiligen Entwicklungen zu beobachten, sie zu analysieren und daraus Schlüsse für das politische Handeln zu ziehen – und all dies gemeinsam und in ständigem Austausch mit »den Massen«. Ihrer Ansicht nach kamen weder Partei- noch Gewerkschaftsführung dieser Aufgabe nach. Deshalb suchte sie mit diesen immer wieder die Auseinandersetzung. Sie war in ihren Texten wie in ihrem Leben Agitatorin, Wahlkämpferin, Dozentin, Journalistin, Parteimitglied und -strategin zugleich. Ihre politische Theorie ist politischer Journalismus, ihr politischer Journalismus ist zugleich ihre politische Theorie.

Das stellt uns als Herausgeber*innen dieses Buchs vor einige Herausforderungen. Die vielleicht größte: Wir wollen Texte von Luxemburg präsentieren, die sich mit Demokratie beschäftigen. Allerdings gibt es nicht den *einen* Text, in dem sie ihre Sicht auf Demokratie darlegt. Das Thema zieht sich eher wie ein roter Faden durch ihr Werk. Daher haben wir eine Vielzahl von Texten zusammengestellt, die Luxemburgs Auseinandersetzung mit dem Thema Demokratie in verschiedenen Aspekten sichtbar macht. Allerdings behandeln diese Texte zum Teil ganz andere Themen. Und fast alle sind tagesaktuell, denn Luxemburg schrieb anlassbezogen. Da aber kaum ein*e heutige*r Leser*in wissen wird, auf welches Ereignis sich diese Texte beziehen, folgt hier zunächst ein Hinweis.

Karl Liebknecht
(1871–1919)

… war Rechtsanwalt und seit 1900 Mitglied der SPD. Der Sohn des Parteimitbegründers Wilhelm Liebknecht* war ein konsequenter Kritiker des Militarismus. Nachdem er sich im August 1914 noch der Fraktionsdisziplin gebeugt hatte, stimmte er im Dezember 1914 mit Otto Rühle** im Reichstag gegen die Kriegskredite. 1915 wurde er zum Kriegsdienst eingezogen, 1916 wegen einer Rede auf einer Antikriegsdemonstration verhaftet und verurteilt. Liebknecht gehörte zu den Köpfen der Spartakusgruppe,*** dann der KPD, und arbeitete vor allem ab 1914 eng mit Rosa Luxemburg zusammen. Nach den Januarkämpfen 1919 (Spartakusaufstand****) wurden beide verhaftet und ermordet.*****

Wie dieses Buch gelesen werden kann

Wir bitten euch, euch auf etwas einzulassen: Wir haben in diesem Buch viele Texte von Rosa Luxemburg zusammengestellt. Dabei geht es sehr häufig um aktuelle Debatten innerhalb der Sozialdemokratie, in die sich Luxemburg mit Artikeln oder Reden eingemischt hat. Die Texte sind chronologisch angeordnet, so könnt ihr die Entwicklung nachvollziehen, die Luxemburgs Argumentation genommen hat. Lutz Brangsch leitet die Texte ein und hat sie mit Hintergrundinformationen versehen, damit ihr etwas über deren Entstehung erfahrt. Außerdem hat er kurze biografische Notizen zu Personen verfasst, mit denen sich Luxemburg auseinandersetzte. Eine grafische Darstellung zu Luxemburgs Lebenszeit (S. 202–205) und Mindmap (S. 188/189) sollen zusätzlich Orientierung geben, ebenso wie die erläuternden Fußnoten. Rosa Luxemburgs eigene Fußnoten sind mit * gekennzeichnet. Wenn ihr beim Lesen dennoch über unbekannte Namen und Ereignisse stolpert, empfehlen wir euch, nicht alles nachzuschlagen. Wir meinen, es ist besser, manchmal großzügig zu überlesen oder zu überspringen, was unklar, aber im Hinblick auf Luxemburgs Demokratieverständnis nicht relevant erscheint. So vorzugehen ist vielleicht etwas ungewohnt, aber wir denken, dass es euch so leichter gelingen kann, Luxemburgs Verständnis von Demokratie kennenzulernen.

Zum Aufbau des Buches

Wir geben Rosa Luxemburg das erste Wort. Es handelt sich um den Text »Karl Marx«, den einzigen Text in diesem Buch ohne Demokratiebezug. In diesem ordnet sich Luxemburg selbst in die Kämpfe ihrer Zeit ein.

In den folgenden Texten von Luxemburg könnt ihr vor allem ihre Positionen zu linker Organisierung und Demokratie innerhalb einer Partei oder Organisation und – vor allem im Text »Zur russischen Revolution« – zu Parlamentarismus und demokratischer Verfasstheit von Gesellschaft kennenlernen. Ihr werdet merken, dass Luxemburgs Vorstellungen von innerorganisatorischer Demokratie, demokratischen Formen politischer Organisierung und ihre Vorstellungen einer demokratisch verfassten Gesellschaft eng miteinander verknüpft sind, sich miteinander entwickeln und auseinander hervorgehen.

Wir haben den Texten von Luxemburg Aufsätze von Lutz Brangsch und Alex Demirović zur Seite gestellt. Brangsch interpretiert Luxemburgs innerorganisatorisches/innerparteiliches Demokratieverständnis, Demirović kommentiert Luxemburgs Auseinandersetzung mit Parlamentarismus und Rätesystem. Miriam Pieschke formuliert anschließend unsere These, wonach (Selbst-)Emanzipation der zentrale Gedanke von Luxemburgs Demokratieverständnis ist.

Trotz der Trennung von Primär- und Sekundärtexten gestehen wir ein: Jede Textauswahl und Textanordnung, auch unsere, ist bereits eine Interpretation.[1] Wir haben uns für bestimmte Texte entschieden, haben sie mit redaktionellen Überschriften versehen und machen damit unsere Sicht auf Luxemburgs Demokratieverständnis deutlich. Dieses Buch ist daher nur ein Einstieg in das Thema und soll euch Lust machen, viel mehr und anderes von ihr zu lesen.[2]

Das letzte Wort in unserem Buch hat daher auch wieder Rosa Luxemburg: Der Artikel »Die Ordnung herrscht in Berlin« ist ihr letzter Text. Er erschien am Tag nach ihrer Ermordung.

Wir wünschen euch eine anregende Lektüre. Wir hoffen, ihr entdeckt Luxemburg als mitreißende und humorvolle Autorin, deren Überlegungen zur Demokratie, obwohl hundert Jahre alt, uns viel für heute sagen. Luxemburg ist nicht einfach eine linke Ikone: Ihr Denken gibt uns Anstöße für die Verfasstheit der Institutionen und Organisationen der politischen und gesellschaftlichen Linken und verweist auf das uneingelöste Potenzial der wahrhaft demokratischen Gestaltung einer (sozialistischen) Gesellschaft. Diese kommt nicht automatisch und sie kommt nicht von allein. Dass sie aber kommen kann – und aus Luxemburgs Sicht auch kommen muss (»Sozialismus oder Barbarei«) –, ist die Herausforderung, der sie sich ihr ganzes Leben lang gestellt hat. Dieses Buch soll eine Ermutigung sein, diese Herausforderung weiterhin anzugehen.

1 Das gilt auch für die biografischen Anmerkungen zu den in den luxemburgschen Texten auftretenden Personen. Entsprechend dem Charakter dieses Buches sind es keine Lebensbilder, sondern sie beziehen sich meist auf den Anlass, aus dem Luxemburg auf sie eingeht. Die Anmerkungen stützen sich auf verschiedene Quellen: so diverse Autobiografien, Biografien sowie Nachschlagewerke. Es gibt derzeit kein biografisches Lexikon zur Geschichte der Arbeiter*innenbewegung, das uneingeschränkt zu empfehlen wäre und gerade die für die hier zu betrachtende Generation charakteristische Zerrissenheit zwischen Reform und Revolution, autoritärem und demokratischem innerparteilichem Handeln einfängt. Ausgangspunkt für die meisten der Anmerkungen ist Roland Grau/Günter Hortzschansky/W. Rieß/Gerhard Roßmann (Hrsg.): Geschichte der deutschen Arbeiterbewegung: biographisches Lexikon, Berlin 1970.

2 Eine einfache Möglichkeit bietet die digitale Edition der Werke Rosa Luxemburgs: rosaluxemburgwerke.de. Hier zu finden ist das publizistische und theoretische Werk von Luxemburg auf Grundlage der bei Dietz Berlin seit 1970 erscheinenden »Gesammelten Werken«, aus denen auch die Texte Luxemburgs in diesem Buch stammen.

Sich

regieren

nicht

lassen

Wo sah sich Rosa Luxemburg in den Kämpfen ihrer Zeit?

Karl Marx[1] — 1903

»Die Philosophen haben die Welt nur verschieden interpretiert; es kommt aber darauf an, sie zu verändern.«
11. THESE MARX' ÜBER FEUERBACH[2]

Vor zwanzig Jahren hat Karl Marx seinen gewaltigen Kopf zur Ruhe gelegt, und trotzdem wir erst vor wenigen Jahren das erlebt haben, was man in der Sprache der deutschen Professoren »die Krise des Marxismus« genannt hat, so genügt ein Blick auf die Massen, die heute dem Sozialismus allein in Deutschland folgen, auf seine Bedeutung im öffentlichen Leben aller sogenannten Kulturländer, um das Werk des marxschen Gedankens in seiner Riesenhaftigkeit zu fassen.

Käme es darauf an, dasjenige, was Marx für die heutige Arbeiterbewegung getan, in wenigen Worten zu formulieren, so könnte man sagen: Marx hat die moderne Arbeiterklasse als historische Kategorie, d. h. als eine Klasse mit bestimmten geschichtlichen Daseinsbedingungen und Bewegungsgesetzen, sozusagen entdeckt. Vor Marx existierte wohl in den kapitalistischen Ländern eine Masse von Lohnarbeitern, die, durch die Gleichartigkeit ihres sozialen Daseins innerhalb der bürgerlichen Gesellschaft

1 Dieser Artikel ist nicht gezeichnet. Aus einem Brief Rosa Luxemburgs an Clara Zetkin geht hervor, dass sie die Verfasserin ist; vgl. Rosa Luxemburg: Gesammelte Briefe, Berlin 1982, Bd. 3, S. 122.

2 Karl Marx: Thesen über Feuerbach, in: Karl Marx/Friedrich Engels: Werke [MEW], Berlin 1956 ff., Bd. 3, S. 535.

zur Solidarität geführt, tastend nach einem Ausweg aus ihrer Lage und teilweise nach einer Brücke ins gelobte Land des Sozialismus suchten. Marx hat sie erst zur *Klasse* erhoben, indem er sie durch die besondere historische Aufgabe verband: durch die Aufgabe der Eroberung der politischen Macht zur sozialistischen Umwälzung.

Die Brücke, die Marx zwischen der proletarischen Bewegung, wie sie elementar aus dem Boden der heutigen Gesellschaft emporwächst, und dem Sozialismus errichtet hat, war also: Klassenkampf um die politische Machtergreifung.

Die Bourgeoisie zeigte seit jeher einen sicheren Instinkt, wenn sie besonders die politischen Bestrebungen des Proletariats mit Hass und Furcht verfolgte. Schon im Jahre 1831, als Casimir Perier im November in der französischen Deputiertenkammer über die erste Regung der Arbeiterklasse auf dem Kontinent, über die Revolte der Seidenweber in Lyon,[3]

3 »Der Lyoner Weberaufstand von 1831 war die erste Massenerhebung des Proletariats. Er war ein neuartiger Typus des Bürgerkrieges. Politische Unruhen, Aufstände, Revolutionen hatte es in der früheren Geschichte viele gegeben ... Aber ein Arbeiteraufstand, der eine Regierungsarmee von rund zehntausend Mann besiegte, der eine große, international bedeutende Industrie- und Handelsstadt mit Waffengewalt eroberte, war ein noch nie geschehener Vorgang.« (Helmut Bock: Unvergessen: Lyon 1831. Von den Anfängen des Klassenkampfes, in: Utopie kreativ 133, 2001, S. 972, unter: https://tinyurl.com/Lyon1831) Bei den Aufständen 1831 und 1834 ging es um die Durchsetzung von Lohnforderungen. Regierung und Unternehmertum sahen darin einen Angriff auf die Eigentumsordnung und schlugen die Aufstände blutig nieder.

Karl Marx
(1818–1883)

... ursprünglich revolutionärer Demokrat, schloss er sich Mitte der 1840er-Jahre der kommunistischen Strömung an. Eigentlich Jurist, befasste er sich mit Ökonomie, Philosophie und fast allen damit verbundenen Wissensgebieten. Er lebte nach seiner Ausweisung aus Deutschland 1849 vor allem in England. Gemeinsam mit Friedrich Engels war er einer der organisatorischen Köpfe des Bundes der Kommunisten, später der Internationalen Arbeiterassoziation (IAA oder I. Internationale). Als Publizist und Theoretiker griff er immer wieder in die Debatten der internationalen Sozialdemokratie ein. Sein Hauptwerk »Das Kapital« prägte die Kapitalismuskritik der meisten linken Strömungen. Er stand in engem Kontakt zu den führenden Köpfen der Sozialdemokratie, mit denen sich später Luxemburg auseinandersetzte.*

Friedrich Engels
(1820–1895)

... Unternehmer und eine*r der*die einflussreichsten Theoretiker*innen und Organisator*innen der Arbeiter*innenbewegung des 19. Jahrhunderts. Gemeinsam mit Karl Marx prägte er nachhaltig das Gesellschaftsverständnis dieser Bewegung. Neben eigenständigen Arbeiten spielte er eine entscheidende Rolle bei der Verbreitung der marxschen Auffassungen. Nach dessen Tod setzte er die Bearbeitung und Herausgabe der Manuskripte zu Marx' Hauptwerk »Das Kapital« fort. Er war einer der wichtigsten Knotenpunkte der Kommunikation in der internationalen Arbeiter*innenbewegung seiner Zeit und ein gefragter Berater sowohl in taktischen als auch strategischen Fragen der Bewegung.*

berichtete, sagte er: »Meine Herren, wir können ruhig sein! In der Bewegung der Arbeiter von Lyon ist nichts von Politik zum Vorschein gekommen.« Jede politische Regung des Proletariats war nämlich für die herrschenden Klassen ein Vorzeichen der herannahenden Emanzipation der Arbeiter von ihrer politischen Bevormundung durch die Bourgeoisie.

Aber erst Marx ist es gelungen, die Politik der Arbeiterklasse auf den Boden des bewussten Klassenkampfes zu stellen und so zur tödlichen Waffe gegen die bestehende Gesellschaftsordnung zu schmieden. Die Basis der heutigen sozialdemokratischen Arbeiterpolitik, das ist nämlich die materialistische Geschichtsauffassung im Allgemeinen und die marxsche Theorie der kapitalistischen Entwicklung im Besonderen. Nur für wen das Wesen der sozialdemokratischen Politik und das Wesen des Marxismus gleichermaßen ein Geheimnis ist, kann sich die Sozialdemokratie, überhaupt klassenbewusste Arbeiterpolitik, außerhalb der marxschen Lehre denken.

Friedrich Engels hat in seinem »Feuerbach« das Wesen der Philosophie als die ewige Frage nach dem Verhältnis von Denken und Sein, von menschlichem Bewusstsein in der objektiven materiellen Welt formuliert.

Übertragen wir die Begriffe von Sein und Denken aus der abstrakten Naturwelt und der individuellen Spekulation, worin die Berufsphilosophen mit der Stange herumfahren, auf das Gebiet des gesellschaftlichen Lebens, so lässt sich in gewissem Sinne dasselbe vom Sozialismus sagen. Er war seit jeher das Tasten, das Suchen nach Mitteln und Wegen, um das Sein mit dem Denken, nämlich die geschichtlichen Daseinsformen mit dem gesellschaftlichen Bewusstsein, in Einklang zu bringen.

Es war Marx und seinem Freunde Engels vorbehalten, die Lösung der Aufgabe zu finden, an der sich Jahrhunderte gemüht haben. Durch die Entdeckung, dass die Geschichte aller bisherigen Gesellschaften in letzter Linie die Geschichte ihrer Produktions- und Austauschverhältnisse ist und dass die Entwicklung dieser sich unter der Herrschaft des Privateigentums in den politischen und sozialen Einrichtungen als Klassenkampf durchsetzt, durch diese Entdeckung hat Marx die wichtigste Triebfeder der Geschichte bloßgelegt. Damit war erst eine Erklärung für das notwendige Missverhältnis zwischen dem Bewusstsein und dem Sein, zwischen dem menschlichen Wollen und dem sozialen Tun, zwischen den Absichten und den Resultaten in den bisherigen Gesellschaftsformen gewonnen.

Durch den marxschen Gedanken ist also die Menschheit zuerst hinter das Geheimnis ihres eignen gesellschaftlichen Prozesses gekommen. Durch die Aufdeckung der Gesetze der kapitalistischen Entwicklung war aber ferner auch der Weg gezeigt, den die Gesellschaft aus ihrem naturwüchsigen, unbewussten Stadium, worin sie ihre Geschichte machte, wie die Bienen ihre Wachszellen bilden, in das Stadium der bewussten, gewollten, wahrhaft menschlichen Geschichte geht, worin der Wille der Gesellschaft und ihr Tun zum ersten Male in Einklang miteinander kommen, worin der soziale Mensch zum ersten Male seit Jahrtausenden das tun wird, was er will.

Dieser, um mit Engels zu sprechen, endgültige »Sprung aus dem Tierreich in die menschliche Freiheit«,[4] den für die gesamte Gesellschaft erst die sozialistische Umwälzung verwirklichen wird, vollzieht sich schon innerhalb der heutigen Ordnung – in der sozialdemokratischen Politik. Mit dem Ariadnefaden der marxschen Lehre in der Hand ist die Arbeiterpartei heute die einzige, die vom historischen Standpunkt weiß, was sie tut, und deshalb tut, was sie will. Darin liegt das ganze Geheimnis der sozialdemokratischen Macht.

Die bürgerliche Welt stutzt seit Langem vor der erstaunlichen Unverwüstlichkeit und dem steten Fortschritt der Sozialdemokratie. Von Zeit zu Zeit finden sich einzelne greisenhafte Kindsköpfe, die, durch besondere moralische Erfolge unsrer Politik geblendet, der Bourgeoisie raten, sich an uns »ein Beispiel« zu nehmen, von der geheimnisvollen Weisheit und dem Idealismus der Sozialdemokratie zu trinken. Sie begreifen nicht, dass, was für die Politik der aufstrebenden Arbeiterklasse Lebensquell und Jungbrunnen der Kraft, für die bürgerlichen Parteien ein tödlich Gift ist.

Denn was ist es in der Tat, das uns vor allem die innere sittliche Kraft gibt, die größten Unterdrückungen, wie ein Jahrdutzend des Sozialistengesetzes,[5] mit diesem lachenden Mut zu ertragen und abzuschütteln? Ist es etwa die Zähigkeit der Enterbten in der Verfolgung einer kleinen materiellen Verbesserung ihrer Lage? Das moderne Proletariat ist nicht der Philister, nicht der Kleinbürger, um um der Alltagsbehaglichkeit willen zum Helden zu werden. Wie wenig die bloße Aussicht auf geringe materielle Vorteile in der Arbeiterklasse einen sittlichen Flug in die Höhe zu erzeugen vermag, zeigt die platte, nüchterne Engbrüstigkeit der englischen Trade-Unions-Welt.

---

4 »Damit erst scheidet der Mensch, in gewissem Sinn, endgültig aus dem Tierreich, tritt aus tierischen Daseinsbedingungen in wirklich menschliche ... Es ist der Sprung der Menschheit aus dem Reiche der Notwendigkeit in das Reich der Freiheit.« (Friedrich Engels: Herrn Eugen Dührings Umwälzung der Wissenschaft [Anti-Dühring], in: MEW, Bd. 20, S. 264)

5 Zum sogenannten Sozialistengesetz siehe Lutz Brangsch in diesem Buch S. 166.

Ist es, wie bei Urchristen, der asketische Stoizismus einer Sekte, der in geradem Verhältnis zu den Verfolgungen immer lichterloher aufflackert? Der moderne Proletarier als Erbe und Zögling der bürgerlichen Gesellschaft ist viel zu sehr geborener Materialist, zu sehr gesund-sinnlicher Fleischesmensch, um der Sklavenmoral entsprechend aus den Martern allein Liebe und Kraft für seine Idee zu schöpfen.

Ist es endlich die »Gerechtigkeit« der Sache, die wir führen, was uns so unbezwingbar macht? Die Sache der Chartisten[6] und Weitlingianer,[7] die Sache der utopistisch-sozialistischen Schulen war nicht minder »gerecht«, und doch erlagen sie allesamt gar bald den Widerständen der bestehenden Gesellschaft.

Wenn die heutige Arbeiterbewegung, allen Gewaltstreichen der gegnerischen Welt trotzend, siegreich die Mähnen schüttelt, so ist es vor allem die ruhige Einsicht in die Gesetzmäßigkeit der objektiven historischen Entwicklung, die Einsicht in die Tatsache, dass »die kapitalistische Produktion ... mit der Notwendigkeit eines Naturprozesses ihre eigne Negation«[8] – nämlich: die Expropriation der Expropriateure, die sozialistische Umwälzung – erzeugt, diese Einsicht ist es, in der sie die feste Bürgschaft des schließlichen Sieges erblickt und aus der sie nicht nur den Ungestüm, sondern auch die Geduld, die Kraft zur Tat und den Mut zur Ausdauer schöpft.

---

6 Die Chartistenbewegung entstand in den 1830er-Jahren und war die erste eigenständige und in größerem Umfang organisierte Arbeiterbewegung in Großbritannien. Sie ist aus Sicht Luxemburgs vor allem eine sozialistische, politische Bewegung. Ihre Forderungen bezüglich Wahlrecht, Arbeitsschutz, Arbeitszeitverkürzungen usw. verfolgte sie vornehmlich in friedlichen Formen (Petitionen, eigene Presse, Versammlungen, Streiks), gelegentlich auch durch Gewaltaktionen – letztere meist als Reaktion auf Polizeigewalt. Ihre Forderungen wurden letztlich realisiert, aber mit großer zeitlicher Verzögerung. Um 1850 zerfiel die Bewegung. Zu Luxemburgs Sicht auf die Geschichte der Arbeiterbewegung in Großbritannien vgl. Rosa Luxemburg: Die englische Brille, in: dies.: Gesammelte Werke [GW], Berlin 1970 ff., Bd. 1.1, S. 471–482.

7 Anhänger Wilhelm Weitlings (1808–1871). Weitling verbreitete u. a. über den Bund der Gerechtigkeit (auch fälschlicherweise als Bund der Gerechten bezeichnet) Ideen, die stark vom französischen Kommunismus beeinflusst waren. Er war einer der wichtigsten Vordenker der deutschen sozialdemokratisch-kommunistischen Bewegungen.

8 Karl Marx: Das Kapital, Erster Band, in: MEW, Bd. 23, S. 791.

Die erste Bedingung einer erfolgreichen Kampfpolitik ist das Verständnis für die Bewegungen des Gegners. Was gibt uns aber den Schlüssel zum Verständnis der bürgerlichen Politik bis in ihre kleinsten Verzweigungen, bis in die Verschlingungen der Tagespolitik, ein Verständnis, das uns gleichermaßen vor Überraschungen wie vor Illusionen bewahrt? Nichts andres als die Erkenntnis, dass man alle Formen des gesellschaftlichen Bewusstseins, also auch die bürgerliche Politik, in ihrer inneren Zerrissenheit aus den Klassen- und Gruppeninteressen, aus den Widersprüchen des materiellen Lebens und in letzter Instanz »aus dem vorhandenen Konflikt zwischen gesellschaftlichen Produktivkräften und Produktionsverhältnissen« erklären müsse.

Und was gibt uns auch die Fähigkeit, unsre Politik neuen Erscheinungen des politischen Lebens, wie z. B. der Weltpolitik, anzupassen und sie vor allem, auch ohne besonderes Talent und Tiefsinn, mit einer Tiefe des Urteils einzuschätzen, die den Kern selbst der Erscheinung trifft, während die talentvollsten Kritiker der Bourgeoisie nur an ihrer Oberfläche tasten oder sich bei jedem Blick in die Tiefe in ausweglose Widersprüche verwickeln? Wiederum nichts andres als der Überblick über den historischen Entwicklungsgang an der Hand des Gesetzes, dass es »die Produktionsweise des materiellen Lebens« ist, die »den sozialen, politischen und geistigen Lebensprozess bedingt«.

Vor allem aber, was gibt uns einen Maßstab bei der Wahl der einzelnen Mittel und Wege im Kampfe, zur Vermeidung des planlosen Experimentierens und kraftvergeudender utopischer Seitensprünge? Die einmal erkannte Richtung des ökonomischen und politischen Prozesses in der heutigen Gesellschaft ist es, an der wir nicht nur unsren Feldzugsplan in seinen großen Linien, sondern auch jedes Detail unsres politischen Strebens messen können. Dank diesem Leitfaden ist es der Arbeiterklasse zum ersten

Mal gelungen, die große Idee des sozialistischen Endziels in die Scheidemünze der Tagespolitik umzuwechseln und die politische Kleinarbeit des Alltages zum ausführenden Werkzeug der großen Idee zu erheben. Es gab vor Marx eine von Arbeitern geführte bürgerliche Politik, und es gab revolutionären Sozialismus. Es gibt erst seit Marx und durch Marx sozialistische Arbeiterpolitik, die zugleich und im vollsten Sinne beider Worte revolutionäre Realpolitik ist.

Wenn wir nämlich als Realpolitik eine Politik erkennen, die sich nur erreichbare Ziele steckt und sie mit wirksamsten Mitteln auf dem kürzesten Wege zu verfolgen weiß, so unterscheidet sich die proletarische Klassenpolitik im marxschen Geiste darin von der bürgerlichen Politik, dass die bürgerliche Politik vom Standpunkte der materiellen Tageserfolge real, während die sozialistische Politik es vom Standpunkte der geschichtlichen Entwicklungstendenz ist. Es ist genau derselbe Unterschied wie zwischen einer vulgärökonomischen Werttheorie, die den Wert als eine dingliche Erscheinung vom Standpunkte des Marktstandes, und der marxschen Theorie, die ihn als gesellschaftliches Verhältnis einer bestimmten historischen Epoche auffasst.

Die proletarische Realpolitik ist aber auch revolutionär, indem sie durch alle ihre Teilbestrebungen in ihrer Gesamtheit über den Rahmen der bestehenden Ordnung, in der sie arbeitet, hinausgeht, indem sie sich bewusst nur als das Vorstadium des Aktes betrachtet, der sie zur Politik des herrschenden und umwälzenden Proletariats machen wird.

Auf diese Weise ist alles: die sittliche Kraft, mit der wir die Fährnisse überwinden, unsre Taktik im Kampfe bis in die Einzelheiten, die Kritik, die wir an den Gegnern üben, unsre tägliche Agitation, die uns die Massen gewinnt, unser gesamtes Tun bis in die Fingerspitzen durchdrungen und durchleuchtet von der Lehre, die Marx geschaffen. Und wenn wir uns hie und da der Illusion hingeben, unsre heutige Politik mit all ihrer inneren Macht wäre unabhängig von der marxschen Theorie, so zeigt das nur, dass wir in unsrer Praxis Marx reden, wie der molièrische Bourgeois Prosa redete, auch wo wir es nicht wissen.

Es genügt, sich die Leistung Marxens vor die Augen zu führen, um zu verstehen, dass Marx sich durch die von ihm im Sozialismus wie in der Arbeiterpolitik herbeigeführte Umwälzung die bürgerliche Gesellschaft zum Todfeind machen musste. Für die herrschenden Klassen ward es klar: Die moderne Arbeiterbewegung überwinden heißt Marx überwinden. Die 20 Jahre seit Marx' Tode sind eine ununterbrochene Reihe von Versuchen, den marxschen Geist in der Arbeiterbewegung theoretisch und praktisch zu vernichten.

Die Geschichte der Arbeiterbewegung von Anfang an ringt sich hindurch zwischen dem revolutionär-sozialistischen Utopismus und der bürgerlichen Realpolitik. Den historischen Boden der Ersteren bildete die ganz- oder halbabsolutistische, vorbürgerliche Gesellschaft. Der revolutionär-utopistische Abschnitt des Sozialismus in Westeuropa schließt im Großen und Ganzen mit der – obwohl wir einzelne Rückfälle bis in die neueste Zeit beobachten – Entfaltung der bürgerlichen Klassenherrschaft ab. Die andre Gefahr – das Versinken in der Flickarbeit der bürgerlichen Realpolitik – kommt erst mit der Erstarkung der Arbeiterbewegung auf dem Boden des Parlamentarismus auf.

Aus dem bürgerlichen Parlamentarismus sollten auch die Waffen zur praktischen Überwindung der revolutionären Politik des Proletariats entnommen werden, der demokratische Zusammenschluss der Klassen und der soziale Frieden der Reform sollten den Klassenkampf ersetzen.

Und was hat man erreicht? Die Illusion mochte hier und da eine Weile dauern, die Untauglichkeit der bürgerlichen Methoden der Realpolitik für die Arbeiterklasse hat sich sofort erwiesen. Das Fiasko des Ministerialismus in

Frankreich,[9] der Verrat des Liberalismus in Belgien,[10] der Zusammenbruch des Parlamentarismus in Deutschland[11] – Schlag auf Schlag ging der kurze Traum der »ruhigen Entwicklung« in Stücke. Das marxsche Gesetz der tendenziellen Zuspitzung der sozialen Gegensätze als Grundlage des Klassenkampfes brach sich siegreich Bahn, und jeder Tag bringt neue Zeichen und Wunder. In Holland haben 24 Stunden des Eisenbahnerstreiks wie ein Erdbeben über Nacht einen gähnenden Spalt mitten in der Gesellschaft aufgetan, der Klassenkampf loderte aus ihm empor, und Holland steht in Flammen.[12]

So bricht in einem Lande nach dem andern unter dem »Massentritt der Arbeiterbataillone« der Boden der bürgerlichen Demokratie, der bürgerlichen Gesetzlichkeit wie eine dünne Eisdecke, um der Arbeiterklasse immer von Neuem zum Bewusstsein zu bringen, dass ihre Endbestrebungen nicht auf diesem Boden ausgeführt werden können. Dies das Resultat der vielen Versuche, Marx »praktisch« zu überwinden.

Die theoretische Überwindung des Marxismus haben Hunderte strebsame Apologeten der Bourgeoisie zu ihrer Lebensaufgabe gemacht, zum Sprungbrett ihrer Laufbahn. Was haben sie erreicht? Sie haben es fertiggebracht, in den Kreisen der gläubigen Intelligenz die Überzeugung von den »Einseitigkeiten« und »Übertreibungen« Marxens hervor-

9 Im Juni 1899 trat der Sozialist Alexandre-Étienne Millerand als Handelsminister in die Regierung Waldeck-Rousseau ein. Hintergrund war der Versuch, durch die demonstrative Einheit von bürgerlichen und sozialdemokratischen Kräften einen Putschversuch zur Beseitigung der Republik zu verhindern. Die Koalition hielt bis zum 28. Mai 1902; vgl.: Rosa Luxemburg: Der Abschluss der sozialistischen Krise in Frankreich, in: GW, Bd. 1.2, S. 160–180; Michael Brie: Der Fall Millerand – Regierungsbeteiligung der Sozialisten als Testfall marxistischer Staatstheorie, in: ders./Frigga Haug: Zwischen Klassenstaat und Selbstbefreiung. Zum Staatsverständnis von Rosa Luxemburg, Baden-Baden 2011, S. 33–61.

10 In den Auseinandersetzungen um die Einführung des allgemeinen Wahlrechts ging die belgische Sozialdemokratie ein Bündnis mit den Liberalen ein, ohne dass die sozialdemokratischen Forderungen letztlich durchgesetzt werden konnten; vgl. Rosa Luxemburg: Eine taktische Frage, in: GW, Bd. 1.2, S. 181–185 und dies.: Die Ursache der Niederlage, ebd., S. 208–211.

11 Vgl. Rosa Luxemburg: Sozialdemokratie und Parlamentarismus, in: ebd., S. 447–455.

12 Nach Streiks der Hafenarbeiter und Eisenbahner von Amsterdam und Rotterdam Ende Januar 1903 beschränkte die belgische Regierung das Streikrecht.

zurufen. Aber selbst ernstere unter den bürgerlichen Ideologen, wie Stammler,[13] haben eingesehen, dass »gegenüber einer so tief angelegten Lehre« mit »jenen Halbheiten, mit ›etwas mehr oder weniger‹« nichts erreicht werden könne. Allein, was vermag die bürgerliche Wissenschaft der marxschen Lehre als Ganzes entgegenzustellen?

Seit Marx auf dem Gebiete der Philosophie, der Geschichte und der Ökonomie den historischen Standpunkt der Arbeiterklasse zur Geltung gebracht hat, ist der bürgerlichen Forschung auf diesen Gebieten der Faden abgeschnitten. Die Naturphilosophie im klassischen Sinne ist zu Ende. Die bürgerliche Geschichtsphilosophie ist zu Ende. Die wissenschaftliche Nationalökonomie ist zu Ende. In der Geschichtsforschung hat, wo nicht unbewusster oder inkonsequenter Materialismus herrscht, die Stelle jeder einheitlichen Theorie ein in allen Farben schillernder Eklektizismus, also Verzicht auf einheitliche Erklärung des Geschichtsprozesses, d. h. auf Geschichtsphilosophie überhaupt, eingenommen. Die Ökonomie schwankt zwischen zwei Schulen, der »historischen« und der »subjektiven«, von denen die eine ein Protest gegen die andre, beide ein Protest gegen Marx sind, wobei die eine, um Marx zu negieren, die ökonomische Theorie, d. h. die Erkenntnis auf diesem Gebiete, prinzipiell negiert, die andre aber die einzige – objektive – Forschungsmethode negiert, die die Nationalökonomie erst zur Wissenschaft gemacht hat.

Freilich bringt noch die sozialwissenschaftliche Büchermesse nach wie vor jeden Monat ganze Berge von Erzeugnissen bürgerlichen Fleißes, und von strebsamen modernen Professoren werden die dickleibigsten Bände mit echt großkapitalistischer, maschinenmäßiger Geschwindigkeit auf den Markt geworfen. Aber es sind entweder fleißige Monografien, wo sich die Forschung wie der Vogel Strauß mit dem Kopfe in den Sand der kleinen Split-

13 Rudolf Stammler (1856–1938), ein Rechtsphilosoph.

tererscheinungen vergräbt, um keine größeren Zusammenhänge sehen zu müssen und nur für den Tagesbedarf zu arbeiten, oder wo Gedanken und »Sozialtheorien« simuliert werden, da ist es im letzten Schluss immer nur ein Reflex des marxschen Gedankens, unter überladenen Flitterverzierungen im Geschmack der »modernen« Basarware versteckt. Ein selbstständiger Gedankenflug, ein kühner Blick ins Weite, eine belebende Deduktion ist nirgends zu finden.

Und wenn der soziale Fortschritt wieder eine Reihe neuer wissenschaftlicher Probleme aufgestellt hat, die ihrer Lösung noch harren, so ist es wiederum nur die marxsche Methode, die eine Handhabe zu ihrer Lösung bietet.

Es ist also allenthalben nur Theorielosigkeit, was die bürgerliche soziale Wissenschaft der marxschen Theorie, Erkenntnisskepsis, was sie der marxschen Erkenntnis entgegenzustellen vermag. Die marxsche Lehre ist ein Kind der bürgerlichen Wissenschaft, aber die Geburt dieses Kindes hat der Mutter das Leben gekostet.

Somit hat in der Theorie wie in der Praxis gerade der Aufschwung der Arbeiterbewegung der bürgerlichen Gesellschaft diejenigen Waffen aus der Hand geschlagen, womit sie gegen den marxschen Sozialismus zu Felde ziehen wollte. Und heute, 20 Jahre nach Marx' Tode, ist sie umso ohnmächtiger ihm gegenüber, Marx aber lebendiger als je.

Freilich bleibt der heutigen Gesellschaft ein Trost übrig. Während sie sich vergeblich abmüht, um ein Mittel der Überwindung der marxschen Lehre zu finden, bemerkt sie nicht, dass das einzige wirkliche Mittel hierfür in dieser Lehre selbst verborgen ist. Durch und durch historisch, beansprucht sie nur eine zeitlich beschränkte Gültigkeit. Durch und durch dialektisch, trägt sie in sich selbst den sicheren Keim ihres Unterganges.

Die marxsche Lehre in allgemeinsten Umrissen besteht, wenn wir von ihrem unvergänglichen Teil, nämlich von der historischen Forschungsmethode absehen, in der Erkenntnis des historischen Weges, der aus der letzten »antagonistischen«, auf Klassengegensätzen beruhenden Gesellschaftsform in die auf Interessensolidarität aller Mitglieder aufgebaute kommunistische Gesellschaft führt.

Sie ist vor allem, wie die früheren klassischen Theorien der Nationalökonomie auch, der geistige Reflex einer bestimmten Periode der wirtschaftlichen und politischen Entwicklung, nämlich des Überganges aus der kapitalistischen in die sozialistische Phase der Geschichte. Aber sie ist mehr als nur Reflex. Der von Marx erkannte historische Übergang kann nämlich gar nicht vollzogen werden, ohne dass die marxsche Erkenntnis zur gesellschaftlichen, zur Erkenntnis einer bestimmten Gesellschaftsklasse, des modernen Proletariats, geworden ist. Die von der marxschen Theorie formulierte historische Umwälzung hat zur Voraussetzung, dass die Theorie von Marx zur Bewusstseinsform der Arbeiterklasse und als solche zum Element der Geschichte selbst wird.

So bewahrheitet sich die marxsche Lehre fortschreitend mit jedem neuen Proletarier, der zum Träger des Klassenkampfes wird. Die marxsche Lehre ist also zugleich ein Teil des geschichtlichen Prozesses, also auch selbst ein Prozess, und die soziale Revolution wird das Schlusskapitel des Kommunistischen Manifestes sein.

Die marxsche Lehre wird somit in ihrem für die bestehende Gesellschaftsordnung gefährlichsten Teil über kurz oder lang sicher »überwunden« werden. Aber nur zusammen mit der bestehenden Gesellschaftsordnung.

Aus: Rosa Luxemburg:
Gesammelte Werke, Berlin 1970 ff., Bd. 1.2, S. 369–377

Blanquismus – Kinderkrankheit der Sozialdemokratie

Im deutschsprachigen Raum ist Rosa Luxemburg vor allem durch ihre Rolle in der SPD bekannt. Tatsächlich ist das nur eine Seite ihres Wirkens. Sie beginnt ihren politischen Weg im russisch besetzten Teil Polens in der dortigen Sozialdemokratie. Schon hier entwickelt sie in Auseinandersetzung mit anderen Strömungen der polnischen und russischen Bewegung ihre Vorstellungen von der Rolle der Demokratie in der Bewegung selbst. Indem sie hier dem deutschen Publikum die Geschichte der polnischen Sozialdemokratie vorstellt, stellt sie ihre Positionen zu Grundfragen der Parteipolitik überhaupt und zum Charakter einer sozialistischen Partei dar.

Der Sozialismus in Polen – 1897

So verschieden die sozialen und politischen Verhältnisse der drei polnischen Landesteile,[1] so verschieden auch die Geschichte und Physiognomie der sozialistischen Bewegung in jedem derselben. Trotz des völligen Mangels an politischen Vorbedingungen für einen offenen und kräftigen Klassenkampf bietet gerade der Sozialismus in *Russisch-Polen* das meiste Interesse, als die in ihrer Entwicklung selbstständigste und eigenartigste polnische Arbeiterbewegung. Denn während in Preußisch-Polen und Galizien dem polnischen Proletariat nur übrig blieb, die theoretischen und praktischen Ergebnisse der Entwicklung der deutschen resp. österreichischen Arbeiterbewegung sich anzueignen, mussten sich die Sozialisten in Kongresspolen durch eigene Erfahrung zu einer klaren sozialdemokratischen Auffassung durcharbeiten, wobei sie der russischen Arbeiterbewegung eher als Vorbild dienten, denn von ihr Kampfwaffen entlehnten.

Der sozialistische Gedanke in Russisch-Polen hat in drei verschiedenen Formen seinen Ausdruck gefunden: als *Blanquismus, Sozialdemokratie, Sozialpatriotismus.*[2] – Die erste Richtung bildete sich allmählich aus der

1 Im Ergebnis der drei Teilungen Polens 1772, 1793 und 1795 gingen die Westgebiete an Preußen, Galizien im Südwesten an Österreich und die östlichen Gebiete an Russland. Letztere wurden ab 1815 als Königreich Polen und dem russischen Zaren als König in Personalunion mit Russland verbunden. Der Beschluss zur Schaffung dieses Königreiches wurde auf dem Wiener Kongress gefasst, der die Machtverhältnisse in Europa nach der Niederlage Napoleons neu regelte. Deshalb wurde dieser Landesteil auch Kongresspolen genannt. Nach dem Aufstand gegen die russische Herrschaft 1863 wurde seine bis dahin relativ weitreichende Autonomie abgeschafft und ein verschärfter Kurs der Russifizierung verfolgt.

2 Hinsichtlich der nationalen Frage vertrat Luxemburg die Position, dass die Forderung nach Gründung eigener Staaten durch die unterdrückten Völker im russischen Imperium keine sozialdemokratische Forderung sein könne. Solange der Zarismus nicht gestürzt sei, laufe

sozialistischen Gärung, die bereits 1877 unter der akademischen Jugend in Warschau begonnen hatte, und trat 1882 als die sozialrevolutionäre Partei »Proletariat«[3] auf die politische Bühne. Dies war die erste bedeutende sozialistische Organisation, die jahrelang die Bewegung in Polen leitete. Ihre Physiognomie wurde von zwei verschiedenen Momenten bestimmt: einerseits von dem Einfluss der ruhmreichen russischen terroristischen Partei *Narodnaja Wolja* und andererseits von dem der westeuropäischen Arbeiterbewegung. Von dieser haben die polnischen Sozialisten der 80er-Jahre den allgemeinen Teil des Kommunistischen Manifestes akzeptiert, wenn sie es auch nur einseitig auffassten. Der Gegensatz der materiellen Interessen des Proletariats und der Bourgeoisie, die kapitalistische Ordnung als die objektive Voraussetzung einer sozialistischen Umwälzung und die historische Mission der Arbeiterklasse, jene Umwälzung zu vollziehen, wurden zum Parteidogma. Dies genügte, um der Bewegung einen ausgesprochen sozialistischen, und zwar einen scharfen, kantigen Klassencharakter zu verleihen. Hier liegt der Unterschied zwischen der polnischen Partei »Proletariat« und ihrer Bundesgenossin, der russischen *Narodnaja Wolja*, die ihr sozialistisches Zukunftsideal auf das besitzende Bauerntum stützte und das urwüchsige bäuerliche Gemeineigentum zum Ausgangspunkt der neuen sozialen Ordnung in Russland machen zu können glaubte.[4]

Die allgemeine Auffassung von den ökonomischen Tendenzen des Kapitalismus reichte jedoch nicht aus, um eine Marschroute für die Partei abzugeben, es galt noch, die *aktive* Rolle der Arbeiterklasse in der politischen Entwicklung der kapitalistischen Ordnung zu begreifen. Aber gerade in dieser Beziehung stand die Partei nicht auf dem Boden der westeuropäischen Bewegung, sondern auf demjenigen der *Narodnaja Wolja*, die in dem Handstreich einer kleinen revolutionären Minderheit das Mittel sah, sich der Staatsmaschine zu bemächtigen und, gestützt auf

in Europa jeglicher Fortschritt Gefahr, zurückgeworfen zu werden. Außerdem produziere die polnische Industrie für den russischen Markt und sei ohne ihn nicht lebensfähig. Diese Position durchzieht ihr gesamtes politisches Schaffen, beginnend mit den programmatischen Auseinandersetzungen in der polnischen Sozialdemokratie. Bürgertum und Kapital würden die Arbeiter*innen unter dem Banner des Nationalismus immer um die Früchte ihrer Siege betrügen. In dem hier ebenfalls wiedergegebenen Text »Zur russischen Revolution« spielt dieses Problem ebenfalls eine zentrale Rolle. Vgl. dazu Rosa Luxemburg: Nationalitätenfrage und Autonomie, hrsg. von Holger Politt, Berlin 2012.

3 Das 1882 von Ludwik Waryński (1856–1889) gegründete I. oder Große Proletariat wurde in einer großen Verhaftungswelle zwischen 1883 und 1885 zerschlagen. Er selbst wurde bereits 1883 inhaftiert und starb 1889 im Gefängnis. Das von Marcin Kasprzak (1860–1905) gegründete II. oder Kleine Proletariat bestand von 1888 bis 1893; vgl. https://tinyurl.com/marcin-kasprzak.

4 Der größte Teil der bäuerlichen Wirtschaften Russlands war in Dorfgemeinschaften (Obschina) organisiert, in denen der Boden regelmäßig umverteilt wurde und Formen gemeinsamer Bewirtschaftung des Bodens bestanden. Wichtige Entscheidungen wurden in der Dorfversammlung getroffen. Die Dorfgemeinschaft war auch der Adressat von Besteuerung und Abgaben.

das Volk, die soziale Revolution ins Werk zu setzen, den Terrorismus aber als das Hauptmittel betrachtete, den Handstreich vorzubereiten. Auch die Partei »Proletariat« fasste als ihre unmittelbare Aufgabe nicht etwa die Erringung konstitutioneller Freiheiten von dem Zarismus auf – im Gegenteil, den »bürgerlichen« Verfassungsliberalismus verhöhnte sie als eine Halbheit –, sondern die Diktatur der Arbeiterklasse, und arbeitete unter dem absoluten Regime direkt auf die soziale Revolution hin. Zwar zählte das geschriebene Programm der Partei pflichtgetreu alle demokratischen Forderungen auf; dieselben sollten aber nicht als Richtschnur für die Arbeiterklasse in ihrem täglichen Kampfe, sondern vielmehr als Übergangsmaßnahmen der künftigen Revolutionsregierung dienen. Demgemäß gingen die Sozialisten darauf aus, »nicht die oppositionelle, sondern die herrschende Partei der Zukunft« heranzubilden.

Die polnische sozialrevolutionäre Partei »Proletariat«, das war also die westeuropäische Sozialdemokratie ohne das politische Programm und zugleich die russische *Narodnaja Wolja* ohne die Theorie von der Bauerngemeinde, das war die Theorie von dem blanquistischen Handstreich, aufgepfropft auf die marxsche Lehre vom Klassenkampf. Daraus erklärt sich die ganze praktische Tätigkeit des »Proletariat«.

Der Mangel an einem unmittelbaren politischen und sozialpolitischen Programm machte es der Partei unmöglich, die Arbeitermassen, das Proletariat als Klasse in den Kampf hineinzuziehen. Das Verschwörertum war nie für Massen geschaffen, es legte immer die Aktion im Namen der Massen in die Hände einer Handvoll ihrer revolutionären Anwälte. Trat die Masse aus eigenem Antrieb auf die Bühne, so vermochte ihr die Partei nichts Praktischeres und Handgreiflicheres zu bieten als das eigene enge Sektendogma: die Vertröstung auf die »soziale Revolution«. Den gewerkschaftlichen Kampf verwarf sie als nutzlos und schrieb den Streiks eine revolutionäre Bedeutung nur dann zu, wenn es gelingen sollte, ihnen einen blutigen Ausgang zu geben. Angesichts dessen musste die Bewegung einen sektiererischen Charakter annehmen und sich in die engen Schranken der Geheimzirkel fügen, in denen die allgemeinen sozialistischen Prinzipien und der Terrorismus gepredigt wurden.

Andererseits aber ist die blanquistische Taktik nur auf das jeweilige *Zentrum* der Staatsmaschine berechnet. Ein Staatsstreich in Krähwinkel wird – wie auch Guy de Maupassant in seinem »Coup d'Etat« geistreich gezeigt[5]

5 In dieser Novelle aus dem Jahr 1883 karikiert der Autor den Versuch, in einem kleinen abgelegenen Ort in Frankreich den Sturz des Kaisers Napoleon III. im Jahr 1870 nachzuahmen. Ein vom alten Regime eingesetzter Bürgermeister soll durch einen republikanischen Arzt, der eine »Bürgerwehr« geschaffen hat, gestürzt werden. Die Bewohner*innen des Ortes interessiert das aber kaum, und die Sache endet damit, dass durch ein Telegramm aus der vorgesetzten Behörde der Bürgermeister für abgesetzt erklärt wird und sich Bewohner*innen und Bürgerwehr zerstreuen – der Anführer kehrt in seine Arztpraxis zurück und nimmt sofort seine normale Arbeit wieder auf. Alles bleibt wie vorher.

– zur Farce. Freilich ist es zum Staatsstreich in Russland nicht gekommen. Aber auch der Terrorismus der *Narodnaja Wolja,* der die Staatsmaschine zu desorganisieren hatte, war eigentlich anwendbar nur da, wo die Fäden der Staatsregierung zusammenlaufen – in der Hauptstadt, in Petersburg. Daher ist es in Polen, obgleich das Proletariat mit der *Narodnaja Wolja* 1889 ein förmliches Aktionsbündnis geschlossen hatte, anstatt des Terrorismus – abgesehen von einem Fall der Selbstverteidigung, wo die Partei zwei Verräter töten ließ[6] – nur bei der Predigt des Terrorismus und bei dem äußeren organisatorischen Kram des Verschwörertums, den »Komitees«, »Agenten ersten und zweiten Grades« etc., geblieben.

[…]

Tatsächlich hat sich die Partei »Proletariat« enorme Verdienste um die Sache der polnischen Arbeiterklasse erworben. Sie war es, die zuerst mit der ganzen Rücksichtslosigkeit und Schroffheit einer Sekte den Interessengegensatz der Arbeiterklasse zur bürgerlichen Gesellschaft in Polen proklamiert, den politischen Kampf, wenn auch unklar über dessen positive Ziele, kräftig eingeleitet, die Arbeiterschaft durch eine Masse von Flugblättern, Broschüren, sozialistischen Zeitschriften aufgerüttelt und durch ihr in geheimer Druckerei in Warschau 1883 und 1884 hergestelltes Organ[7] ebenso wie durch den großen Sozialistenprozess 1885 dem bürgerlichen Polen und der Zarenregierung einen gehörigen Schreck vor dem roten Gespenst eingejagt hat.

[…]

1883 und 1884 wurde die Partei ihrer besten Kräfte durch Verhaftungen beraubt. 1885 fand der bekannte Sozialistenprozess vor dem Kriegsgericht in Warschau statt, wobei 21 Mitglieder des »Proletariat« zu Zwangsarbeit von 6 bis 20 Jahren verurteilt wurden und vier – Kunicki, Bardowski, Ossowski und Pietrusinski – zum Tod am Galgen, den sie auch mit Heldenmut erlitten. Die Seele der Bewegung, Waryński, dem 16 Jahre Zwangsarbeit bevorstanden, wurde in der Festung Schlüsselburg eingekerkert, wo er auch ausgelitten hat. Nach dem Prozess von 1885 bleibt von der Bewegung nur noch ein Schatten: Ihre Überbleibsel treten seit 1889 allmählich auf sozialdemokratischen Boden, während die ins Ausland geflüchteten ehemaligen Mitglieder des »Proletariat« sich 1893 zum Sozialnationalismus bekehren.

Solange die sozialistische Agitation nicht über kleine geheime Zirkel hinausging, kann eigentlich von einer Arbeiterbewegung in Polen nicht die Rede sein, und es wäre ein müßiges Unterfangen, nach tief liegenden sozialen Ursachen als Erklärung dieser oder jener der damaligen sozialis-

6 Dieser Anschlag ging auf einen Beschluss des Zentralkomitees der Partei »Proletariat« zurück.

7 Die Zeitschrift *Proletariat.*

tischen Ideen zu suchen. Im Jahre 1888 beginnt aber ein Rückschlag in den Begriffen der Sozialisten, und zwar bewirkt durch einen kräftigen Anstoß der spontan aufgekommenen Bewegung der Arbeitermassen. Gerade als nach dem Rückgang des gewaltigen Kampfes der *Narodnaja Wolja* mit dem Zarismus auch die terroristische Propaganda des »Proletariat« und seine Hoffnungen auf die unmittelbar bevorstehende soziale Revolution in Misskredit kamen, in der zweiten Hälfte der 80er-Jahre, erfasste den polnischen Kapitalismus, nachdem er sich an 80- und 100-prozentigen Dividenden berauscht, der erste Katzenjammer; er schrumpft für einige Zeit zusammen und wirft eine Masse »überflüssiger« Arbeiter aufs nackte Pflaster des Elends. Die ausgestoßene Arbeitskraft kam aber wie Banquos Geist[8] zurück – als Gespenst des Klassenkampfes. Wir meinen diesmal nicht die geheime Agitation der Sozialisten, sondern den elementaren, in dem hellen Sonnenlicht der Öffentlichkeit entbrannten gewerkschaftlichen Arbeiterkampf. 1885 als das erste Grollen des nahenden Gewitters – die Arbeitslosendemonstration in Warschau, dann eine Reihe unvorbereiteter Streiks in den Jahren 1887 und 1888. Die Sozialisten sind mit der Nase darauf gestoßen worden, dass der Satz »die Emanzipation der Arbeiter muss das Werk der Arbeiterklasse selbst sein«[9] – ein Satz, den sie bloß mit Hinblick auf den Moment der sozialen Revolution im Munde führten – noch eine ganz andere Bedeutung hat, dass nämlich nur die Betätigung der Arbeiterklasse selbst im täglichen Kampfe um naheliegende Interessen sie zur Erfüllung ihrer Rolle in dem Moment der endgültigen Befreiung erziehen kann. Jetzt wurde mit der Theorie der *im Namen* des Volkes handelnden Verschwörer gebrochen, es war die Zeit gekommen, wo »die Personen sprachen und der Chor handelte«. Eine neue Generation von Sozialisten stellte sich an die Spitze des gewerkschaftlichen Kampfes, um an der Hand der materiellen Bedürfnisse der Masse und ihrer alltäglichen Zusammenstöße mit der Übermacht des Kapitals das arbeitende Volk über seine Klasseninteressen aufzuklären.

Den Anfang machte eine kleine Gruppe von sozialistischen Arbeitern, die 1889 auf die glückliche Idee verfiel, den Kämpfenden zur Hilfe zu kommen durch die Organisierung einer allgemeinen Streikkasse. Diese verwandelte sich bald in den Mittelpunkt der gewerkschaftlichen Bewegung und legte den Sozialisten die Führerschaft der Masse in die Hände. An die Spitze des Kampfes gestellt, mussten sie ihm praktische und handgreifliche Ziele stecken, und eins der ersten Ergebnisse war die Erkenntnis, dass das absolute Regime dem Klassenkampfe ungeheure Schwierigkeiten in

8 Banquo ist eine Figur aus Shakespeares »Macbeth«. Macbeth lässt ihn ermorden, sein Geist erscheint ihm jedoch in einer entscheidenden Situation und macht ihn unsicher.

9 »In Erwägung, dass die Emanzipation der Arbeiterklasse durch die Arbeiterklasse selbst erobert werden muss ...« (Karl Marx: Allgemeine Statuten und Verwaltungs-Verordnungen der Internationalen Arbeiterassoziation, in: MEW, Bd. 17, S. 440).

den Weg lege, dass man nicht direkt auf die soziale Revolution abzielen könne, sondern vor allem eine politische Verfassung erkämpfen müsse. *Aufbesserung der materiellen Lage, Arbeiterschutz und politische Freiheiten* werden zum ersten Mal in Polen zur Losung. Die Entstehung einer neuen Partei auf sozialdemokratischer Grundlage war das Werk eines Jahres. 1890 zählt der *Bund Polnischer Arbeiter,* so hieß die Sozialdemokratie bis 1893, schon Tausende von Anhängern in Warschau, Łódz, Żyrardów. Die Partei kommt durch den gewerkschaftlichen Kampf in Berührung mit immer breiteren Massen und benutzt dies zur Organisierung von geheimen Bildungs-, Propaganda- und Agitationszirkeln. Ein neuer Aufschwung der polnischen Industrie seit 1887 sichert dem Arbeiterkampf eine Reihe gewerkschaftlicher Siege und bewirkt ein Anschwellen der Sozialdemokratie. Nach Warschau wird noch in Łódz eine Streikkasse angelegt. Des Landes bemächtigt sich ein förmliches Streikfieber, und bei der allgemeinen Aufregung der Arbeiterschaft wird in einem Jahr an sozialistischer Agitationsarbeit mehr geleistet als in den acht Jahren der isolierten Zirkelpropaganda des »Proletariat«. Die Jahre 1889–1892 sind ein wahrer Frühling des proletarischen Kampfes in Polen, ein Treiben und Sprossen des Klassenbewusstseins; die Aufregung erreicht im Mai 1892 in dem allgemeinen Streik von 80 000 Arbeitern in Łódz ihren Höhepunkt.

Was aber am meisten das polnische Proletariat aufgerüttelt, das war die *Maifeier.* Zum ersten Mal wurde für die Massen ein Mittel gefunden, sich auch unter dem absoluten Regime, und zwar in friedlicher Weise, politisch zu betätigen. Der sozialdemokratische Bund wusste dies vortrefflich auszunutzen. 1890 feierten durch Arbeitsniederlegung ca. 10 000 Arbeiter, 1891 25000–30 000, 1892 in Łódz allein 80 000. (Die Maifeier war das Signal zum allgemeinen Streik.) Jedes Mal war neben dem Achtstundentag die Abschaffung des absoluten Regimes, die politische Freiheit die Losung der Maiflugblätter.

So hat der Bund zum ersten Mal die Arbeiterklasse in den Kampf hineingezogen, ihr ein unmittelbares politisches Programm gegeben, die gewerkschaftliche Organisation geschaffen, eine politische Massenaktion durch die Maifeier hervorgerufen und so den Klassenkampf in Polen zur Wahrheit gemacht. Gründer des Bundes sind zwei schlichte Arbeiter, der Schlosser *Jan Leder* und der Setzer *Wilkoszewski* – beide bereits verstorben an der Proletarierkrankheit,[10] mit der sie von der langen Einkerkerung bedacht wurden. Ende 1891 beginnt nämlich die unvermeidliche Hetzjagd der Zarenregierung auf den Bund und dauert das ganze Jahr 1892 hindurch. Die Bewegung wird dadurch zeitweilig gelähmt, um aber nur nach einer kurzen Rast wieder auf dem Kampfplatz zu erscheinen. 1893

10 Tuberkulose.

vereinigte sich der Bund mit den Resten des »Proletariat«, welches seit 1890 selbstständig eine sozialdemokratische Tätigkeit entwickelte, eine eigene Streikkasse gründete und sich tatkräftig an der Maidemonstration beteiligte, zu *einer* Partei.* Dieselbe nahm nach einer kurzen Periode innerer Reibungen, die durch nationalistische Elemente hervorgerufen waren, welche es aus der Partei zu entfernen galt, im Juli 1893 den Namen *Sozialdemokratie Russisch-Polens* an. Die Bewegung machte wieder einen Schritt vorwärts.

Der Bund Polnischer Arbeiter hatte in vier Jahren die Praxis des sozialdemokratischen Kampfes geschaffen, der Sozialdemokratie Russisch-Polens stand es bevor, die prinzipielle und theoretische Seite auszubilden. Dazu diente ihr die Parteiliteratur und der am 10. und 11. März 1894 zum ersten Mal in Warschau abgehaltene geheime Parteitag, auf dem eine gründliche Diskussion über die Programmfragen vorgenommen wurde.

[...]

Der Bund Polnischer Arbeiter hatte von Anfang an die politische Freiheit als Programmforderung aufgestellt und dadurch den Nationalismus einfach verworfen; die Sozialdemokratie Russisch-Polens gab nun die wissenschaftliche *Begründung* dieses Programms ebenso wie die Verwerfung des nationalistischen, und zwar aufgrund einer und derselben Analyse der sozialen Entwicklung Polens. Was daneben die Sozialdemokratie Russisch-Polens vor dem Bund auszeichnet, ist auch die scharfe Betonung des *politischen* Kampfes, während der Bund, zum ersten Mal an eine ganz unvorbereitete Masse herantretend, notgedrungen hauptsächlich die ökonomische Seite hervorheben musste. Der gewerkschaftliche Kampf wurde jedoch von der Sozialdemokratie nicht nur nicht vernachlässigt, sondern erhielt sogar 1894 in den regelrechten Fachvereinen eine viel festere Organisation, als es bei dem Bund mit seinen zwei allgemeinen Streikkassen und Ansätzen zu Fachorganisationen der Fall war. Auch hat man seit 1893 auf die *sozialistische* Agitation viel mehr Nachdruck gelegt, wodurch der prinzipielle Charakter der Parteitätigkeit deutlicher ausgeprägt wurde. Nie trug auch die Maifeier ein so bewusst sozialistisches Gepräge wie 1894, wo 15 000 Arbeiter die Arbeit niederlegten.

Seit Ende 1894 begann eine wütende Verfolgung der Sozialdemokratie seitens der Zarenregierung. Über 200 Personen wurden verhaftet und in eine unendliche Untersuchung verwickelt. Erst vor einigen Monaten sind die Urteile für sie aus Petersburg eingetroffen. Viele gingen nach Ost- und

---

* L. Winiarski (in der *Neuen Zeit*, Jg. X, Bd. I: Der Sozialismus in Russisch-Polen) scheint bei seiner Charakteristik des »Proletariat« nur diese letzte Periode der Tätigkeit desselben im Auge gehabt und von diesem Standpunkt das Ganze beurteilt zu haben. Dies ist aber insofern unzutreffend, als das »Proletariat« der 90er-Jahre seinem ehemaligen Programm bereits gänzlich entwachsen war.

Westsibirien, manche zu 5 Jahren Verbannung, manch andere haben ihr Urteil gar nicht abgewartet und sind direkt aus dem Gefängnis ins bessere Jenseits gewandert. Der Kerker und der frühzeitige Tod gehören aber bei dem polnischen Sozialisten bereits zum Handwerk. Die Bewegung erlahmte wieder für längere Zeit, wie dies regelmäßig nach 2–3 Jahren reger Tätigkeit der Fall ist. Unter dem absoluten Regime bringt aber dieselbe Regelmäßigkeit zum Glück nach jeder Ebbe auch wieder die Flut. In einigen Schichten verglimmt die Bewegung scheinbar, in anderen wird sie von Neuem entfacht. Das Ergebnis der letzten anderthalb Jahre ist eine ganz selbstständig aufgekommene sozialdemokratische Bewegung unter dem *jüdischen* Proletariat Warschaus, und in Litauen hat sich ebenfalls ganz selbstständig eine *litauische Sozialdemokratie* ausgebildet, die in litauischer und polnischer Sprache agitiert, eine Reihe Gewerkschaften organisiert hat und ein eigenes hektografiertes Parteiblatt herausgibt.

Aus: Rosa Luxemburg: Gesammelte Werke, Berlin 1970 ff., Bd. 1.1, S. 82–93

Leo Jogiches
(1867–1919)

... war einer der engsten Mitstreiter*innen und Berater*innen Rosa Luxemburgs und von 1892 bis 1907 ihr Lebensgefährte. Er stammte aus Vilnius und schloss sich früh den revolutionären Bewegungen in Russland an. Seine Stärke lag in der unmittelbaren organisatorischen und politischen Arbeit, publizistisch trat er selbst kaum in Erscheinung. Jogiches war einer der Köpfe der Spartakusgruppe, trug wesentlich zur Aufklärung der Ermordung Luxemburgs und Liebknechts bei und wurde daraufhin selbst am 10. März 1919 von der Polizei ermordet.*

Hintergrund

Luxemburg stellt in ihrem Aufsatz die Entwicklung der russisch-polnischen Sozialdemokratie als Weg vom Verschwörerzirkelhin zu den proletarischen Massen dar. Diesen Weg waren praktisch alle wesentlichen sozialdemokratischen Parteien im 19. und frühen 20. Jahrhundert gegangen. Dem entsprachen die unterschiedlichen Formen des Kampfes und der Organisation.

Rosa Luxemburg verließ 1889 mit 18 Jahren ihre Heimat, die ihr als Frau, Polin und Jüdin nur wenige Entwicklungsmöglichkeiten bot. Sie nahm an der Zürcher Universität – einige Schweizer Universitäten ließen Frauen* zu – ein Studium auf.[11] Im Jahr darauf lernte sie Leo Jogiches kennen, über den sie in

11 Zum Leben Luxemburgs sei empfohlen: Annelies Laschitza: Rosa Luxemburg. Im Lebensrausch, trotz alledem. Eine Biographie, Berlin 2010. Der Mythos, sie sei vor der Verfolgung durch die zaristische Polizei geflohen, ist durch neuere Forschungen widerlegt. Für eine politische Aktivität, die dies erklärt hätte, finden sich keine Belege.

Julian Marchlewski (1866–1925)

... polnischer sozialdemokratisch-kommunistischer Politiker, 1893 zusammen mit Leo Jogiches, Rosa Luxemburg und Adolf Warski in Zürich Mitbegründer der Sozialdemokratie des Königreiches Polen (SDKP, 1900 SDKPiL), 1913–1915 mit Rosa Luxemburg und Franz Mehring Herausgeber der *Sozialdemokratischen Korrespondenz*, 1915 Herausgeber der *Wirtschaftlichen Rundschau*, 1916 Spartakusgruppe, 1916–1918 als Staatenloser unter menschenunwürdigen Bedingungen in Havelberg interniert (die TBC, die er sich dort zuzog, verursachte seinen Tod), dann in Moskau, 1922–1925 Vorsitzender der Internationalen Roten Hilfe.*

die praktische, konspirative Parteiarbeit eingeführt wurde.

Im Frühjahr 1893 schlossen sich der *Bund polnischer Arbeiter* (Związek Robotników Polskich – ZRP) und das *II. Proletariat (wo Luxemburg Mitglied war)* zu einer neuen Partei, der Polnischen Sozialistischen Partei (Polska Partia Socjalistyczna – PPS) zusammen. Allerdings standen die nationalistischen Tendenzen der neuen Partei in der Kritik eines Teils ihrer Anhänger*innenschaft:

»Diejenigen, die für den sozialen Klassenkampf und für die Opposition gegen die Zarenherrschaft eintraten, sprachen sich für eine Kampfgemeinschaft mit den Arbeitern der Okkupationsländer[12] aus, grenzten sich vom Nationalismus der PPS ab und nannten sich Socjal-Demokracja Polska, Sozialdemokratie Polens. Sie bildeten den Kern für die Gründung der Socjaldemokracja Królestwa Polskiego SDKP, der Sozialdemokratie des Königreiches Polen.«[13]

Gegründet wurde diese Partei im Juli 1893 von Rosa Luxemburg, Leo Jogiches sowie den ebenfalls im Exil lebenden Julian Marchlewski und Adolf Warski.

In der Auseinandersetzung mit der PPS und der Geschichte der polnischen Bewegung fanden sich bereits zu diesem Zeitpunkt alle Elemente, die Luxenburgs Parteiauffassung bis zu ihrem Tode prägten: ein konsequenter Internationalismus, die Ablehnung jeglicher Bestrebungen, die die Masse der Parteimitglieder zu bloßen Statisten der Politik der Parteiführung machen, und die Verbindung von politischen, sozialen und ökonomischen Kämpfen.

Wie alle Bewegungen der Unterdrückten stellte sich auch die Geschichte der Sozialdemokratie, oder, was zu diesem Zeitpunkt das Gleiche war, des Kommunismus, als beständige Suche nach den Wegen zum Erfolg im Kampf gegen die verschiedenen Formen der Unterdrückung dar, seien sie feudal oder bürgerlich-kapitalistisch. Legale Formen von Protest und politischer Organisation waren oft nicht realisierbar. So schien die Verschwörung, im Geheimen vorbereitet, der einzige Weg, um den Staat zu schwächen und die Massen zur Revolution aufzurütteln.

12 Also Russland, Deutschland und Österreich-Ungarn.
13 Laschitza, Luxemburg, S. 46.

Die polnische Sozialdemokratie wurde dabei von zwei Richtungen beeinflusst: dem Blanquismus und den Auffassungen der, wie Luxemburg selbst schrieb, »ruhmreichen russischen terroristischen Partei Narodnaja Wolja«. In dieser verbanden sich die revolutionären Traditionen Russlands mit den aus Westeuropa kommenden Ideen, wie sie von Blanqui[14] vertreten wurden.

Für ihn war die Niederlage der Arbeiter*innen in der Julirevolution von 1830 prägend, bei der diese um die Früchte ihres Sieges betrogen worden waren und deren Revolution somit gescheitert war.[15]

Adolf Warski
(1860–1937)

... polnischer sozialdemokratisch-kommunistischer Politiker, 1893 gemeinsam mit Rosa Luxemburg, Leo Jogiches und Julian Marchlewski Begründer der Sozialdemokratie des Königreiches Polen (SDKP), 1906–1912 Vertreter der SDKPiL im Zentralkomitee (ZK) der SDAPR (Sozialdemokratische Arbeiterpartei Russlands), 1918 Mitbegründer der Kommunistischen Partei Polens, während der von der stalinschen Bolschewikiführung organisierten Kommunist*innenverfolgung ermordet.*

»Blanqui, belehrt durch die immer wieder scheiternden Revolutionen in Frankreich im 19. Jahrhundert, will durch den perfekt geplanten Aufstand einer disziplinierten und geschulten Minderheit die Kontrolle über die Revolution sichern und auch nach erfolgter Machtübernahme die Staatsmacht nicht wieder aus den Händen geben, sondern bewusst und zielgerichtet einsetzen, um die Bedingungen von Freiheit und Gleichheit in einem längeren Transformationsprozess zu schaffen. Niederwerfung der Gegner und Diktatur der revolutionären Minderheit sollen dies garantieren [...] Der Aufstand schien immer möglich, wenn nur die Aufständischen bereit waren; das Volk schien, zumindest das Proletariat, zu jedem Zeitpunkt bereit, diesen Aufstand zu unterstützen. Es wurde zugleich als radikalisierter Feind der herrschenden Ordnung unterstellt und doch als eigenständiger selbstbestimmter Akteur verleugnet.«[16]

Sind Blanquis Auffassungen Reflex der Verhältnisse in Frankreich, so sind die von *Narodnaja Wolja* Ausdruck der russischen Verhältnisse. *Narodnaja Wolja* ging aus der Bewegung der *Narodniki* (meist übersetzt als »Volks-

14 Vgl. Michael Brie: Revolutionärer Kommunismus und kommunistische Gemeinschaftsbildung – zwei Linien in der ersten Hälfte des 19. Jahrhunderts, in: Lutz Brangsch/ders. (Hrsg.): Das Kommunistische oder: Ein Gespenst kommt nicht zur Ruhe, Hamburg 2016, S. 46–62.

15 Die Julirevolution von 1830 entsprang den Widersprüchen zwischen Finanzkapital, Industriebourgeoisie, Adel, Kleinbürger*innentum, Bäuer*innen und Arbeiter*innenschaft, die die französische Gesellschaft seit der Niederlage Napoleons bestimmten. Auslöser war der Versuch der Gruppierung um König Karl X., das monarchistische System wieder zu errichten. Am 26./27. Juli 1830 kam es daraufhin zu Kämpfen, an denen Kleinbürger*innen, Arbeiter*innen und Teile der liberalen Bourgeoisie beteiligt waren. Nach dem Sturz Karls X. reagierte das Bürger*innentum auf die offensichtliche Kampffähigkeit der Arbeiter*innen mit einer Verschärfung arbeiterfeindlicher Gesetze, Verschlechterungen im Wahlrecht usw.

16 Vgl. Brie, Revolutionärer Kommunismus, S. 55.

Louis-Auguste Blanqui (1805–1881)

... war ein französischer Revolutionär und einer der wichtigsten Köpfe des Kommunismus in der ersten Hälfte des 19. Jahrhunderts. Seit den 1830er-Jahren sah er im Proletariat die entscheidende revolutionäre Kraft. Mehrfach verhaftet, verurteilt und ins Exil gezwungen versuchte er immer wieder, durch Aktionen kleiner Verschwörer*innengruppen die bürgerliche Ordnung ins Wanken zu bringen. Er genoss in der französischen Arbeiter*innenbewegung höchstes Ansehen und wurde 1871 in Abwesenheit (er war inhaftiert) zum Mitglied der Pariser Kommune ernannt. Er kam erst 1879 wieder frei und starb zwei Jahre später.

tümler«) hervor. Diese hatten sich die Aufgabe gestellt, die Bäuer*innen durch Aufklärung über den Charakter der Zarenherrschaft zu politischem Handeln zu bringen. Sie sahen in der russischen Dorfgemeinde *(Obschina)*, in der sich Elemente gemeinsamer Bewirtschaftung des Landes erhalten hatten, einen Ausgangspunkt für die Überwindung des Zarismus und die Schaffung einer Art Agrarsozialismus, unter Umgehung der kapitalistischen Phase. Ende der 1870er-Jahre mussten die Aktivist*innen jedoch konstatieren, dass dieses »In-das-Volk-Gehen« an der Passivität der Bäuer*innen und der repressiven Politik des Staates gescheitert war. 1879 entstand in Reaktion auf dieses Scheitern *Narodnaja Wolja* als Organisation, die zum Angriff auf die Regierung übergehen wollte. Nicht Überzeugung durch das Wort, sondern systematischer Terror sei die richtige Antwort auf den Terror der Regierung. Der Höhepunkt ihrer Entwicklung war die Ermordung des Zaren Alexander II. im Jahr 1881. Die folgende Repressionswelle traf die Organisation hart. Ihre Führung wurde praktisch zerschlagen: Hinrichtung, langjährige Haft, Verbannung nach Sibirien oder Exil waren das Schicksal für die meisten von ihnen. Als »Proletariat« 1889 ein Aktionsbündnis mit *Narodnaja Wolja* einging, war diese Organisation in Russland schon keine politisch wirksame Kraft mehr.

Der Blanquismus und die eng damit verbundene Ideologie von *Narodnaja Wolja* gründen also auf zwei Bedingungen – ein politisches System, das jegliche Vereinigung der Unterdrückten (in Frankreich vor allem das Proletariat, in Russland das entstehende Proletariat, das Kleinbürger*innentum und die Bäuer*innenschaft) unterband, und ein Proletariat, das noch unerfahren im politischen Kampf war und die Fähigkeit zur Selbstorganisation noch nicht erlangt hatte.

Hier setzt Luxemburg an. Sie betont, dass mit der Veränderung der Arbeiter*innenklasse selbst die Vorstellung unhaltbar geworden sei, dass diese durch einen Zirkel besonderer Revolutionär*innen benutzt werden könne, um die Revolution herbeizuführen. Sie wird einige Jahre später mit Blick auf die Revolution 1905 in Russland schreiben:

»Womit also erklärt sich unser Erfolg, womit der Misserfolg der Blanquisten? Einfach damit, dass jene ›Masse‹ eine andere ist. Die Arbeiterreihen, die heute im Kampf gegen die Zarenherrschaft stehen, sind Menschen, die durch das Leben selbst zu Sozialisten geworden sind, Menschen, die mit der Muttermilch den Hass auf die bestehende Ordnung aufgesogen haben, Menschen, denen die Not beigebracht hat, sozialistisch zu denken. Das ist der Unterschied. Nicht die Führer, auch nicht die Ideen machen ihn aus, die sozialökonomischen Verhältnisse haben ihn hervorgebracht [...] Weil die Massen andere sind, weil das Proletariat ein anderes ist, kann heute von der Taktik der Verschwörer, von der Taktik des Blanquismus keine Rede sein.«[17]

Allerdings wird das Verhältnis von Klasse und Führer*innen, die Frage nach der Rolle der »Massen« bei Entscheidungen in Partei und Gewerkschaften, nach den Möglichkeiten der Mitgestaltung der Parteipolitik durch die »einfachen« Mitglieder Rosa Luxemburg immer wieder bewegen. Der Blanquismus erweist sich lediglich als *eine* Form der Unterschätzung der Rolle der »Massen« durch ihre »Führer«.

17 Rosa Luxemburg: Blanquismus und Sozialdemokratie, in: dies.: Arbeiterrevolution 1905/06. Polnische Texte, hrsg. von Holger Politt, Berlin 2015, S. 214–219, hier: S. 216.

»Ohne allgemeine Wahlen, ungehemmte Presse- und Versammlungsfreiheit, freien Meinungskampf erstirbt das Leben in jeder öffentlichen Institution, wird zum Scheinleben, in der die Bürokratie allein das tätige Element bleibt. Das öffentliche Leben schläft allmählich ein, einige Dutzend Parteiführer von unerschöpflicher Energie und grenzenlosem Idealismus dirigieren und regieren, unter ihnen leitet in Wirklichkeit ein Dutzend hervorragender Köpfe, und eine Elite der Arbeiterschaft wird von Zeit zu Zeit zu Versammlungen aufgeboten, um den Reden der Führer Beifall zu klatschen, vorgelegten Resolutionen einstimmig zuzustimmen, im Grunde also eine Cliquenwirtschaft – eine Diktatur allerdings, aber nicht die Diktatur des Proletariats, sondern die Diktatur einer Handvoll Politiker, d. h. Diktatur im rein bürgerlichen Sinne, im Sinne der Jakobinerherrschaft … Das ist ein übermächtiges, objektives Gesetz, dem sich keine Partei zu entziehen vermag.«

Repräsentieren oder gemeinsam handeln?

Im Jahr 1898 kam Rosa Luxemburg nach Deutschland und trat der SPD bei. Die von ihr für die polnische Sozialdemokratie formulierten Ansprüche an eine proletarische Massenpartei bestimmten auch hier ihr Handeln. In der deutschen Sozialdemokratie wurden zu dieser Zeit scharfe Diskussionen über den Charakter des vorherrschenden Kapitalismus und das damit eng verbundene Verhalten der Partei in den Parlamenten geführt. Die parlamentarische Arbeit wurde von Abgeordneten[1] und ihnen nahestehenden Intellektuellen als eigentliche »praktische Politik« betrachtet. Damit wurde das Handeln der Funktionäre[2] und Abgeordneten als Repräsentanten immer wichtiger, die »einfachen« Parteimitglieder verloren an Gewicht. Luxemburg kritisierte diese Verschiebung des Arbeitsschwerpunktes in den parlamentarischen Raum und die damit verbundene Entmündigung von Parteimitgliedern bei der Bestimmung von Strategie und Taktik der Partei.

Zum kommenden Parteitag — 1899

[…] Festgestellt muss vor allem werden, dass gerade diejenigen Genossen, die sich für die sogenannte praktische Politik erwärmen, eine ganze Reihe von wichtigsten Parteiposten einnehmen, was ihren Ansichten auch eine ausgedehnte Anwendung und Verbreitung sichert, sie haben nämlich eine Anzahl von Parteiblättern als *Redakteure* und eine Anzahl von parlamentarischen Tribünen als *Reichstags-* und *Landtagsabgeordnete* inne. Gerade dort also, wo der eigentliche Parteikampf nach zwei Fronten – gegen die Regierung und die herrschenden Klassen sowie für Aufklärung der Arbeitermassen – geführt wird, in der *Presse* und in der *Volksvertretung,* sind die Anhänger der opportunistischen Taktik am stärksten vertreten.

Dieser Umstand ist es, der ihnen zu ihrer Stärke so unverhältnismäßig Einfluss und Bedeutung verschafft. Als Abgeordnete und Redakteure können sie gewissermaßen die hinter ihnen stehenden Proletariermassen »repräsentieren«, wenn auch, wie dies meistens der Fall ist, im direkten Gegensatz zu den Absichten und Überzeugungen dieser Massen. Sie können aber auch ferner auf die Massen einen nachhaltigen und unkont-

1 Frauen* hatten zu diesem Zeitpunkt weder das aktive noch das passive Wahlrecht.
2 Auch hier behalten wir aus genannten Gründen die männliche* Form bei.

rollierbaren Einfluss ausüben und sie im Sinne ihrer Ansichten direkt erziehen, was besonders von den zur Partei neu hinzutretenden jungen und ungeschulten Elementen aus der Arbeiterschaft gilt. Dabei ist zu beachten, dass wir gerade jetzt darauf angewiesen sind, immer mehr nicht nur rein proletarische, sondern auch die *kleinbürgerlichen* Elemente anzuwerben, diesen sind aber die Ansichten der opportunistischen Redakteure und Abgeordneten gerade aus dem Herzen gesprochen, sodass die ausgestreute Saat auch auf einen von vornherein günstigen Boden fällt.

Endlich sehr beachtenswert ist der Umstand, dass die bei Weitem überwiegende Mehrheit der »praktischen Politiker« lauter *junge* Leute sind, die den eigentlichen *Nachwuchs der Partei* bilden und als Redakteure und Parlamentarier etwa in zehn bis fünfzehn Jahren das große Wort in der Bewegung zu führen berufen sind.

Fasst man alle diese Tatsachen zusammen, so muss die Gefahr, dass der sozialdemokratischen Bewegung über kurz oder lang, wie Bebel sagt, »das Rückgrat gebrochen wird«, als eine *sehr ernste* betrachtet werden.

Und dazu gehört kein bloßes Gefallen an Schwarzseherei, an warnenden Kassandrarufen. Zwar ist unsere Bewegung in demselben Jahrzehnt, das das allmähliche Umsichgreifen des Opportunismus gezeitigt hat, nicht nur nicht bergab gegangen, sondern hat sich mächtig emporgerichtet und gefestigt. Aber wenn Vollmar in Stuttgart darauf mit den Worten hinwies: »Außerdem ist die Wiederholung (der Warnungen vor der opportunistischen Gefahr – R.L.*)* auch ganz nutzlos, denn die Partei hat sich unbeirrt weiter zu ihrer jetzigen Höhe und Reife *hinauf gesumpft* [Hervorhebung – R.L.]«,[3]

August Bebel
(1840–1913)

... war die prägende Figur der deutschen Arbeiter*innenbewegung. Sein politischer Weg führte ihn vom Arbeiter*innenbildungsverein* in Leipzig über die von Marx geprägte Internationale Arbeiterassoziation zur Gründung der Sozialdemokratischen Deutschen Arbeiterpartei (SDAP). Durch ihn wurden die Anschauungen Marx' in Deutschland populär. Er saß seit 1867 für die Sozialdemokratie in den Parlamenten des Norddeutschen Bundes bzw. des Deutschen Reichs. Im Mittelpunkt stand für ihn die Bewahrung des revolutionären Charakters der Sozialdemokratie, ihre Orientierung auf die kompromisslose Überwindung des Kapitalismus. Um die Einheit der Partei zu bewahren, neigte er später zu einem mehr oder weniger autoritären Führungsstil, was ihn in Gegensatz zu Luxemburg brachte.**

3 Max Schwarz (Hrsg.): Protokoll über die Verhandlungen des Parteitages der Sozialdemokratischen Partei Deutschlands. 1898: Abgehalten zu Stuttgart vom 3. bis 8. Oktober 1898, Reprints zur Sozialgeschichte, Berlin/Bonn 1979, S. 105.

Georg Heinrich von Vollmar (1850–1922)

… begann seine berufliche Laufbahn als Offizier, kam über demokratische und ethisch-soziale Positionen um 1873 zur Sozialdemokratie und arbeitete als Redakteur. Lehnte er zuerst den Parlamentarismus ab, begann 1881 seine parlamentarische Karriere im Reichstag sowie in den Landtagen von Bayern und Sachsen. Ab 1891 verfolgte er einen Kurs der Reformen und Kompromisse mit bürgerlichen Parteien. In der Agrarpolitik vertrat er die Ansicht, dass die Partei die Interessen des bäuerlichen Kleinbetriebes vertreten sollte. Er war neben Eduard Bernstein einer der einflussreichsten Vertreter des Reformismus in der SPD.

so hatte *er* sicherlich am allerwenigsten Anlass, darüber zu triumphieren.

Nicht *dank* dem Evangelium der sogenannten praktischen Politik, sondern *trotz* ihm ist unsere Bewegung groß und stark geworden. Nur weil sie sich jedes Mal gegen die opportunistischen Anwandlungen kräftig zur Wehr setzte, nur weil sie die vollmarsche Taktik des »neuen Kurses«, seine Budgetabstimmung,[4] sein Agrarprogramm usw. konsequent *ablehnte,* konnte die Partei das leisten, was sie geleistet hat. Hätte sie die Anschauungen der »praktischen Politik« zur Richtschnur ihrer gesamten Tätigkeit bis jetzt gemacht, so würde sie weder die 2¼ Millionen Stimmen noch überhaupt die Bedeutung erlangt haben, die ihr jetzt im politischen Leben Deutschlands allgemein zuerkannt wird.

Daraus ergibt sich aber der logische Schluss, dass auch fernerhin das Wachstum und die Stärke der Bewegung davon abhängen, ob die Partei die nötige Energie in der Bekämpfung des Opportunismus findet.

VI. *Mittel der Abhilfe*

Es ist klar, dass die Stellungnahme der Partei vor allem in einer entsprechenden *Resolution* ebenso zu Punkt 6 wie zu Punkt 7 der Tagesordnung des Parteitages[5] ausgedrückt werden muss. Dabei wäre es jedoch unseres Erachtens ganz zweckwidrig, sich auf eine vielerorten vorgeschlagene Fassung zu beschränken, wonach die Partei etwa erklärt, dass sie »keinen Grund sieht, von ihrer bisherigen Taktik abzugehen«.

4 Die Verweigerung der Zustimmung zu den Landeshaushalten bzw. zum Haushalt des Reiches galt in der Sozialdemokratie als Ausdruck der Ablehnung der bürgerlich-kapitalistischen Ordnung an sich und hatte damit hohe symbolische Bedeutung. Dies fand seinen Ausdruck in der Losung »Diesem System keinen Mann und keinen Groschen«. Entgegen diesem Prinzip stimmte die sozialdemokratische Fraktion des bayerischen Landtags unter Führung von Georg von Vollmar am 1. Juni 1894 dem Budget zu.

5 Im Tagesordnungspunkt 6 ging es um die Militärpolitik und im Punkt 7 um das Verhalten zur sogenannten Zuchthausvorlage im Reichstag. Letzteres war die gängige Bezeichnung für den Entwurf des »Gesetzes zum Schutze des gewerblichen Arbeitsverhältnisses«, das Streikbrecher*innen schützen sollte und Streikposten sowie ggf. auch die Beteiligung am Streik mit Zuchthausstrafen bedrohte. Das Gesetz wurde im Reichstag abgelehnt.

Eine solche Resolution würden auch Bernstein, Schippel und alle ihre Anhänger ruhig unterschreiben, da sie ja selbst behaupten, der Partei keine neue Taktik vorschlagen zu wollen. Gerade deshalb würde aber die Resolution ihren Zweck gänzlich verfehlen … Will der Parteitag seiner Meinung einen *unzweideutigen* Ausdruck geben, so muss er unumwunden erklären, dass er die Ansichten Bernsteins sowie Schippels für *unverträglich* mit der bisherigen Tätigkeit sowie mit den Grundsätzen und der Taktik der Partei erklärt und sie energisch ablehnt. Dabei halten wir ebenso bei Punkt 6 wie bei Punkt 7 *eine namentliche Abstimmung* im Interesse der Klarheit für unbedingt geboten.

Aber es wäre Leichtsinn und Selbsttäuschung, von der bloßen Annahme einer Resolution die Überwindung der bernstein-schippelschen Richtung zu erwarten. […]

Will man der Gefahr der Verwässerung und Versumpfung der Bewegung im Ernst vorbeugen, so muss man zu einer Reihe *praktischer Maßnahmen* greifen, die dem Übel dort zu begegnen geeignet sind, wo es wuchert, d. h. in der Presse und in der parlamentarischen Tätigkeit. In diesem Sinne halten wir für notwendig:

1. dass der Parteitag die gesamte Parteipresse, darunter in erster Linie das Zentralorgan, verpflichtet, zu jeder taktischen Frage, die in der Parteipraxis auftaucht, sich nicht nur *referierend* zu verhalten, sondern auch klar und deutlich Stellung zu nehmen. Der *Vorwärts* insbesondere, als Zentralorgan, müsste als seine Pflicht und Schuldigkeit erachten, im Sinne der *Gesamtpartei* und nicht im Sinne der opportunistischen Opposition zu wirken, wie er dies bis jetzt, wenn auch verstohlen, bei jeder Gelegenheit getan;

2. dass der Parteitag die Reichstagsfraktion gleichfalls verpflichtet, zu jeder auftauchenden wichtigen Meinungsdifferenz auf dem Gebiete der parlamentarischen Tätigkeit ihrerseits Stellung zu nehmen, und zwar

Eduard Bernstein
(1850–1932)

… neben Karl Kautsky der wichtigste Schüler von Marx und Engels. Friedrich Engels hatte ihn (gemeinsam mit August Bebel) zum Nachlassverwalter seines und Marx' literarischen Werkes bestimmt.* Unter anderem wegen seiner Arbeit für das illegale Parteiorgan *Der Sozialdemokrat* verbrachte er die Zeit von 1878 bis 1901 im Exil, erst in der Schweiz, dann in England. Seine Analysen des Kapitalismus brachten ihn zu dem Schluss, dass die Sozialdemokratie ihren Schwerpunkt von der revolutionären hin zur reformerischen Politik verschieben sollte, um das Ziel des Sozialismus zu erreichen. In der Artikelserie »Probleme des Sozialismus« entwickelte er diese Auffassungen, auf die sich die Kritik Luxemburgs bezieht.**

öffentlich, indem sie ihre Stellungnahme zur Kenntnis der Gesamtpartei bringt;

3. endlich, dies halten wir für das praktisch Wichtigste, dass der Parteitag in Hannover auf die Tagesordnung des nächsten Parteitags (1900) *die Erörterung über die Taktik der Sozialdemokratie bei den Landtagswahlen* setzt. Damit wollen wir das bis jetzt dem eigenen Ermessen der Genossen in jedem Lande des Reiches und zum Teil dem Tasten, den empirischen Experimenten überlassene höchst wichtige Gebiet der Parteitätigkeit einer allgemeinen Regelung seitens der Gesamtpartei nach festen Grundsätzen unterziehen.

Es versteht sich von selbst, dass es hier nicht darauf ankommen kann, jeder einzelnen Landesorganisation die spezielle Marschroute zu diktieren, sie in ihrem Kampfe zu bevormunden, ihr insbesondere die Beteiligung oder Nichtbeteiligung vorzuschreiben. Es handelt sich nur darum, *allgemeine feste Regeln* aufzustellen, die sich eigentlich nur auf die eine Hauptfrage, das Verhältnis zu den bürgerlichen Parteien bei den Wahlen, beziehen und die vielmehr die *Schranken,* die Anweisung darstellen, was die Sozialdemokratie in dieser Hinsicht zu unterlassen, als was sie zu unternehmen hat. Die Frage des *Kompromisses,* die bis jetzt in dem Nebel der Abstraktion und der Allgemeinheiten diskutiert wurde und deshalb nichts ergeben hat, würde hier in einer handgreiflichen, praktischen Weise ihre Lösung finden müssen. Dadurch würde die Partei als Gesamtheit endlich eines der wichtigsten Gebiete ihrer Kontrolle unterziehen, auf denen die »praktische Politik« im Verborgenen ihre Blüten treibt.*

Wie der hannoversche Parteitag seine Maßnahmen auch treffen mag, er wird sicher einen wichtigen Markstein in der Geschichte der deutschen Arbeiterbewegung bilden. Die breiten Arbeiterkreise haben alle Ursache, seinen Verhandlungen mit gespannter Aufmerksamkeit zu folgen, denn von ihm wird in hohem Maße der künftige Verlauf des Klassenkampfes in Deutschland abhängen. Der hannoversche Parteitag ist der letzte im 19. Jahrhundert, in dem Jahrhundert, das den *Anfang* und den *Aufschwung* des Sozialismus gesehen hat. Mag er seinerseits dazu beitragen, dass das kommende Jahrhundert uns nicht den – wenn auch zeitweiligen – Niedergang, sondern den vollen *Sieg* des Sozialismus bringt.

Aus: Rosa Luxemburg:
Gesammelte Werke, Berlin 1970 ff., Bd. 1.1, S. 516–536

* Wir begnügen uns einstweilen mit einer kurzen Anregung in dieser Frage, die bei ihrer Wichtigkeit natürlich eine eingehende Behandlung verdient.

Hintergrund

In dieser Artikelserie in der *Leipziger Volkszeitung* behandelte Rosa Luxemburg Fragen, die vor allem mit der Bewertung der Entwicklung des Kapitalismus durch die verschiedenen Strömungen der Sozialdemokratie zusammenhängen. Auf den ersten Blick hat dies nichts mit innerparteilicher Demokratie zu tun. Hinter der politischen und theoretischen Schwerpunktsetzung standen aber Fragen nach dem Verhältnis zwischen den verschiedenen Formen von Politik, den verschiedenen Wegen des politischen Handelns, zum Verhältnis zwischen Außerparlamentarischem und Parlamentarischem und darüber hinaus den Kompromissen mit bürgerlichen Parteien, die die Handlungsfähigkeit der Organisation betrafen. In den Jahren 1878 bis 1890 war die Partei durch das »Sozialistengesetz«[6] verboten. Ihre Existenz hing davon ab, entsprechende flexible Organisationsformen zu finden. Dass dies gelang, belegen der wachsende Einfluss der Partei, steigende Mitgliederzahlen und eine stabile parlamentarische Präsenz von Sozialdemokraten[7] in diesen Jahren. Eine der Grundlagen dieses Erfolges war die Übernahme der Führungsfunktionen gegenüber der illegalen Partei durch die Fraktionen in den Parlamenten. Dieses Übergewicht der Fraktionen gegenüber der Partei setzte sich nach dem Fall des Sozialistengesetzes fort und prägte auch den Parteiapparat. Die parlamentarische Taktik begann, sich von der Einflussnahme durch die Mitglieder zu lösen, und nahm zunehmend für sich in Anspruch, die politischen Aktionen der Massen der Form und dem Inhalt nach zu bestimmen. Daher legte Luxemburg in ihrer Polemik so großen Wert auf die Rolle dieses Apparates.[8]

Unmittelbarer Bezugspunkt der Diskussionen vor dem Parteitag 1899 war eine Erklärung Eduard Bernsteins auf dem Parteitag des Vorjahres.[9] Bernstein hatte 1896 bis 1898 eine Artikelserie in der theoretischen Zeitschrift der SPD *Die Neue Zeit* unter dem Titel »Probleme des Sozialismus« veröffentlicht.[10] Er stellte in dieser Artikelserie dar, dass die von Marx und Engels formulierten Erkenntnisse zur Entwicklung des Kapitalismus zwar die allgemeine Tendenz beschreiben, die reale Entwicklung aber viel komplexer sei. Es ist ein unbestreitbares Verdienst Bernsteins, dass er die Frage aufwarf, wie die Sozialdemokratie auf diese Veränderungen reagieren sollte. Rosa Luxemburg würdigt dies, indem sie betont:

»Es wäre Wahnsinn, Bernstein die Absicht zuzuschreiben, die Arbeiterbewegung vernichten zu wollen. Im Gegenteil, er glaubt ihr aufs Beste mit seiner Auffassung zu dienen.« Sie setzt dann fort: »Es kommt jedoch nicht darauf an, was Bernstein *denkt* und *will*, sondern was sich objektiv, abgesehen von seiner Person, aus seinen Theorien ergibt.«

---

6 Der genaue Titel des Gesetzes lautete »Gesetz gegen die gemeingefährlichen Bestrebungen der Sozialdemokratie«.

7 Wir haben hier die männliche* Form beibehalten, da Frauen* zu diesem Zeitpunkt weder das aktive noch das passive Wahlrecht hatten.

8 Dazu ausführlicher im Text »Rede zur Frage der Parteischule« in diesem Band S. 72–75.

9 Eduard Bernstein: [Erklärung], in: Schwarz (Hrsg.), Protokoll 1898, S. 122–125, unter: https://tinyurl.com/bernstein-erklaerung.

10 Die Artikel der Zeitschrift sind auf der Website der Friedrich-Ebert-Stiftung abrufbar: https://tinyurl.com/fes-neuezeit.

Karl Kautsky
(1854–1938)

... war seit 1875 in der Sozialdemokratie aktiv. Er gehörte zu den Gründer*innen der wichtigsten Theoriezeitschrift der Sozialdemokratie *Die Neue Zeit.* In den 1890er-Jahren wurde er zu einem der wichtigsten Vertretern der marxistischen Strömung und übte so einen starken Einfluss auf Rosa Luxemburg aus. Ab 1910 übernahm er zunehmend reformistische Positionen.

Bernstein zog aus seinen Studien den Schluss, dass die Zeit der gewaltsamen Revolutionen vorbei, ein Zusammenbruch des Kapitalismus wenigstens auf absehbare Zeit unwahrscheinlich sei und auch katastrophische Zusammenstöße zwischen den Staaten immer unwahrscheinlicher würden. Er begründete das unter anderem mit der wachsenden Bedeutung demokratischer Institutionen, in denen auch die Arbeiter*innen zunehmenden Einfluss hätten. Er kritisierte die Partei dafür, dass sie einer »Zusammenbruchstheorie« anhänge:

»Worüber gestritten wurde, ist die Zusammenbruchstheorie und die Frage, ob bei der gegebenen wirtschaftlichen Entwicklung Deutschlands und dem Reifegrad seiner Arbeiterklasse in Stadt und Land der Sozialdemokratie an einer plötzlichen Katastrophe gelegen sein kann. Ich habe die Frage verneint und verneine sie noch, weil meines Erachtens im stetigen Vormarsch eine größere Gewähr für dauernden Erfolg liegt wie in den Möglichkeiten, die eine Katastrophe bietet.«[11]

In einer Nachbetrachtung zum Parteitag 1898 wurde dem entgegengehalten:

»Sollte es wirklich einige Sozialdemokraten geben, die ihre Hoffnungen auf einen Umschwung der Verhältnisse infolge der fortschreitenden ›Verelendung‹ der Massen setzen, so sind sie jedenfalls ganz vereinzelt und einflusslos. An dem ›Aufstieg‹ des Volkes und der ›Entwicklung‹ der Verhältnisse arbeiten wir alle. Die sogenannte revolutionäre scheidet sich von der sogenannten opportunistischen Taktik in Bezug auf die Mittel, die sie zur Beförderung des ›Aufstieges‹ und der ›Entwicklung‹ für erlaubt hält.«[12]

Der »stetige Vormarsch« reduzierte sich bei Bernstein auf die parlamentarische Seite des Kampfes der Sozialdemokratie bzw. ihre Bewegung in den Institutionen, insbesondere den sozialstaatlichen und kommunalen. Diese waren vor allem seit den 1890er-Jahren mit der Ausweitung der Sozialgesetzgebung entstanden. Damit stärkte er die Position der Richtung in der Partei, die meinten, durch Kompromisse mit den bürgerlichen Parteien in den Parlamenten jenseits der sozialdemokratischen Prinzipien das Beste für die Arbeiter*innen herausholen zu können – die »Kompensationspolitik«. Die parlamentarische Zustimmung zum Haushalt, zu Militärvorlagen usw. sollte durch Verbesserungen im Bereich des Sozialen »erkauft« werden. Aus taktischen

11 Bernstein: [Erklärung], S. 125.

12 Georg Ledebour: Der Parteitag in Stuttgart, in: Sozialistische Monatshefte, Vol. 2=4 (10/1898), S. 441–445, unter: https://tinyurl.com/soz-monhefte.

Erwägungen sollte die prinzipielle Opposition zum Kapitalismus und seinem Staat geopfert werden. Während Bernstein in seiner Erklärung an den Parteitag 1898 vor allem die Tendenzen zur Ausweitung demokratischer Rechte betonte, hob Karl Kautsky die Widersprüchlichkeit der Entwicklung hervor. Anhand konkreter Fakten wies er nach, dass die Demokratie und auch das Proletariat immer mehr in die Defensive gedrängt wurden und der Liberalismus abgedankt hatte.[13]

Es standen sich also zwei Bewertungen der Situation gegenüber, die in ihren Konsequenzen unterschiedliche Organisationslogiken hervorbrachten. Die Position von Luxemburg ist eindeutig. Sie besteht auf einer aktiven Rolle der Massen und auf einer Partei, die ihrer Struktur nach den Massen das Primat einräumt.

Während sie sich in ihrem Aufsatz »Der Sozialismus in Polen« von einer Form »revolutionärer Entmündigung« der Parteimitglieder abgrenzt, wendet sie sich in ihren Betrachtungen vor dem Parteitag 1899 gegen die Entmündigung, die mit einem Primat des Parlamentarischen einhergehe. Demokratie in der Partei müsse lebendig, Strategie und Taktik gleichermaßen Gegenstand öffentlicher Einflussnahme sein.

Damit ist das Spannungsverhältnis einer revolutionären Realpolitik[14] aufgemacht, das Luxemburgs Denken und Handeln prägte.

13 Karl Kautsky: [Erwiderung], in: Schwarz (Hrsg.), Protokoll 1898, S. 126–130, hier: S. 129.

14 Die Tragweite des von Rosa Luxemburg verfolgten Konzeptes diskutiert ausführlich Frigga Haug: Rosa Luxemburg und die Kunst der Politik, Hamburg 2007.

Zentralismus und Demokratie

In der russischen Sozialdemokratie brach Anfang des 20. Jahrhunderts ein Kampf um die grundsätzliche Ausrichtung der Partei aus. Als Mitglied der polnischen Sozialdemokratie in Russisch-Polen war Rosa Luxemburg von diesen Auseinandersetzungen unmittelbar betroffen. Wie auch in Deutschland standen sich in Russland zwei Gruppierungen gegenüber: auf der einen Seite Strömungen, die die Aufgabe der Sozialdemokratie vor allem im Kampf um die Verbesserung der Lage der Arbeiter*innen sahen (Opportunismus), auf der anderen Strömungen, die diesen Teil des Kampfes in untrennbarem Zusammenhang mit der revolutionären Überwindung des Kapitalismus verbunden wissen wollten und dementsprechend ein konsequentes Handeln der Massen auch jenseits des parlamentarischen Feldes forderten. Luxemburg sah trotz aller Probleme für beide Tendenzen Raum in einer Partei; der Kampf zwischen ihnen sollte in offener Auseinandersetzung geführt werden. Lenin, der Führer der bolschewistischen Richtung in der russischen Sozialdemokratie, wollte den Opportunismus durch Organisationsprinzipien bekämpfen. Seine Auffassung war, dass nur eine straff und zentralistisch organisierte Partei opportunistischen Tendenzen begegnen kann.

Organisationsfragen der russischen Sozialdemokratie — 1904

[…] Das uns vorliegende Buch des Genossen *Lenin*, eines der hervorragenden Leiter und Streiter der *Iskra* in ihrer vorbereitenden Kampagne vor dem russischen Parteitag,[1] ist die systematische Darstellung der Ansichten der *ultrazentralistischen* Richtung der russischen Partei. Die Auffassung, die hier in eindringlicher und erschöpfender Weise ihren Ausdruck gefunden hat, ist die eines rücksichtslosen Zentralismus, dessen Lebensprinzip einerseits die scharfe Heraushebung und Absonderung der organisierten Trupps der ausgesprochenen und tätigen Revolutionäre von dem sie

1 Luxemburg bezieht sich in dem in den Gesammelten Werken publizierten Originaltext auf die Ausgabe W.I. Lenin: Ein Schritt vorwärts, zwei Schritte rückwärts, Genf 1904. Daher weichen der Wortlaut von Zitaten und Seitenangaben von dem Text ab, wie er in den Lenin-Werken veröffentlicht wurde. Die Seitenzahlen sind an diese Ausgabe angepasst, um Leser*innen die Möglichkeit zu geben, die Argumentation der Kontrahent*innen zu verfolgen, vgl. W.I. Lenin: Werke, Bd. 7, Berlin 1956, S. 197–430.

umgebenden, wenn auch unorganisierten, aber revolutionär-aktiven Milieu, andererseits die straffe Disziplin und die direkte, entscheidende und bestimmende Einmischung der Zentralbehörde in alle Lebensäußerungen der Lokalorganisationen der Partei. Es genügt, zu bemerken, dass zum Beispiel das Zentralkomitee nach dieser Auffassung die Befugnis hat, alle Teilkomitees der Partei zu organisieren, also auch die persönliche Zusammensetzung jeder einzelnen russischen Lokalorganisation von Genf und Lüttich bis Tomsk und Irkutsk zu bestimmen, ihr ein selbstgefertigtes Lokalstatut zu geben, sie durch einen Machtspruch ganz aufzulösen und von Neuem zu erschaffen und schließlich auf diese Weise indirekt auch die Zusammensetzung der höchsten Parteiinstanz, des Parteitags, zu beeinflussen. Danach erscheint das Zentralkomitee als der eigentliche aktive Kern der Partei, alle übrigen Organisationen lediglich als seine ausführenden Werkzeuge.

Lenin erblickt gerade in der Vereinigung eines so straffen Zentralismus in der Organisation mit der sozialdemokratischen Massenbewegung ein spezifisch revolutionär-marxistisches Prinzip und weiß eine Menge Tatsachen für seine Auffassung ins Feld zu führen. Doch untersuchen wir die Sache etwas näher.

Es unterliegt keinem Zweifel, dass der Sozialdemokratie im Allgemeinen ein starker zentralistischer Zug innewohnt [...]

Grundverschieden sind die Bedingungen der sozialdemokratischen Aktion. Diese wächst historisch aus dem elementaren Klassenkampf heraus. Sie bewegt sich dabei in dem dialektischen Widerspruch, dass hier die proletarische Armee sich erst im Kampfe selbst rekrutiert und erst im Kampfe auch über die Aufgaben des Kampfes klar wird. Organisation, Aufklärung und Kampf sind hier nicht getrennte, mechanisch und auch zeitlich gesonderte Momente, wie bei einer blanquistischen Bewegung, son-

Wladimir Iljitsch Lenin
(1870–1924)

... (eigentlich Wladimir Iljitsch Uljanow) wurde zur zentralen Figur der kommunistisch-bolschewistischen Bewegung. Schon während seines Studiums beteiligte er sich an Zirkeln zum Studium marxistischer Literatur. Der von ihm 1895 mitgeschaffene Kampfbund zur Befreiung der Arbeiterklasse war eine der Quellorganisationen der 1898 gegründeten Sozialdemokratischen Arbeiterpartei Russlands (SDAPR). Er verbrachte einen großen Teil seines Lebens in Verbannung oder Exil. Nach seiner Rückkehr leitete er die Prozesse ein, die zur Machtergreifung der Bolschewiki im Oktober/November 1917 führten. Seine Schriften und sein politisches Handeln prägten große Teile der Linken in organisationspolitischer und theoretischer Hinsicht. Mit seinen Auffassungen zu revolutionärer Gewalt wurde er auch Wegbereiter der dann mit dem Namen Stalin verbundenen terroristischen Herrschaftsform.*

dern sie sind nur verschiedene Seiten desselben Prozesses. Einerseits gibt es – abgesehen von allgemeinen Grundsätzen des Kampfes – keine fertige, im Voraus festgesetzte detaillierte Kampftaktik, in die die sozialdemokratische Mitgliedschaft von einem Zentralkomitee eingedrillt werden könnte. Andererseits bedingt der die Organisation schaffende Prozess des Kampfes ein beständiges Fluktuieren der Einflusssphäre der Sozialdemokratie.

Daraus ergibt sich schon, dass die sozialdemokratische Zentralisation nicht auf blindem Gehorsam, nicht auf der mechanischen Unterordnung der Parteikämpfer unter ihre Zentralgewalt basieren kann und dass andererseits zwischen dem bereits in feste Parteikader organisierten Kern des klassenbewussten Proletariats und der vom Klassenkampf bereits ergriffenen, im Prozess der Klassenaufklärung befindlichen umliegenden Schicht nie eine absolute Scheidewand aufgerichtet werden kann. Die Aufrichtung der Zentralisation in der Sozialdemokratie auf diesen zwei Grundsätzen – auf der blinden Unterordnung aller Parteiorganisationen mit ihrer Tätigkeit bis ins kleinste Detail unter eine Zentralgewalt, die allein für alle denkt, schafft und entscheidet, sowie auf der schroffen Abgrenzung des organisierten Kernes der Partei von dem ihn umgebenden revolutionären Milieu, wie sie von Lenin verfochten wird – erscheint uns deshalb als eine mechanische Übertragung der Organisationsprinzipien der blanquistischen Bewegung von Verschwörerzirkeln auf die sozialdemokratische Bewegung der Arbeitermassen. Und Lenin hat seinen Standpunkt vielleicht scharfsinniger gekennzeichnet, als es irgendeiner seiner Opponenten tun könnte, indem er seinen »revolutionären Sozialdemokraten« als den »mit der Organisation der klassenbewussten Arbeiter verbundenen Jakobiner« definierte. Tatsächlich ist die Sozialdemokratie aber nicht mit der Organisation der Arbeiterklasse verbunden, sondern sie ist die eigene Bewegung der Arbeiterklasse.

Der sozialdemokratische Zentralismus muss also von wesentlich anderer Beschaffenheit sein als der blanquistische. Er kann nichts anderes als die gebieterische Zusammenfassung des Willens der aufgeklärten und kämpfenden Vorhut der Arbeiterschaft ihren einzelnen Gruppen und Individuen gegenüber sein, es ist dies sozusagen ein »Selbstzentralismus« der führenden Schicht des Proletariats, ihre Majoritätsherrschaft innerhalb ihrer eigenen Parteiorganisation.

Schon aus der Untersuchung dieses eigentlichen Inhalts des sozialdemokratischen Zentralismus wird klar, dass für einen solchen heutzutage in Russland die erforderlichen Bedingungen noch nicht in vollem Maße gegeben sein können. Es sind dies nämlich: das Vorhandensein einer beträchtlichen Schicht im politischen Kampfe bereits geschulter Proletarier und die Möglichkeit, ihrer Dispositionsfähigkeit durch direkte

Ausübung des Einflusses (auf öffentlichen Parteitagen, in der Parteipresse usw.) Ausdruck zu geben.

Letztere Bedingung kann offenbar erst mit der politischen Freiheit in Russland geschaffen werden, die erstere aber – die Heranbildung einer klassenbewussten, urteilsfähigen Vorhut des Proletariats – ist eben erst im Werden begriffen und muss als der leitende Zweck der nächsten agitatorischen wie auch organisatorischen Arbeit betrachtet werden.

Um so überraschender wirkt die umgekehrte Zuversicht Lenins, der zufolge alle Vorbedingungen zur Durchführung einer großen und äußerst zentralisierten Arbeiterpartei in Russland bereits vorhanden sind. Und es verrät wiederum eine viel zu mechanische Auffassung von der sozialdemokratischen Organisation, wenn er optimistisch ausruft, dass jetzt schon »nicht dem Proletariat, sondern manchen Akademikern in der russischen Sozialdemokratie die Selbsterziehung im Sinne der Organisation und der Disziplin nottue« (S. 393), wenn er die erzieherische Bedeutung der Fabrik für das Proletariat rühmt, die es von Hause aus für »Disziplin und Organisation« reif mache (S. 395). Die »Disziplin«, die Lenin meint, wird dem Proletariat keineswegs bloß durch die Fabrik, sondern auch durch die *Kaserne,* auch durch den modernen Bürokratismus, kurz, durch den Gesamtmechanismus des zentralisierten bürgerlichen Staates eingeprägt. Doch ist es nichts als eine missbräuchliche Anwendung des Schlagwortes, wenn man gleichmäßig als »Disziplin« zwei so entgegengesetzte Begriffe bezeichnet wie die Willen- und Gedankenlosigkeit einer vielbeinigen und vielarmigen Fleischmasse, die nach dem Taktstock mechanische Bewegungen ausführt, und die freiwillige Koordinierung von bewussten politischen Handlungen einer gesellschaftlichen Schicht; wie den Kadavergehorsam einer beherrschten Klasse und die organisierte Rebellion einer um die Befreiung ringenden Klasse. Nicht durch die Anknüpfung an die ihm durch den kapitalistischen Staat eingeprägte Disziplin – mit der bloßen Übertragung des Taktstocks aus der Hand der Bourgeoisie in die eines sozialdemokratischen Zentralkomitees –, sondern durch die Durchbrechung, Entwurzelung dieses sklavischen Disziplingeistes kann der Proletarier erst für die neue Disziplin – die freiwillige Selbstdisziplin der Sozialdemokratie – erzogen werden.

Es erhellt weiter aus derselben Reflexion, dass der Zentralismus im sozialdemokratischen Sinne überhaupt nicht ein absoluter Begriff ist, der sich auf jeder Stufenleiter der Arbeiterbewegung in gleichem Maße durchführen lässt, sondern dass er vielmehr als *Tendenz* aufgefasst werden muss, deren Verwirklichung gleichmäßig mit der Aufklärung und der politischen Schulung der Arbeitermasse im Prozess ihres Kampfes fortschreitet.

Freilich kann das ungenügende Vorhandensein der wichtigsten Voraussetzungen für die Verwirklichung in vollem Maße des Zentralismus in der russischen Bewegung heutzutage in höchstem Maße störend wirken. Doch ist es unseres Erachtens verkehrt, zu denken, dass sich die noch unausführbare Majoritätsherrschaft der aufgeklärten Arbeiterschaft innerhalb ihrer Parteiorganisation »vorläufig« durch eine »übertragene« Alleinherrschaft der Zentralgewalt der Partei ersetzen lasse und dass die fehlende öffentliche Kontrolle der Arbeitermassen über das Tun und Lassen der Parteiorgane ebenso gut durch die umgekehrte Kontrolle der Tätigkeit der revolutionären Arbeiterschaft durch ein Zentralkomitee ersetzt wäre.

Die eigene Geschichte der russischen Bewegung gibt viele Belege für den problematischen Wert des Zentralismus in diesem letzteren Sinne. Die allmächtige Zentralgewalt mit ihren fast unbeschränkten Befugnissen der Einmischung und der Kontrolle nach Lenins Ideal wäre offenbar ein Unding, wenn sie ihre Macht lediglich auf die rein *technische* Seite der sozialdemokratischen Tätigkeit, auf die Regelung der äußeren Mittel und Notbehelfe der Agitation – etwa die Zufuhr der Parteiliteratur und zweckmäßige Verteilung der agitatorischen und finanziellen Kräfte – beschränken sollte. Sie hätte nur dann einen begreiflichen politischen Zweck, wenn sie ihre Macht auf die Schaffung einer einheitlichen Kampftaktik, auf die Auslösung einer großen politischen Aktion in Russland verwenden würde. Was sehen wir aber in den bisherigen Wandlungen der russischen Bewegung? Ihre wichtigsten und fruchtbarsten taktischen Wendungen des letzten Jahrzehnts sind nicht etwa von bestimmten Leitern der Bewegung, geschweige von leitenden Organisationen »erfunden« worden, sondern sie waren jedes Mal das spontane Produkt der entfesselten Bewegung selbst. So die erste Etappe der eigentlichen proletarischen Bewegung in Russland, die mit dem elementaren Ausbruch des Petersburger Riesenstreiks im Jahre 1896[2] einsetzte und die zuerst die ökonomische Massenaktion des russischen Proletariats inauguriert hatte. Desgleichen war die zweite Phase – die der politischen Straßendemonstrationen – ganz spontan durch die Petersburger Studentenunruhen im März 1901[3] eröffnet. Der

2 Seit Beginn der 1890er-Jahre wurde Russland immer wieder von Streikwellen erschüttert. Rosa Luxemburg bezieht sich hier auf den einmonatigen Streik von mehr als 30 000 Textilarbeiter*innen, der eine Serie weiterer Ausstände in verschiedenen Regionen des Landes einleitete.

3 Ab 1899 wandten sich die Studenten – in diesem Fall nur Männer*, da Frauen* nicht studieren durften – mit Demonstrationen und Streiks gegen die Beschränkung der akademischen Freiheiten und das sie betreffende Organisationsverbot. Die Staatsmacht reagierte mit verschiedenen Methoden der Repression, etwa der zwangsweisen Einberufung renitenter Studenten zum Wehrdienst. Teilweise wurden die Proteste von Arbeiter*innen unterstützt. Die Demonstration in Petersburg war ein Höhepunkt dieser Bewegung und wurde auch durch die außerordentliche Brutalität bei ihrer Niederschlagung bekannt und zum Ausgangspunkt weiterer Proteste. Rosa Luxemburg benutzt hier das Datum entsprechend dem damals in Russland geltenden julianischen Kalender.

weitere bedeutende Wendepunkt der Taktik, der ihr neue Horizonte zeigte, war der »von selbst« ausgebrochene Massenstreik in Rostow am Don[4] mit seiner ad hoc improvisierten Straßenagitation, den Volksversammlungen unter freiem Himmel, den öffentlichen Ansprachen, woran der kühnste Stürmer unter den Sozialdemokraten noch wenige Jahre zuvor als an eine Fantasterei nicht zu denken gewagt hätte. In allen diesen Fällen war im Anfang »die Tat«. Die *Initiative* und die bewusste Leitung der sozialdemokratischen Organisationen spielten eine äußerst geringe Rolle. Es lag dies jedoch nicht sowohl an der mangelhaften Vorbereitung dieser speziellen Organisationen für ihre Rolle – wenn dieses Moment in beträchtlichem Maße auch mitgewirkt haben mag – und erst recht nicht am Fehlen dazumal in der russischen Sozialdemokratie einer allmächtigen Zentralgewalt nach dem bei Lenin entwickelten Plane. Umgekehrt, eine solche hätte höchstwahrscheinlich nur dahin gewirkt, die Unschlüssigkeit der Einzelkomitees der Partei noch größer zu machen und eine Entzweiung zwischen der stürmenden Masse und der zaudernden Sozialdemokratie hervorzubringen. Dieselbe Erscheinung: die geringe Rolle der bewussten Initiative der Parteileitungen bei der Gestaltung der Taktik, lässt sich vielmehr auch in Deutschland und überall beobachten. Die Kampftaktik der Sozialdemokratie wird in ihren Hauptzügen überhaupt nicht »erfunden«, sondern sie ist das Ergebnis einer fortlaufenden Reihe großer schöpferischer Akte des experimentierenden, oft elementaren Klassenkampfes. Auch hier geht das Unbewusste vor dem Bewussten, die Logik des objektiven historischen Prozesses vor der subjektiven Logik seiner Träger. Die Rolle der sozialdemokratischen Leitung ist dabei wesentlich *konservativen Charakters*, indem sie erfahrungsgemäß dazu führt, das jedesmalige neu gewonnene Terrain des Kampfes bis in die äußersten Konsequenzen auszuarbeiten und es bald in ein Bollwerk gegen eine weitere Neuerung größeren Stiles umzukehren. Die gegenwärtige Taktik der deutschen Sozialdemokratie wird zum Beispiel allgemein wegen ihrer merkwürdigen Vielgestaltigkeit, Biegsamkeit und zugleich Sicherheit bewundert. Das bedeutet aber nur, dass unsere Partei sich in ihrem Tageskampf wunderbar an den gegenwärtigen parlamentarischen Boden bis ins kleinste Detail angepasst hat, dass sie das gesamte vom Parlamentarismus gebotene Kampfesterrain auszubeuten und den Grundsätzen entsprechend zu beherrschen versteht. Zugleich aber verdeckt bereits diese spezifische Gestaltung der Taktik so sehr die weiteren Horizonte, dass in hohem Maße die Neigung zur Verewigung und zur Betrachtung der parlamentarischen Taktik als

4 Am 2. November 1901 kam es zu Auseinandersetzungen um Lohnzahlungen, die zu einem Streik führten, in dem sowohl ökonomische als auch politische Forderungen erhoben wurden. Er legte das gesamte öffentliche Leben in der Region lahm und dauerte bis zum 26. November.

Alexander Parvus
(1867–1924)

… (eigentlich Israil Lasarewitsch Helphand) war eine der schillerndsten Figuren der europäischen Sozialdemokratie. Geboren in Russland, studierte er Volkswirtschaft in der Schweiz und war dann vor allem in Deutschland aktiv. Er kritisierte von marxistischer Seite her die opportunistische Strömung in der Sozialdemokratie. Er unterstützte russische Emigrant*innen und Organisationen und war an der Revolution 1905 in Russland beteiligt. Später stieg er in den Waffenhandel ein. Durch seine Vermittlung konnte Lenin im April 1917 durch Deutschland nach Russland reisen.*

der Taktik des sozialdemokratischen Kampfes schlechthin hervortritt. Bezeichnend für diese Stimmung ist zum Beispiel die Vergeblichkeit, mit der Parvus sich seit Jahren Mühe gibt, die Debatte über eine eventuelle Neugestaltung der Taktik für den Fall der Abschaffung des allgemeinen Wahlrechtes in der Parteipresse in Fluss zu bringen, trotzdem eine solche Eventualität von den Führern der Partei durchaus mit bitterem Ernste ins Auge gefasst wird.

Diese Trägheit findet aber zum großen Teile ihre Erklärung darin, dass sich auch schwer in der leeren Luft der abstrakten Spekulation die Konturen und greifbaren Formen einer noch nicht existierenden, also imaginären politischen Situation darstellen lassen. Wichtig ist auch für die Sozialdemokratie jedes Mal nicht das Vorausahnen und Vorauskonstruieren eines fertigen Rezeptes für die künftige Taktik, sondern die lebendige Erhaltung in der Partei der richtigen historischen Wertschätzung für die jeweilig herrschenden Kampfformen, das lebendige Gefühl für die Relativität der gegebenen Phase des Kampfes und für die notwendige Steigerung der revolutionären Momente vom Standpunkt des Endziels des proletarischen Klassenkampfes.

Es hieße aber den aus ihrem Wesen notwendigerweise entspringenden Konservatismus jeder Parteileitung gerade künstlich in gefährlichstem Maße potenzieren, wenn man sie mit so absoluten Machtbefugnissen negativen Charakters ausstatten wollte, wie es Lenin tut. Wird die sozialdemokratische Taktik nicht von einem Zentralkomitee, sondern von der Gesamtpartei, noch richtiger, von der Gesamtbewegung geschaffen, so ist für einzelne Organisationen der Partei offenbar diejenige Ellenbogenfreiheit nötig, die allein die völlige Ausnutzung aller von der jeweiligen Situation gebotenen Mittel zur Potenzierung des Kampfes sowie die Entfaltung der revolutionären Initiative ermöglicht. Der von Lenin befürwortete Ultrazentralismus scheint uns aber in seinem ganzen Wesen nicht vom positiven schöpferischen, sondern vom sterilen Nachtwächtergeist getragen zu sein. Sein Gedankengang ist hauptsächlich auf die *Kontrolle* der Parteitätigkeit und nicht auf ihre *Befruchtung,* auf die *Einengung* und nicht auf die *Entfaltung*, auf die *Schurigelung* und nicht auf die *Zusammenziehung* der Bewegung zugeschnitten.

Doppelt gewagt scheint ein solches Experiment gerade im gegebenen Moment für die russische Sozialdemokratie zu sein. Sie steht am Vorabend großer revolutionärer Kämpfe um die Niederwerfung des Absolutismus, vor oder vielmehr in einer Periode intensivster, schöpferischer Aktivität auf dem Gebiet der Taktik und – was in revolutionären Epochen selbstverständlich ist – fieberhafter sprungweiser Erweiterungen und Verschiebungen ihrer Einflusssphäre. In solchen Zeiten gerade der Initiative des Parteigeistes Fußangeln anlegen und ihre ruckweise Expansionsfähigkeit mit Stacheldrahtzaun eindämmen zu wollen, hieße, die Sozialdemokratie von vornherein für die großen Aufgaben des Moments in hohem Maße ungeeignet machen.

Aus den angeführten allgemeinen Erwägungen über den eigentümlichen Inhalt des sozialdemokratischen Zentralismus lässt sich freilich noch nicht die konkrete Fassung der Paragrafen des Organisationsstatuts für die russische Partei ableiten. Diese Fassung hängt naturgemäß in letzter Instanz von den konkreten Umständen ab, unter denen sich die Tätigkeit in der gegebenen Periode vollzieht, und kann – da es sich in Russland doch um den ersten Versuch einer großen proletarischen Parteiorganisation handelt – kaum im Voraus auf Unfehlbarkeit Anspruch erheben, muss vielmehr auf jeden Fall erst die Feuerprobe des praktischen Lebens bestehen. Was sich aber aus der allgemeinen Auffassung des sozialdemokratischen Organisationstypus ableiten lässt, das sind die großen Grundzüge, das ist der Geist der Organisation, und dieser bedingt, namentlich in den Anfängen der Massenbewegung, hauptsächlich den koordinierenden, zusammenfassenden und nicht den reglementierenden und exklusiven Charakter des sozialdemokratischen Zentralismus. Hat aber dieser Geist der politischen Bewegungsfreiheit, gepaart mit scharfem Blicke für die prinzipielle Festigkeit der Bewegung und für ihre Einheitlichkeit, in den Reihen der Partei Platz gegriffen, dann werden die Schroffheiten eines jeden, auch eines ungeschickt gefassten Organisationsstatuts sehr bald durch die Praxis selbst eine wirksame Korrektur erfahren. Es ist nicht der Wortlaut des Statuts, sondern der von den tätigen Kämpfern in diesen Wortlaut hineingelegte Sinn und Geist, der über den Wert einer Organisationsform entscheidet.

II

Wir haben bis jetzt die Frage des Zentralismus vom Standpunkt der allgemeinen Grundlagen der Sozialdemokratie sowie zum Teil der heutigen Verhältnisse in Russland betrachtet. Aber der Nachtwächtergeist des von Lenin und seinen Freunden befürworteten Ultrazentralismus ist bei ihm nicht etwa ein zufälliges Produkt von Irrtümern, sondern er steht im

Zusammenhang mit einer bis ins kleinste Detail der Organisationsfragen durchgeführten Gegnerschaft zum – *Opportunismus*.

»Es handelt sich darum«, meint Lenin (S. 271), »vermittels der Paragrafen des Organisationsstatuts eine mehr oder minder scharfe Waffe gegen den Opportunismus zu schmieden. Je tiefer die Quellen des Opportunismus liegen, umso schärfer muss diese Waffe sein.«

Lenin erblickt auch in der absoluten Gewalt des Zentralkomitees und in der strengen statutarischen Umzäunung der Partei eben den wirksamen Damm gegen die opportunistische Strömung, als deren spezifische Merkmale er die angeborene Vorliebe des Akademikers für Autonomismus, für Desorganisation und seinen Abscheu vor strenger Parteidisziplin, vor jedem »Bürokratismus« im Parteileben bezeichnet. Nur der sozialistische »Literat«, kraft der ihm angeborenen Zerfahrenheit und des Individualismus, kann sich nach Lenins Meinung gegen so unbeschränkte Machtbefugnisse des Zentralkomitees sträuben, ein echter Proletarier dagegen müsse sogar infolge seines revolutionären Klasseninstinktes ein gewisses Wonnegefühl bei all der Straffheit, Strammheit und Schneidigkeit seiner obersten Parteibehörde empfinden, er unterziehe sich all den derben Operationen der »Parteidisziplin« mit freudig geschlossenen Augen. »Der Bürokratismus entgegen dem Demokratismus«, sagt Lenin, »das ist eben das *Organisationsprinzip der revolutionären Sozialdemokratie* entgegen dem Organisationsprinzip der Opportunisten.« (S. 400) Er beruft sich mit Nachdruck darauf, dass derselbe Gegensatz der zentralistischen und autonomistischen Auffassung in der Sozialdemokratie aller Länder bemerkbar wird, wo sich die revolutionäre und reformistische oder revisionistische Richtung entgegenstehen. Speziell exemplifiziert er mit den jüngsten Vorgängen in der deutschen Partei und mit der Diskussion, die sich um die Frage der Autonomie des Wahlkreises entsponnen hatte. Schon aus diesem Grunde dürfte eine Nachprüfung der leninschen Parallelen nicht ohne Interesse und ohne Nutzen sein.

Vor allem muss bemerkt werden, dass in der starken Herausstreichung der angeborenen Fähigkeiten der Proletarier zur sozialdemokratischen Organisation und in der Verdächtigung der »akademischen« Elemente der sozialdemokratischen Bewegung an sich noch nichts »Marxistisch-Revolutionäres« liegt, vielmehr darin ebenso leicht die Verwandtschaft mit opportunistischen Ansichten nachgewiesen werden kann. Der Antagonismus zwischen dem rein proletarischen Element und der nicht-proletarischen sozialistischen Intelligenz – das ist ja der gemeinsame ideologische Schild, unter dem sich der französische halbanarchistische Nurgewerkschaftler mit seinem alten Rufe: *Méfiez-vous de politiciens!*,[5] das

5 Dt.: Vorsicht vor Politikern!

Misstrauen des englischen Trade-Unionismus gegen die sozialistischen »Fantasten« und endlich – wenn wir richtig orientiert sind – auch der reine »Ökonomismus« der ehemaligen Petersburger *Rabotschaja Mysl* (Arbeitergedanke) mit ihrer Übertragung der trade-unionistischen Borniertheit nach dem absolutistischen Russland die Hand reichen.

Allerdings lässt sich in der bisherigen Praxis der westeuropäischen Sozialdemokratie ein unleugbarer Zusammenhang zwischen Opportunismus und akademischem Element sowie andererseits zwischen Opportunismus und Dezentralisationstendenzen in den Organisationsfragen bemerken. Löst man aber diese Erscheinungen, die auf einem konkreten historischen Boden entstanden sind, von diesem Zusammenhang los, um sie zu abstrakten Schablonen von allgemeiner und absoluter Gültigkeit zu stempeln, so ist ein solches Verfahren die größte Sünde wider den »Heiligen Geist« des Marxismus, nämlich gegen seine historisch-dialektische Denkmethode.

Abstrakt genommen lässt sich nur so viel feststellen, dass der »Akademiker« als ein seiner Herkunft nach dem Proletariat fremdes, von der Bourgeoisie abstammendes Element nicht im Einklang mit dem eigenen Klassenempfinden, sondern nur durch dessen Überwindung, auf dem Wege der Ideologie zum Sozialismus gelangen kann und deshalb eher zu opportunistischen Seitensprüngen prädisponiert ist als der aufgeklärte Proletarier, dem – wofern er den lebendigen Zusammenhang mit seinem sozialen Mutterboden, mit der proletarischen Masse, nicht verloren hat – sein unmittelbarer Klasseninstinkt einen sicheren revolutionären Halt gibt. In welcher konkreten Form jedoch diese Veranlagung des Akademikers zum Opportunismus erscheint, welche handgreifliche Gestalt namentlich von Organisationstendenzen sie annimmt, das hängt jedes Mal von dem konkreten sozialen Milieu der Gesellschaft ab, um die es sich handelt.

Die Erscheinungen im Leben der deutschen wie der französischen und der italienischen Sozialdemokratie, auf die sich Lenin beruft, sind aus einer ganz bestimmten sozialen Basis emporgewachsen, nämlich aus der des bürgerlichen Parlamentarismus. Wie dieser überhaupt der spezifische Nährboden der gegenwärtigen opportunistischen Strömung in der sozialistischen Bewegung Westeuropas ist, so sind auch die besonderen Tendenzen des Opportunismus zur Desorganisation aus ihm entsprossen.

Der Parlamentarismus unterstützt nicht nur all die bekannten Illusionen des jetzigen Opportunismus, wie wir sie in Frankreich, Italien und Deutschland kennengelernt haben: die Überschätzung der Reformarbeit, des Zusammenwirkens der Klassen und Parteien, der friedlichen Entwicklung usw., er bildet zugleich den Boden, auf dem sich diese Illusionen praktisch betätigen können, indem er die Akademiker auch in der Sozialdemokratie als Parlamentarier von der proletarischen Masse absondert, gewissermaßen über sie emporhebt. Endlich gestaltet derselbe Parlamentarismus mit dem Wachstum der Arbeiterbewegung diese Letztere zum Sprungbrett politischen Emporkommens, weshalb er sie leicht zum Unterschlupf für ehrgeizige und schiffbrüchige bürgerliche Existenzen macht.

Aus all diesen Momenten ergibt sich auch die bestimmte Neigung des opportunistischen Akademikers der westeuropäischen Sozialdemokratie zur Desorganisation und zur Disziplinlosigkeit. Die zweite bestimmte Voraussetzung der gegenwärtigen opportunistischen Strömung ist nämlich das Vorhandensein einer bereits hohen Entwicklungsstufe der sozialdemokratischen Bewegung, also auch einer einflussreichen sozialdemokratischen Parteiorganisation. Die Letztere erscheint nun als derjenige Schutzwall der revolutionären Klassenbewegung gegen bürgerlich-parlamentarische Tendenzen, den es zu zerbröckeln, auseinanderzutragen gilt, um den kompakten aktiven Kern des Proletariats wieder in der amorphen Wählermasse aufzulösen. So entstehen die historisch wohlbegründeten und bestimmten politischen Zwecken vortrefflich angepassten »autonomistischen« und de-zentralistischen Tendenzen des modernen Opportunismus, die somit nicht aus der angeborenen Liederlichkeit und Waschlappigkeit des »Intellektuellen«, wie Lenin annimmt, sondern aus den Bedürfnissen des bürgerlichen Parlamentariers, nicht aus der *Psychologie* des Akademikers, sondern aus der *Politik* des Opportunisten zu erklären sind.

All diese Verhältnisse sehen aber in dem absolutistischen Russland bedeutend anders aus, wo der Opportunismus in der Arbeiterbewegung überhaupt nicht ein Produkt des starken Wachstums der Sozialdemokratie, der Zersetzung der bürgerlichen Gesellschaft, wie im Westen, sondern umgekehrt, ihrer politischen Zurückgebliebenheit ist.

Die russische Intelligenz, aus der sich der sozialistische Akademiker rekrutiert, hat begreiflicherweise einen viel unbestimmteren Klassencharakter, ist viel mehr deklassiert im genauen Sinne des Wortes als die westeuropäische Intelligenz. Daraus ergibt sich zwar – im Verein mit der Jugendlichkeit der proletarischen Bewegung in Russland – im Allgemeinen ein viel weiterer Spielraum für theoretische Haltlosigkeit und opportunistisches Herumvagieren, das sich bald in einer gänzlichen Negierung der politischen Seite der Arbeiterbewegung, bald in dem entgegengesetzten Glauben an den allein selig machenden Terror verläuft, um schließlich auf den Morästen des Liberalismus politisch oder des kantischen Idealismus »philosophisch« auszuruhen.

Allein für die spezifische *aktive* Tendenz zur Desorganisation fehlt dem russischen sozialdemokratischen Akademiker unseres Erachtens nicht nur der positive Anhaltspunkt im bürgerlichen Parlamentarismus, sondern auch das entsprechende sozialpsychische Milieu. Der moderne westeuropäische Literat, der sich dem Kultus seines angeblichen »Ich« widmet und diese »Herrenmenschenmoral« auch in die sozialistische Kampf- und Gedankenwelt verschleppt, ist der Typus nicht der bürgerlichen Intelligenz überhaupt, sondern einer bestimmten Phase ihrer Existenz, nämlich er ist das Produkt einer dekadenten, verfaulten, im schlimmen Zirkel ihrer Klassenherrschaft bereits festgerannten Bourgeoisie. Die utopischen und opportunistischen Schrullen des russischen sozialistischen Akademikers neigen hingegen in erklärlicher Weise eher dazu, die umgekehrte theoretische Gestalt der Selbstentäußerung, der Selbstgeißelung anzunehmen. War doch das einstige »Ins-Volk-Gehen«, das heißt der obligatorische Mummenschanz des Akademikers als Bauer, bei den alten »Volkstümlern« gerade eine verzweifelte Erfindung desselben Akademikers, ebenso wie neuerdings der grobe Kultus der »schwieligen Faust« bei den Anhängern des reinen »Ökonomismus«.

Sucht man die Frage der Organisationsformen nicht auf dem Wege der mechanischen Übertragung starrer Schablonen aus Westeuropa nach Russland zu lösen, sondern durch die Untersuchung der gegebenen konkreten Verhältnisse in Russland selbst, so gelangt man zu einem ganz anderen Resultat. Dem Opportunismus zuschreiben, wie Lenin dies tut, dass er überhaupt für irgendeine bestimmte Form der Organisation – sagen wir für Dezentralisation – schwärmt, heißt jedenfalls, seine innere Natur verkennen. Opportunistisch, wie er ist, hat der Opportunismus auch in Organisationsfragen zum einzigen Prinzip die Prinzipienlosigkeit. Seine Mittel wählt er immer nach den Umständen, insofern sie seinen Zwecken entsprechen. Formulieren wir aber den Opportunismus, wie Lenin, als die Bestrebung, die selbstständige revolutionäre Klassenbewegung des Proletariats lahmzulegen, um sie den Herrschaftsgelüsten der bürgerlichen Intelligenz dienstbar zu machen, so lässt sich in den *Anfangsstadien* der Arbeiterbewegung dieser Zweck am ehesten nicht durch Dezentralisation, sondern gerade durch strammen *Zentralismus* erreichen, der die noch unklare proletarische Bewegung einer Handvoll akademischer Leiter mit dem Kopfe ausliefert. Es ist charakteristisch, dass auch in Deutschland zu *Beginn* der Bewegung, wo ein starker Kern aufgeklärter Proletarier und eine erprobte sozialdemokratische Taktik noch fehlten, die beiden Tendenzen in der Organisation vertreten waren, nämlich der äußerste Zentralismus durch den lassalleschen Allgemeinen Deutschen Arbeiterverein, der »Autonomismus« dagegen durch die Eisenacher. Und dabei hatte diese Taktik der Eisenacher, bei all ihrer zugestandenen prinzipiellen Unklarheit, eine bedeutend größere aktive Beteiligung des proletarischen Elementes an dem geistigen Leben der Partei, einen größeren Geist der Initiative in der Arbeiterschaft selbst großgezogen – als Beweis mag unter anderem die rasche Entwicklung einer beträchtlichen Provinzpresse

Ferdinand Lassalle
(1825–1864)

… war bis in die 1870er-Jahre der einflussreichste Agitator, Ideologe und Theoretiker der entstehenden Arbeiter*innenbewegung in Deutschland. Er spielte eine zentrale Rolle bei der Gründung des Allgemeinen Deutschen Arbeitervereins 1863. Seine Schrift »Arbeiterprogramm«* war lange Zeit das wichtigste Werk für die junge Bewegung. Lassalle bewegte sich in seinen Auffassungen beständig zwischen revolutionärem Anspruch und Versuchen, durch Kompromisse mit dem preußischen Staat zum Sozialismus zu kommen. In den 1880er-Jahren wurde sein Einfluss zurückgedrängt.

dieser Fraktion dienen –, überhaupt einen viel stärkeren gesunden Zug in die *Breite* als die mit ihren »Diktatoren« naturgemäß immer traurigere Erfahrungen machenden Lassalleaner.

Im Allgemeinen kann unter Verhältnissen, wo die Arbeitermasse in ihrem revolutionären Teile noch locker, die Bewegung selbst schwankend, kurz, wo die Verhältnisse ähnlich den gegenwärtigen in Russland sind, als die adäquate organisatorische Tendenz des opportunistischen Akademikers gerade der straffe, despotische Zentralismus leicht nachgewiesen werden. Genauso wie in einem späteren Stadium – im parlamentarischen Milieu und gegenüber einer starken, fest gefügten Arbeiterpartei – im Gegenteil die *Dezentralisation* zur entsprechenden Tendenz des opportunistischen Akademikers wird.

Eben vom Standpunkt der Befürchtungen Lenins vor den gefährlichen Einflüssen der Intelligenz auf die proletarische Bewegung bildet seine eigene Organisationsauffassung die größte Gefahr für die russische Sozialdemokratie.

Tatsächlich liefert nichts eine noch junge Arbeiterbewegung den Herrschaftsgelüsten der Akademiker so leicht und so sicher aus wie die Einzwängung der Bewegung in den Panzer eines bürokratischen Zentralismus,* der die kämpfende Arbeiterschaft zum gefügigen Werkzeug eines »Komitees« herabwürdigt. Und nichts bewahrt umgekehrt die Arbeiterbewegung so sicher vor allen opportunistischen Missbräu-

* In England sind gerade die Fabier[6] die eifrigsten Verfechter bürokratischer Zentralisation und Gegner demokratischer Organisationsformen. Namentlich die Webb. *Die Red. [der Neuen Zeit]*

6 Fabier – Anhänger*innen der Fabian Society. Sie wurde 1883/1884 gegründet und sah ihre Aufgabe in der Erarbeitung und Realisierung sozialreformerischer Konzepte. Sie verstand sich nicht als Massenorganisation, sondern eher als Thinktank des sozial denkenden Bürger*innentums. Sie ging zum Teil in der 1900 gegründeten Labour Party auf. Zu ihren hervorragenden Führer*innen gehörten Sydney und Beatrice Webb (»die Webb«) sowie der berühmte Schriftsteller Georg Bernhard Shaw; vgl. Reinhard Markner: Fabianismus, in: Wolfgang Fritz Haug (Hrsg.): Historisch-kritisches Wörterbuch des Marxismus, Bd. 4, Hamburg 1999, S. 9–18. Die große Nähe zwischen ihnen und den deutschen Reformist*innen zeigt sich etwa in den Memoiren Lily Brauns, einer Anhängerin Bernsteins, die voller Begeisterung in deren Positionen die Bestätigung der eigenen sieht vgl. Lily Braun: Memoiren einer Sozialistin, Berlin/Bonn 1985, S. 419–420.

chen seitens einer ehrgeizigen Intelligenz wie die revolutionäre Selbstbetätigung der Arbeiterschaft wie die Potenzierung ihres politischen Verantwortlichkeitsgefühls.

Und zwar kann das, was Lenin heute als Gespenst sieht, sehr leicht morgen zur greifbaren Wirklichkeit werden.

Vergessen wir nicht, dass die Revolution, an deren Vorabend wir in Russland stehen, nicht eine proletarische, sondern eine bürgerliche Revolution ist, die die ganze Szenerie des sozialdemokratischen Kampfes stark verändern wird. Alsdann wird sich auch die russische Intelligenz recht bald mit stark ausgeprägtem bürgerlichem Klasseninhalt füllen. Ist heute die Sozialdemokratie die einzige Führerin der russischen Arbeitermasse, so wird am Morgen nach der Revolution das Bürgertum und in erster Reihe seine Intelligenz naturgemäß die Masse zum Piedestal seiner parlamentarischen Herrschaft formen wollen. Je weniger nun in der gegenwärtigen Kampfperiode die Selbstbetätigung, die freie Initiative, der politische Sinn der aufgewecktesten Schicht der Arbeiterschaft entfesselt, je mehr sie durch ein sozialdemokratisches Zentralkomitee politisch geleithammelt und gedrillt wird, umso leichter wird das Spiel der bürgerlichen Demagogen in dem renovierten Russland sein, umso mehr wird die Ernte der heutigen Mühen der Sozialdemokratie morgen in die Scheunen der Bourgeoisie wandern.

Vor allem aber ist der ganze Grundgedanke der ultrazentralistischen Auffassung, der darin gipfelt, den Opportunismus durch ein Organisationsstatut von der Arbeiterbewegung fernzuhalten, ein verfehlter. Unter dem unmittelbaren Eindruck der neuesten Vorgänge in der französischen, italienischen und deutschen Sozialdemokratie hat sich offenbar auch bei den russischen Sozialdemokraten die Neigung herausgebildet, den Opportunismus überhaupt als eine nur mit den Elementen der bürgerlichen Demokratie in die Arbeiterbewegung von außen hineingetragene, der proletarischen Bewegung selbst aber fremde Beimischung zu betrachten. Wäre dieses auch richtig, so würden sich die statutarischen Organisationsschranken an sich gegen den Andrang des opportunistischen Elementes ganz ohnmächtig erweisen. Wenn sich einmal der massenhafte Zufluss nicht-proletarischer Elemente zu der Sozialdemokratie aus so tiefgewurzelten sozialen Ursachen ergibt wie dem rapiden wirtschaftlichen Zusammenbruch des Kleinbürgertums und dem noch rapideren politischen Zusammenbruch des bürgerlichen Liberalismus, dem Aussterben der bürgerlichen Demokratie, dann ist es eine naive Illusion, sich einzubilden, dass man durch diese oder andere Fassung der Paragrafen *des* Parteistatuts diese anstürmende Welle zurückdämmen könnte. Paragrafen regieren nur die Existenz von kleinen Sekten oder Privatgesellschaften, geschichtliche Strömungen haben sich noch immer über die spitzfindigsten Paragrafen hinwegzusetzen gewusst. Es ist ferner ganz verfehlt, zu denken, dass es auch nur im Interesse der Arbeiterbewegung liegt, den massenhaften Zufluss der Elemente abzuwehren, die von der fortschreitenden Auflösung der bürgerlichen Gesellschaft freigesetzt werden. Der Satz, dass die Sozialdemokratie, eine Klassenvertreterin des Proletariats, doch gleichzeitig die Vertreterin der gesamten Fortschrittsinteressen der Gesellschaft und aller unterdrückten Opfer der bürgerlichen Gesellschaftsordnung ist, ist nicht bloß in dem Sinne zu deuten, dass in dem Programm der Sozialdemokratie ideell alle diese Interessen zusammengefasst sind. Dieser Satz wird zur Wahrheit in Gestalt des geschichtlichen Entwicklungsprozesses, kraft dessen die Sozialdemokratie auch als *politische Partei* nach und nach zur Zufluchtsstätte der verschiedensten unzufriedenen Elemente, dass sie wirklich zur Partei des Volkes gegen eine winzige Minderheit der herrschenden Bourgeoisie wird. Es kommt nur darauf an, dass sie die Gegenwartsschmerzen dieser bunten Schar von Mitläufern nachhaltig den Endzielen der Arbeiterklasse zu unterordnen, den nicht-proletarischen Oppositionsgeist der revolutionären proletarischen Aktion einzugliedern, mit einem Worte, die ihr zufließenden Elemente sich zu assimilieren, sie zu verdauen versteht. Letzteres ist aber nur möglich, wo, wie bis jetzt in Deutschland, bereits kräftige, geschulte proletarische Kerntruppen in der Sozialdemokratie den Ton angeben und klar genug sind, die deklassierten und kleinbürgerlichen Mitläufer ins revolutionäre Schlepptau zu nehmen. In diesem Falle ist auch eine strengere Durchführung des zentralistischen Gedankens im Organisationsstatut und die straffere Paragrafierung der Parteidisziplin als ein Damm gegen die opportunistische Strömung sehr zweckmäßig. Das Organisationsstatut kann unter diesen Umständen zweifellos als eine Handhabe im Kampfe mit dem Opportunismus dienen, wie es der französischen revolutionären Sozialdemokratie tatsächlich gegen den Ansturm des jaurèsistischen Mischmasches gedient hat und wie auch eine Revision des deutschen Parteistatuts in diesem Sinne jetzt eine Notwendigkeit geworden ist. Aber auch in diesem Falle soll das Parteistatut nicht etwa an sich eine Waffe zur Abwehr des Opportunismus sein, sondern bloß ein äußeres Machtmittel zur Ausübung des maßgebenden Einflusses der tatsächlich vorhandenen revolutionären proletarischen Majorität der Partei. Wo eine solche noch fehlt, kann sie durch die rigorosesten Paragrafen auf dem Papier nicht ersetzt werden.

Doch ist der Zufluss bürgerlicher Elemente, wie gesagt, durchaus nicht die einzige Quelle der opportunistischen Strömung in der Sozialdemokratie. Die andere Quelle liegt vielmehr im Wesen des sozialdemokratischen Kampfes selbst, in seinen inneren Widersprüchen. Der weltgeschichtliche Vormarsch des Proletariats bis zu seinem Siege ist ein Prozess, dessen Besonderheit darin liegt, dass hier zum ersten Mal in der Geschichte die Volksmassen selbst und gegen alle herrschenden Klassen ihren Willen durchsetzen, ihn aber ins Jenseits der heutigen Gesellschaft, über sie hinaus setzen müssen. Diesen *Willen* können sich die Massen aber andererseits nur im alltäglichen Kampfe mit der bestehenden Ordnung, also nur in ihrem Rahmen ausbilden. Die Vereinigung der großen Volksmasse mit einem über die ganze bestehende Ordnung hinausgehenden Ziele, des alltäglichen Kampfes mit der revolutionären Umwälzung, das ist der dialektische Widerspruch der sozialdemokratischen Bewegung, die sich auch folgerichtig auf dem ganzen Entwicklungsgang zwischen den beiden Klippen: zwischen dem Preisgeben des Massencharakters und dem Aufgeben des Endziels, zwischen dem Rückfall in die Sekte und dem Umfall in die bürgerliche Reformbewegung, vorwärtsarbeiten muss.

Es ist deshalb eine ganz unhistorische Illusion, zu denken, die sozialdemokratische Taktik im revolutionären Sinne könne im Voraus ein für alle Mal sichergestellt, die Arbeiterbewegung könne vor opportunistischen Seitensprüngen ein für alle Mal bewahrt werden. Zwar liefert die marxsche Lehre vernichtende Waffen gegen alle Grundtypen des opportunistischen Gedankens. Da aber die sozialdemokratische Bewegung eben eine Massenbewegung und die ihr drohenden Klippen nicht aus den menschlichen Köpfen, sondern aus den gesellschaftlichen Bedingungen entspringen, so können die opportunistischen Verirrungen nicht von vornherein verhütet werden, sie müssen erst, nachdem sie in der Praxis greifbare Gestalt angenommen haben, durch die Bewegung selbst – allerdings mithilfe der vom Marxismus gelieferten Waffen – überwunden werden. Unter diesem Gesichtswinkel betrachtet, erscheint der Opportunismus auch als ein Produkt der Arbeiterbewegung selbst, als ein unvermeidliches Moment ihrer geschichtlichen Entwicklung. Gerade in Russland, wo die Sozialdemokratie noch jung und die politischen Bedingungen der Arbeiterbewegung so abnorm sind, dürfte der Opportunismus sich einstweilen in hohem Maße aus dieser Quelle, aus dem unvermeidlichen Tasten und Experimentieren der Taktik, ergeben, aus der Notwendigkeit, den Gegenwartskampf in ganz eigenartigen, beispiellosen Verhältnissen mit den sozialistischen Grundsätzen in Einklang zu bringen.

Ist dem aber so, dann erscheint umso wunderlicher die Idee, gleich in den Anfängen einer Arbeiterbewegung das Aufkommen der opportunistischen Strömungen durch diese oder andere Fassung des Organisationsstatuts verbieten zu können. Der Versuch, den Opportunismus durch solche papierne Mittel abzuwehren, kann tatsächlich nicht diesem, sondern nur der Sozialdemokratie selbst ins Fleisch schneiden, und indem er in ihr das Pulsieren eines gesunden Lebens unterbindet, schwächt er ihre Widerstandsfähigkeit im Kampfe nicht nur gegen opportunistische Strömungen, sondern auch – was doch gleichfalls von einiger Bedeutung sein dürfte – gegen die bestehende Gesellschaftsordnung. Das Mittel wendet sich gegen den Zweck.

In diesem ängstlichen Bestreben eines Teiles der russischen Sozialdemokraten, die so hoffnungsvoll und lebensfreudig aufstrebende russische Arbeiterbewegung durch die Vormundschaft eines allwissenden und allgegenwärtigen Zentralkomitees vor Fehltritten zu bewahren, scheint uns übrigens derselbe *Subjektivismus* mitzureden, der schon öfters dem sozialistischen Gedanken in Russland einen Possen gespielt hat. Drollig sind fürwahr die Kapriolen, die das verehrte menschliche Subjekt der Geschichte in dem eigenen geschichtlichen Prozess mitunter auszuführen beliebt. Das von dem russischen Absolutismus ekrasierte, zermalmte *Ich* nimmt dadurch Revanche, dass es sich selbst in seiner revolutionären Gedankenwelt auf den Thron setzt und sich für allmächtig erklärt – als ein Verschwörerkomitee im Namen eines nicht-existierenden »Volkswillens«. Das »Objekt« zeigt sich aber stärker, die Knute triumphiert bald, indem *sie* sich als der »legitime« Ausdruck des gegebenen Stadiums des geschichtlichen Prozesses erweist. Endlich erscheint auf der Bildfläche als ein noch legitimeres Kind des Geschichtsprozesses – die russische Arbeiterbewegung, die den schönsten Anlauf nimmt, zum ersten Mal in der russischen Geschichte nun wirklich einmal einen Volkswillen zu schaffen. Jetzt aber stellt sich das »Ich« des russischen Revolutionärs schleunigst auf den Kopf und erklärt sich wieder einmal für einen allmächtigen Lenker der Geschichte – diesmal in der höchsteigenen Majestät eines Zentralkomitees der sozialdemokratischen Arbeiterbewegung. Der kühne Akrobat übersieht dabei, dass das einzige Subjekt, dem jetzt diese Rolle des Lenkers zugefallen, das *Massen-Ich* der Arbeiterklasse ist, das sich partout darauf versteift, eigene Fehler machen und selbst historische Dialektik lernen zu dürfen. Und schließlich sagen wir doch unter uns offen heraus: Fehltritte, die eine wirklich revolutionäre Arbeiterbewegung begeht, sind geschichtlich unermesslich fruchtbarer und wertvoller als die Unfehlbarkeit des allerbesten »Zentralkomitees«.

Aus: Rosa Luxemburg:
Gesammelte Werke, Berlin 1970 ff., Bd. 1.2, S. 422–446

Hintergrund

Luxemburg und Lenin gehörten der gleichen Generation an. Beide kamen etwa zur gleichen Zeit mit der revolutionären Sozialdemokratie in Kontakt und waren führend in ihren Organisationen aktiv. Es sind zwei Persönlichkeiten, deren Überlegungen zur Politik der Sozialdemokratie angesichts des ähnlichen Weges und ihrer ähnlichen Stellung als Intellektuelle in ihren Parteien durchaus als gleichwertig zu betrachten sind. Diese Vorbemerkung ist wichtig, da in der Tradition insbesondere der bolschewistisch-kommunistischen Richtung Luxemburg oft gegenüber Lenin abgewertet wird. Der hier wiedergegebene Text zur Organisationsfrage in der russischen Sozialdemokratie ist auch kein Dokument einer Bewertung der organisationspolitischen Auffassungen Lenins »von außen«, sondern Resultat des Wirkens Luxemburg in der Sozialdemokratie Russisch-Polens sowie auf internationaler Ebene.

Unmittelbarer Anlass des Aufsatzes war Lenins Schrift »Ein Schritt vorwärts, zwei Schritte zurück (Die Krise in unserer Partei)«.[7] Hier stellt Lenin den Verlauf (oder besser: seine Interpretation des Verlaufs) des zweiten Parteitages der russischen Sozialdemokratie dar. Dieser Parteitag sollte, so Lenin, den Übergang vom alten zersplitterten Zirkelwesen, einer Vielzahl von voneinander getrennt agierenden sozialdemokratischen Gruppen, zu einer modernen sozialdemokratischen Partei verwirklichen.

Drei Faktoren bestimmten die politische Landschaft Russlands – erstens die Selbstherrschaft mit ihrer gewaltigen Bürokratie und einem ausgefeilten Unterdrückungsapparat, zweitens die soziale Differenzierung der Bauernschaft in Dorfbourgeoisie und Landproletariat bzw. die Abwanderung von Bauern in die aufstrebende Industrie, drittens eine vielfach in Produktionsweisen, Nationalitäten, Religionen und Regionalitäten gegliederte Gesellschaft. Das Bürgertum und die Bourgeoisie waren von diesen Besonderheiten ebenso betroffen. In der russischen Industrie hatten Unternehmer mit ausländischen Wurzeln und ausländische Firmen starke Positionen. Das hatte unmittelbare Auswirkungen auf die Breite gesellschaftspolitischer Vorstellungen, die politische Kultur und die Möglichkeiten der Organisation der Linken überhaupt. Viele demokratisch oder sozialdemokratisch gesinnte Intellektuelle lebten in Westeuropa. Die Sozialdemokratie musste sich unter dem beständigen Druck der Illegalität und, soweit sie legal agieren konnte, der Zensur bewegen.

Die sozialdemokratische Bewegung begann mit der Gruppe »Befreiung der Arbeit«, die 1883 in Genf gegründet wurde. Die zentrale Persönlichkeit war Georgi Plechanow.

7 W.I. Lenin: Ein Schritt vorwärts, zwei Schritte zurück (Die Krise in unserer Partei), in: W.I. Lenin: Werke, Bd. 7, Berlin 1956, S. 197–430.

Georgi Plechanow (1856–1918)

... begründete Anfang der 1880er-Jahre mit der Gruppe »Befreiung der Arbeit« die sozialdemokratisch-marxistische Strömung in Russland. Seine Schriften waren für mehrere Generationen russischer Marxist*innen prägend. Plechanow musste 1880 Russland verlassen und konnte erst 1917 aus dem Exil zurückkehren. Er war entscheidend an der Formierung der SDAPR beteiligt, blieb aber auf Distanz zu den beiden Flügeln der Bolschewiki und Menschewiki. Im Ersten Weltkrieg gehörte er zu den Kriegsbefürworter*innen. Der leninschen Politik in der Revolution 1917 stand er ablehnend gegenüber.*

Er hatte sich unter dem Einfluss des westeuropäischen Marxismus von den Narodniki gelöst und war bis zu seinem Tode einer der wichtigsten Intellektuellen der russischen Sozialdemokratie von internationaler Bedeutung. Die Gruppe markierte politisch die Hinwendung zur Arbeiter*innenklasse. Nur durch eine von den Arbeiter*innen getragene Revolution könne der Sozialismus auch in Russland erreicht werden. Marxistisches Gedankengut verbreitete sich in Russland erstaunlich schnell. Immerhin war die erste Fremdsprache, in die das »Kapital« von Marx übersetzt wurde (1872 erschienen), Russisch. Die Zensur genehmigte die Verbreitung in Russland, weil Gegenstand und Methode ihr zu kompliziert erschienen, als dass von diesem Werk eine Gefahr ausgehen könnte. Schon kurz nach dem Erscheinen der deutschsprachigen Ausgabe kursierte das Buch unter oppositionellen Intellektuellen. Das mag auch der Hintergrund gewesen sein, warum sich die Strömung des »legalen Marxismus«[8] in den 1880er- und 1890er-Jahren etablieren konnte. Für den hier zu betrachtenden Zusammenhang ist wesentlich, dass diese Richtung ab Ende der 1890er-Jahre Positionen von Bernstein teilte.

Seit dem Ende der 1880er-Jahre entstanden unter Intellektuellen, Student*innen (allerdings war der Zugang von Frauen* zu höherer Bildung stark eingeschränkt) und Arbeiter*innen in verstärktem Maße marxistische Zirkel, die sich in der Regel illegal trafen, um die Werke von Marx, Engels und anderen demokratischen und sozialistischen Autor*innen zu studieren. Über diese Zirkel kam auch Lenin zur Sozialdemokratie. Er gründete gemeinsam mit anderen im Jahr 1895 in St. Petersburg den »Kampfbund zur Befreiung der Arbeiterklasse«. Ähnliche Organisationen entstanden in anderen Städten und Regionen. Diese Gruppierungen schlossen in wachsendem Maße auch Arbeiter*innen ein. Mit Flugblättern sowie legalen und illegalen Publikationen betrieben sie in den Betrieben Agitation und politische Aufklärung. Im Jahr 1897 wurde von sozialdemokratischen jüdischen Arbeiter*innen der »Allgemeine jüdische Arbeiterbund in Litauen und Polen« (Bund) geschaffen. Schon 1893 war die Sozialdemokratie des Königreiches Polen gegründet worden, der Rosa Luxemburg führend angehörte. Alle diese Gruppen sahen sich immer wieder Repressionen ausgesetzt. Immer wieder wurden führende Mitglieder verhaftet. So kam längere Zeit keine gemeinsame Organisation zustande, selbst die Kommunikation untereinander war schwierig und gefährlich. Das »Zirkelwesen« bestimmte das Leben der Sozialdemokratie in Russland.

Innerhalb und zwischen diesen Gruppierungen entwickelten sich aber bereits Widersprüche. Dazu gehörte vor allem der zwischen der »ökonomistischen« und der »revolutionären« Strömung. Die Ökonomist*innen wollten, ähnlich wie die »legalen Marxist*innen«, die ganze Kraft der Organisationen auf den Kampf in den Gewerkschaften für soziale und Arbeiter*innenrechte konzentrieren. Die revolutionäre Strömung, zu der unter anderem Lenin und Luxemburg gehörten, trat für die Verbindung von wirtschaftlichen und politischen Kämpfen ein.

8 Vgl. Wolfgang Küttler/Vesa Oittinen: Legaler Marxismus, in: Wolfgang Fritz Haug (Hrsg.): Historisch-kritisches Wörterbuch des Marxismus, Bd. 8/I, Hamburg 2012, S. 792–800.

Es war in dieser Situation schwierig, diese getrennt agierenden Gruppierungen zu vereinigen. Im März 1898 gründete sich auf ihrem ersten Parteitag die Sozialdemokratische Arbeiterpartei Russlands. Dazu hatten sich Vertreter*innen des Bund und verschiedener regionaler Gruppen in Minsk getroffen. Allerdings wurde die Partei schon wenige Tage später durch die Geheimpolizei praktisch wieder zerschlagen. Zwei Jahre später machte Lenin mit der Gründung der Zeitung *Iskra* (Funke) einen neuen Anlauf, um einen Vereinigungsprozess in Gang zu bringen. Lenin setzte sich in drei Artikeln ab 1901 mit der Frage auseinander, wie eine sozialdemokratische Partei unter den Bedingungen Russlands organisiert sein müsste. Ähnlich wie bei Luxemburg stand für ihn die Auseinandersetzung mit dem Terror am Ausgangspunkt seiner Betrachtung. In seinem Artikel »Womit beginnen?« schrieb er:

»Wir sind weit entfernt von dem Gedanken, heldenmütigen Einzelaktionen jede Bedeutung abzusprechen, aber es ist unsere Pflicht, mit aller Energie davor zu warnen, sich am Terror zu berauschen, ihn als wichtigstes und hauptsächliches Kampfmittel zu betrachten, wozu heute sehr, sehr viele so stark neigen. Der Terror kann niemals eine alltägliche Kampfhandlung werden: Bestenfalls taugt er nur als eine der Methoden des entscheidenden Sturmangriffs …«[9]

In einem zweiten Artikel unter dem Titel »Was tun?« setzte er seine Überlegungen fort. Lenin schrieb ihn im Jahr 1902, wenige Monate nachdem im Juni 1901 der Versuch der sozialdemokratischen Auslandsorganisationen gescheitert war, eine gemeinsame Partei zu schaffen. Er konzentriert sich auf die Kritik der von den »legalen Marxist*innen« und den »Ökonomist*innen« vertretenen opportunistischen Auffassungen. Lenin wollte den Versuch machen, »eine möglichst populäre, durch sehr zahlreiche und konkrete Beispiele erläuterte, *systematische ›Auseinandersetzung‹* mit *allen* Ökonomisten über *alle* prinzipiellen Punkte unserer Meinungsverschiedenheiten herbeizuführen«.[10]

In diesem Zusammenhang entwickelte er auch seine Organisationsauffassung weiter. Angesichts der politischen Situation in Russland sei neben den Gewerkschaften eine »fest gefügte Organisation der Revolutionäre« nötig. Nur so könnten sowohl die gewerkschaftlichen (reformerischen) also auch die sozialdemokratischen (revolutionären) Ziele erreicht werden.[11] Er schloss die Broschüre mit der Forderung nach einem organisatorischen Bruch mit Vertreter*innen des Opportunismus, wenn diese Forderung auch nur sehr verklausuliert erhoben wird: Die »Nachhut der Opportunisten« solle »abgelöst« werden »von der wahren Vorhut der revolutionärsten Klasse«.[12] So verwundert es, wenn Lenin nach dem zweiten Parteitag, der mit der Spaltung in Menschewiki und Bolschewiki endete, schrieb:

9 W.I. Lenin: Womit beginnen?, in: Lenin: Werke, Bd. 5, Berlin 1978, S. 1–13, hier: S. 8.
10 W.I. Lenin: Was tun? Brennende Fragen unserer Bewegung, in: ebd., S. 353–541, hier: S. 358.
11 Ebd., S. 476–478.
12 Ebd., S. 541.

»Die Meinungsverschiedenheiten, die diese beiden Flügel gegenwärtig voneinander trennen, laufen hauptsächlich nicht auf programmatische und nicht auf taktische, sondern nur auf organisatorische Fragen hinaus.«[13]

Der Satz stammt aus dem Aufsatz »Ein Schritt vorwärts, zwei Schritte zurück (Die Krise in unserer Partei)«, der Gegenstand der Polemik von Rosa Luxemburg in »Organisationsfragen der russischen Sozialdemokratie« ist. Lenin nutzte seine Darlegungen zu einer scharfen Auseinandersetzung mit den von den Menschewiki vertretenen opportunistischen Ansichten. Er stellte einen engen Zusammenhang zwischen der Ablehnung zentralistischer Strukturen und den Auffassungen seiner Gegner*innen her. In dieser Hinsicht bestand zwischen beiden auch kein Dissens.

Lenin antwortete Luxemburg kurz nach der Veröffentlichung ihrer Kritik mit »Ein Schritt vorwärts, zwei Schritte zurück. Eine Antwort N. Lenins an Rosa Luxemburg«[14] in nicht weniger polemischer Weise. Der Streit blieb unentschieden und hinderte beide nicht, in wesentlichen Fragen weiter zusammenzuarbeiten.

13 Lenin: Ein Schritt vorwärts, S. 200.

14 W.I. Lenin: Ein Schritt vorwärts, zwei Schritte zurück. Eine Antwort N. Lenins an Rosa Luxemburg, in: W.I. Lenin: Werke, Bd. 7, Berlin 1956, S. 480–491.

»Wie Lassalle sagte, ist und bleibt die revolutionärste Tat, immer ›das laut zu sagen, was ist‹.«

Was dürfen Parteimitglieder wissen?

Die Parteischule der SPD wurde 1906 gegründet. Nach anfänglichem Zögern lehrte Rosa Luxemburg dort ab 1907 mit wachsender Begeisterung. Auf dem Parteitag 1908 wurden die ersten Erfahrungen der Arbeit dieser Einrichtung diskutiert. An der Frage nach den Inhalten der Lehre entzündete sich eine Debatte zwischen Kurt Eisner und Max Maurenbrecher auf der einen und Rosa Luxemburg, dem Leiter der Parteischule Heinrich Schulz, Clara Zetkin und Absolvent*innen der Schule auf der anderen Seite. Im Kern ging es darum, ob die sozialdemokratischen Massen auch theoretisch geschult werden sollten oder es in der Partei in theoretischen Fragen eine »Hierarchie des Wissens« geben sollte.

Rede zur Frage der Parteischule — 1908

Wenn ich das Wort ergreife, so nicht, um gegen die Kritik an der Parteischule zu protestieren, sondern im Gegenteil, um mich zu beklagen über den Mangel einer ernsten, sachlichen Kritik. Die Parteischule ist ein neues und sehr wichtiges Institut, das von allen Seiten ernsthaft gewürdigt und kritisiert werden muss. Ich muss selbst bekennen, dass ich von Anfang an der Gründung der Parteischule mit größtem Misstrauen begegnet bin, einerseits aus angeborenem Konservatismus (Heiterkeit), andererseits, weil ich mir im stillen Kämmerlein meines Herzens sagte, eine Partei wie die sozialdemokratische muss ihre Agitation mehr auf eine direkte Massenwirkung einrichten. Meine Tätigkeit an der Parteischule hat diesen Zweifel zu einem großen Teil behoben. In der Schule selbst, in einem stetigen Kontakt mit den Parteischülern habe ich gelernt, das neue Institut zu schätzen, und ich kann aus vollster Überzeugung sagen: Ich habe das Gefühl, wir haben damit etwas Neues geschaffen, dessen Wirkungen wir noch nicht überblicken können, aber wir haben etwas Gutes damit geschaffen, das der Partei Nutzen und Segen bringen wird. Allerdings ist noch manches zu kritisieren, und es wäre ein Wunder, wenn das nicht der Fall wäre. Wenn ich auch die Anregung auf eine Änderung in der Auswahl der Schüler ablehne – denn wir haben als Lehrer die Erfahrung gemacht, dass die bisherigen Resultate ausgezeichnet sind, sodass ich mir ein besseres Elitekorps gar nicht wünschen möchte –, so finde ich doch einiges an dem Lehrplan auszusetzen. In dem Lehrplan müsste mit an erster Stelle die Geschichte des internationalen Sozialismus stehen. (»Sehr richtig!«) Auch die Wanderlehrer des Bildungsausschusses sollten diese Frage mehr würdigen, anstatt sich nur auf nationalökonomische Lehren zu beschränken. Die Geschichte des Sozialismus ist in knapper Form viel leichter darzulegen, ohne dass der Gegenstand darunter leidet, als die Nationalökonomie. Die Geschichte des Sozialismus ist für uns als Kampfpartei die Lebensschule. Wir empfangen daraus immer neue Anregungen. (»Sehr richtig!«) Die Schule krankt ferner daran, dass das Verhältnis der Parteiorganisationen zu ihren Schülern nicht das richtige ist; es müsste von Grund aus umgestaltet werden. Es kann jetzt vorkommen, dass Parteiorganisationen Schüler in die Schule schicken wie den Sündenbock in die Wüste, um sich nachher nicht mehr darum zu kümmern, was aus ihnen wird (»Sehr richtig!«), ohne ihnen einen genügenden Wirkungskreis zur Verfügung zu stellen. Allerdings besteht auf der anderen Seite auch die Gefahr, dass an die Parteischüler, wenn sie einen Posten haben, gar zu große Anforderungen seitens der Genossen gestellt werden. (»Sehr richtig!«) Die Genossen werden sagen: Du warst an der Parteischule, nun zeige einmal stündlich und auf jeder Stelle, was du gelernt hast! Solche Hoffnungen werden die Parteischüler nicht erfüllen können. Wir haben uns bemüht, ihnen von erster bis zu letzter Stunde klarzumachen, dass sie noch kein fertiges Wissen haben, dass sie noch weiter lernen, dass sie ihr ganzes Leben lang lernen müssen. Wenn auch die Parteischüler später Gelegenheit bekommen müssen, das Gelernte nutzbringend zu verwerten, so muss man andererseits doch auch dies berücksichtigen. Also, es gibt ernste Gesichtspunkte genug, um die Frage der Parteischule nach allen Seiten hin zu kritisieren. Aber solche Kritik, wie sie Eisner übt, ist nicht angebracht. Eisner hat eine so große Ehrfurcht vor der Wissenschaft, dass mir davor bange wird; ich fürchte, der Wissenschaft im Allgemeinen und besonders der sozialistischen Wissenschaft bei Eisner geht es so wie dem armen Klopstock, auf den Lessing die geflügelten Worte sagt:

Kurt Eisner
(1867–1919)

… kam von bürgerlich-demokratischen Positionen her zur Sozialdemokratie. Er war seit 1900 Mitglied der Partei und vor allem journalistisch tätig. Als überzeugter Gegner des Militarismus stimmte er mit Luxemburg überein, als Gegner des Massenstreiks und Kritiker der Parteischule war er ihr Kontrahent. In der Revolution 1918/19 (Novemberrevolution*) wurde er zu einem ihrer Führer** und erster demokratischer Ministerpräsident Bayerns. Der Rätebewegung stand er in festem Glauben an die bürgerliche Demokratie kritisch gegenüber. Am 21. Februar 1919 wurde er von einem konterrevolutionären Offizier ermordet.***

Max Maurenbrecher (1874–1930)

... war Theologe, Publizist und Politiker. Von 1903 bis 1913 gehörte er der SPD an. Vorher war er Mitglied des Nationalsozialen Vereins von Friedrich Naumann, der versuchte, nationalistische, sozialreformerische und liberale Ziele zu verbinden. Nach seinem Austritt aus der SPD schloss er sich wieder konservativ-nationalistischen Organisationen an. In seiner Zeit in der SPD vertrat er einen Kurs der Annäherung an bürgerliche Parteien und Kirchen, um die Massenbasis der Partei zu verbreitern.

Wer wird nicht einen Klopstock loben?
Doch wird ihn jeder lesen? – Nein.
Wir wollen weniger erhoben
Und fleißiger gelesen sein.[1]

(Heiterkeit.) Ein weiterer Beweis, wie leichtfertig die Kritik von Eisner ist, ist das Beispiel, dass er uns als strahlendes Gegenstück zu der Parteischule entgegengehalten hat den Nürnberger Trichter (Heiterkeit), den man sich hier geschaffen hat in Gestalt des Genossen Maurenbrecher. Maurenbrecher soll als einziger Lehrer hier dem Proletariat die gesamte Bildung übermitteln. Sein Glaubensbekenntnis hat er in einem, wie Eisner meint, ausgezeichneten Artikel in der *Fränkischen Tagespost* niedergelegt, worin es heißt: »Wir treiben zu viel Theorie! Muss die Masse die Werttheorie kennen? (»Hört! Hört!«) Muss die Masse wissen, was materialistische Geschichtsauffassung ist? Ich wage die Ketzerei und sage: Nein! Der Lehrer muss das wissen« – um es in der Tasche zu behalten. (Eisner: »Nein, das steht nicht da, das haben Sie zugesetzt!«) Natürlich, das habe ich zugesetzt. »Aber für die Massenbildung hat das alles direkt keinen Wert, kann höchstens schaden.« Das habe ich nicht hinzugefügt, das hat Maurenbrecher gesagt. (»Hört! Hört!«) Und weiter sagt er: »Die Theorie ist in ihrer zwar unbeabsichtigten, aber doch sehr häufig vorhandenen Wirkung oft geradezu eine Ertötung der Kraft zum Entschluss und zum Handeln.« Die materialistische Geschichtsauffassung, die 40 Jahre einer glänzenden Entfaltung des Klassenkampfes in Deutschland und der Welt geschaffen hat, jene Theorie von Marx und Engels, die dem russischen Proletariat vorangeleuchtet hat in der größten Tat des Anfangs des Jahrhunderts, in der russischen Revolution, soll die Kraft zum Entschluss und zum Handeln ertöten! (»Hört! Hört!«) Aber Eisner, Maurenbrecher und andere urteilen nach sich selbst, sie glauben, auf sie wirkt die materialistische Geschichtsauffassung, wie sie sie verstehen, in der Weise, dass sie ihre Tatkraft lähmt, und deshalb wünschen sie,

1 »Sinngedicht an den Leser« des Dichters und Philosophen Gotthold Ephraim Lessing (1729–1781).

dass auf der Parteischule nicht Theorie, sondern hauptsächlich der Stoff gelehrt wird, die stoffliche Seite des Lebens. Sie haben gar keine Ahnung davon, dass das Proletariat den Stoff aus dem täglichen Leben kennt, das Proletariat kennt »den Stoff« besser als Eisner. (Lebhafte Zustimmung.) Was der Masse nottut, ist die allgemeine Aufklärung, die Theorie, die uns die Möglichkeit gibt, den Stoff zu systematisieren und zu einer tödlichen Waffe gegen die Gegner zu schmieden. (Lebhafte Zustimmung.) Wenn mich irgend etwas überzeugt hat von der Notwendigkeit der Parteischule, der Verbreitung des Verständnisses für die sozialistische Theorie in unseren Reihen, so ist es die Kritik von Eisner. (Lebhafter Beifall.)

Aus: Rosa Luxemburg: Gesammelte Werke, Berlin 1970 ff., Bd. 2, S. 254–256

Heinrich Schulz
(1872–1932)

... profilierte sich um die Jahrhundertwende als einer der wichtigsten Bildungspolitiker der SPD. Er arbeitete als Journalist und Lehrer in der Arbeiter*innenbildung und wurde 1906 Geschäftsführer des Zentralbildungsausschusses, dann auch Leiter und Lehrer an der Parteischule der SPD. Er befürwortete die Kriegspolitik der SPD nach 1914 und nahm in der Weimarer Republik verschiedene höhere Positionen ein.*

Hintergrund

Die SPD war Anfang des 20. Jahrhunderts zu einer Massenpartei geworden. Die Partei hatte 1906 mehr als 384 000 Mitglieder, ein Jahr später schon über 530 000. Bei den Wahlen 1907 erreichte sie über drei Millionen Stimmen. Die daraus entstehenden Probleme charakterisierte Heinrich Schulz in seinem Bericht zur Bildungsarbeit der Partei an den Parteitag:

»Wir betreiben die Arbeiterbildung intensiver als früher, weil wir in den letzten Jahren immer schmerzlicher empfunden haben, dass die Ausdehnung der Partei in die Breite ihre Weiterentwicklung in der Tiefe nicht genügend entspreche; die Methode aber ist eine andere, weil bei dem ungeheuren Wachstum der Partei bessere Mittel gefunden werden mussten, um an die Massen heranzukommen, weil es ferner heute nicht mehr so leicht ist, die Partei, ihr Programm, ihre Stellung in Staat und Gesellschaft, ihre Aktionen zu erfassen und sich durch die Literatur und durch die Zeitungen hindurchzufinden, und weil das alles leichter und besser ist, je besser die theoretische Grundlage bei dem Einzelnen und bei der Masse ist.«[2]

2 Max Schwarz (Hrsg.): Protokoll über die Verhandlungen des Parteitages der Sozialdemokratischen Partei Deutschlands 1908. Abgehalten zu Nürnberg vom 13. bis 19. September 1908 sowie Bericht über die 5. Frauenkonferenz am 11. und 12. September 1908 in Nürnberg. Nachdr., Berlin/Bonn 1982, S. 218.

Clara Zetkin
(1857–1933)

… war eine der führenden Frauen- und Bildungspolitikerinnen der SPD. Wie Rosa Luxemburg gehörte sie dem konsequent marxistischen Flügel der SPD an und war auch mit ihr befreundet. Sie spielte eine zentrale Rolle in der II. Internationale, war Mitglied des Parteivorstandes der SPD und gab die Frauenzeitschrift *Gleichheit* heraus. Sie war zentrale Initiatorin des Internationalen Frauentags. Ab 1917 in der SPD kaltgestellt, kam sie über Spartakusgruppe und USPD* im März 1919 zur KPD. Hier lavierte sie in dem Dilemma zwischen Unterstützung der russischen Revolution und Kritik an Elementen bolschewistischer Politik.**

Die Gründung der Parteischule 1906 stand in der Tradition der Arbeiter*innenbildungsvereine, war aber auch etwas völlig Neues. Die Arbeiter*innenbildungsvereine waren nach der Niederlage der Revolution 1848/49 der einzige Ort gewesen, an dem sich Arbeiter*innen organisieren konnten. Ursprünglich eng verbunden mit dem liberalen Bürgertum ging es hier vor allem um die Vermittlung eines breiten Spektrums an Wissen, des bürgerlichen Bildungskanons. Später politisierten sich diese Vereine und wurden zu Ausgangspunkten der Entstehung sozialdemokratischer Parteien.[3] In der SPD spielten die Parteipresse, die Verlage und Referent*innen, die durch Selbststudium oder akademische Bildung ihr Wissen gewonnen hatten, eine große Rolle. Die Gründung der Parteischule war Teil der Bemühungen, die politische Bildungsarbeit zu systematisieren. So wurde eine Institution geschaffen, die gesellschaftswissenschaftliches Grundlagenwissen auf marxistischer Basis vermitteln sollte. Sie hatte die Aufgabe, »einen kleinen Kreis von etwa 30 geeigneten, also intellektuell befähigten und moralisch charaktervollen Genossen ein halbes Jahr lang systematisch zu unterweisen, vornehmlich in der Theorie, in der Volkswirtschaft, im wissenschaftlichen Sozialismus, in der sozialen Entwicklung, in der Geschichte, nebenbei auch in praktischen Fächern«.[4] Bei diesen »praktischen Fächern« ging es um Kommunalpolitik, Arbeitsrecht u. Ä. Man ging davon aus, dass theoretisches Wissen eine wichtige Voraussetzung ist, um sich schnell und sicher in den politischen Tageskämpfen zu orientieren. Die Schüler*innen waren ihrer Herkunft nach oft Arbeiter*innen und zum Teil schon vor der Absolvierung der Schule als Redakteur*innen, Partei- oder Gewerkschaftsfunktionär*innen tätig.

In seinem Bericht polemisierte Heinrich Schulz gegen einen Artikel in der *Fränkischen Tagespost*, in dem Max Maurenbrecher die Position vertrat, dass zu viel Theorie den Arbeiter*innen eher schaden als nutzen würde. Es folgte eine kontroverse Diskussion. In einer Erwiderung unterstützte Kurt Eis-

3 Vgl. dazu Wolfgang Schröder: Leipzig – die Wiege der deutschen Arbeiterbewegung. Wurzeln und Werden des Arbeiterbildungsvereins 1848/49 bis 1878/81 mit einer Dokumentation der Tätigkeitsberichte, Berlin 2010.

4 Schwarz, Protokoll 1908, S. 218.

ner die Position Maurenbrechers. Er vertrat die Auffassung, dass man erst den »Unterbau der Tatsachen«, dann die Theorie vermitteln solle.[5] Um die Werttheorie zu verstehen, müsse man erst die Geschichte der politischen Ökonomie in ihrer Tiefe studiert haben. Wenn man das nicht tun könne, dann solle man die Theorie den Lehrer*innen überlassen.

Angesichts der Breite des Stoffes in den Kursen und des Einsatzes der Absolvent*innen ist diese Kritik verwunderlich. Schulz, Luxemburg und andere Redner*innen sahen in den Äußerungen einen Angriff auf das »Proletarische« in der SPD, auf die Befähigung der Arbeiter*innen, selbstständig zu denken und zu handeln. Damit wurde die Frage des Konzeptes der Bildungsarbeit zu einer grundsätzlichen Frage des Verhältnisses von Funktionär*innen, Intellektuellen und »einfachen« Mitgliedern. So charakterisiert es auch Schulz: »Und wer da sagt: Ich will ja theoretische Klarheit, aber nur für die Lehrer und Führer, die Masse will ich nur für unmittelbare Aktionen erziehen, für Aktionen, die allerdings nur ich wegen meiner tieferen Einsicht voraussehen und vorbereiten kann, der ist noch nicht frei von der alten bürgerlichen Auffassung, dass die Masse geleitet und geschoben werden muss.«[6]

5 Ebd., S. 228–229.
6 Ebd., S. 221.

»Die proletarische Revolution bedarf für ihre Ziele keines Terrors, sie hasst und verabscheut den Menschenmord. Sie bedarf dieser Kampfmittel nicht, weil sie nicht Individuen, sondern Institutionen bekämpft, weil sie nicht mit naiven Illusionen in die Arena tritt, deren Enttäuschung sie blutig zu rächen hätte. Sie ist kein verzweifelter Versuch einer Minderheit, die Welt mit Gewalt nach ihrem Ideal zu modeln, sondern die Aktion der großen Millionenmasse des Volkes …«

Parlamentarismus und Bewegung

Für die Sozialdemokratie in Deutschland war die Präsenz im Reichstag und in den Landtagen immer eine wichtige Möglichkeit, Realpolitik im Interesse der Arbeiter*innen mit einer grundsätzlichen Kritik des bürgerlich-kapitalistischen Staates zu verbinden. Diese Kritik wurde etwa durch die Ablehnung des Haushaltsentwurfs der Regierung deutlich gemacht. Zu den Besonderheiten Deutschlands gehörte, dass die Wahlgesetze in den einzelnen Bundesstaaten nicht einheitlich waren. In den süddeutschen Bundesstaaten konnte die Sozialdemokratie schon über Jahrzehnte stabile parlamentarische Vertretungen aufbauen. Anders etwa in Preußen, wo das durch das Wahlrecht ausgeschlossen war. In einer Resolution auf dem Parteitag in Lübeck 1901 war beschlossen worden, dass keine Fraktion dem Haushalt des Landes zustimmen sollte. Nur dann, wenn mit der Zustimmung ein für die Arbeiter*innenklasse ungünstiger Haushalt verhindert werden könnte, sollte eine Zustimmung möglich sein. Nachdem die Landtagsfraktionen in Baden, Bayern und Württemberg ohne Vorliegen dieses Grundes den Budgets ihre Zustimmung gegeben hatten, wurde auf dem Parteitag 1908 darüber diskutiert. Dabei zeigte sich, dass sich das Abweichen von den Parteitagsbeschlüssen mit weitreichenden Differenzen über den Charakter der Partei und das Verhältnis von Abgeordneten und Parteibasis verband.

Rede gegen die Budgetbewilligung — 1908

Wir haben seit einer Reihe von Jahren fast auf jedem Parteitag eine lebhafte Auseinandersetzung über die Grundfragen unseres Prinzips und unserer Taktik gehabt. Gerade jetzt jährt es sich zum zehnten Male, seit wir auf dem denkwürdigen Parteitag in Stuttgart[1] die erste große Auseinandersetzung mit der sogenannten revisionistischen Richtung hatten. Seitdem hatten wir solche Auseinandersetzungen aus diesem oder jenem Anlass fast jedes Jahr, und mehr als einmal wurden diejenigen, die in jener Richtung die größte Gefahr für die Partei erblickten, der Schwarzseherei und des Pessimismus beschuldigt. Nun, ich glaube, noch in keiner Parteidebatte ist mit solcher Schärfe, Klarheit und Deutlichkeit zum Aus-

1 Der Parteitag der deutschen Sozialdemokratie in Stuttgart fand vom 3. bis 8. Oktober 1898 statt.

druck gekommen, wohin die Partei steuert, wenn sie dieser Richtung nachgeben würde, wie in dieser Debatte. (»Sehr richtig!«) Hier haben wir nicht mehr Diskussionen über abstrakte theoretische Fragen, hier handelt es sich um eine eminent praktische Frage, um die Frage des politischen Handelns der Partei, um eine Frage, deren Bedeutung auch von den breitesten Massen begriffen wird. Und was stellt sich dabei heraus? Dass wir, wenn es in der Richtung weitergeht, die jetzt in Süddeutschland vertreten ist, schließlich vor die Alternative gestellt werden: bürgerliche Reformpartei oder Anarchismus? Worauf lief die ganze Beweisführung von Timm, Frank, Hildenbrand[2] hinaus? Das Leitmotiv ihrer Reden ebenso wie der Grundgedanke aller Presseäußerungen ihrer Gesinnungsgenossen David, Kolb u. a. lief darauf hinaus: Entweder erkennen wir, dass wir auf dem Boden des heutigen Staates wichtige Errungenschaften positiver Natur erzielen können, und dann sei es notwendig, unsere unnütze grundsätzliche Feindschaft gegen den bestehenden Staat, deren unabweisbare Konsequenz die Ablehnung des Budgets des Klassenstaates ist, aufzugeben, oder wir sollen offen erklären: Auf dem Boden des bestehenden Staates ist keine namhafte Errungenschaft möglich. Dann aber sollen wir die Konsequenzen ziehen: Heraus aus den Parlamenten! Dann hätte unser Kampf um die Erringung der politischen Rechte gar keinen Sinn. Das wurde uns gestern gesagt. Dass es eine Politik geben kann, die ebenso weit entfernt ist von bürgerlicher Reformpolitik wie von anarchistischen Hirngespinsten, dass es eine sozialistische Klassenpolitik geben kann, die mit allem Nachdruck um positive Errungenschaften kämpft, zugleich aber mit ebenso kräftigem Nachdruck die prinzipielle Feindschaft gegen den bestehenden Staat auf Schritt und Tritt – und zwar auch durch die Budgetabstimmung – zum Ausdruck bringt, dafür scheint den Genossen in Süddeutschland, wenigstens in den Parlamenten, der Sinn abhandengekommen zu sein. Sie haben den besten Beweis selbst durch ihre Verteidigungsreden geliefert, auf eine wie schiefe Bahn man sich begibt, wenn man sich auf ihren Standpunkt stellt. Dann, worauf lief hinaus die Verteidigung von Timm? Auf eine unbeabsichtigte, aber umso wirksamere Glorifizierung der Zentrumspartei in Bayern. (»Sehr richtig!«) Und worauf lief hinaus die Verteidigung von Frank? Auf ein ebenso unbeabsichtigtes, aber umso wirksameres Plädoyer für die fortschrittlichen Minister der badischen Regierung. (»Sehr richtig!« Zurufe bei den Süddeutschen.) Ich weiß, ihr habt im Landtag ganz anders die Haltung der Regierung gekennzeichnet. Aber der Widerspruch zwischen jenen Worten und euren Worten hier zeigt gerade so recht, wie ihr euch mit eurer

2 Ludwig Frank, Karl Hildenbrand und Johannes Timm hatten in ihren Redebeiträgen versucht, das Abstimmungsverhalten ihrer Fraktionen zu verteidigen; vgl. Schwarz, Protokoll 1908, S. 297–334.

überschlauen Diplomatie in die Nesseln gesetzt habt. (»Sehr gut!«) Ich müsste mich sehr irren, wenn nicht eure Reden von gestern uns nochmals in die Hände kommen, und zwar in Flugblättern des Zentrums und in den Kreisblättern der Regierung. Dort wird es heißen: Freilich, dieselben Leute haben uns im Parlament – natürlich aus Diplomatie – ganz anders heruntergerissen, aber ihren eigenen Brüdern und Genossen haben sie wohl eher ihre ehrliche Überzeugung gesagt, und dort haben sie alles gelobt, was wir geleistet haben. Anstatt auf Schritt und Tritt den Massen zu zeigen, wie erbärmlich, wie geringfügig das ist, was ihr errungen habt, habt ihr euch logisch gezwungen (Zurufe: »Wer hat die Schuld daran?!«) – unterbrechen Sie mich nicht, Sie haben unbeschränkte Redezeit gehabt (»Sehr gut!«) –, diese Lappalien ins Große zu ziehen und uns in übertriebener Weise als etwas ganz Wichtiges, als große Errungenschaft hinzustellen. Frank sagte: Weil die Parteipresse auf den Bahnhöfen verkauft werden kann, befinden wir uns auf dem Wege der politischen Gleichberechtigung (Lachen.), und weil das Budget einer Staatsarbeiterfamilie von 600 und 700 M auf 1000 M erhöht ist, eine Zulage, die bei Weitem nicht ausreicht, um den Ausfall, der durch den Hungertarif[3] entstanden ist, zu decken, deshalb können wir nicht mehr der Regierung unser Misstrauen ausdrücken. Ei, Parteigenossen, die Politik der Diplomatie und der staatsmännischen Klugheit ist eine Schule der Bescheidenheit. (»Sehr gut!«) Wie diese Bescheidenheit im Anfang aussieht, zeigen uns die süddeutschen Parlamentarier, aber wie sie am Ende aussieht, das zeigt uns der Blockfreisinn[4] in Deutschland. (Lebhafte Zustimmung.) Frank hat den großen Schatten Lassalles heraufbeschworen. Lassalle hätte besser als wir gewusst, was die Massen in Deutschland fühlen und erstreben. Nun, es war kein anderer als Lassalle, der das bekannte Wort geprägt

3 Am 14. Dezember 1902 wurde durch den Reichstag ein Gesetz angenommen, mit dem Zölle auf landwirtschaftliche Erzeugnisse deutlich erhöht wurden. In einem Manifest der SPD-Fraktion wurde von einer Summe von 500 Mio. Mark (heute wären das mehr als 3 Mrd. Euro) gesprochen, die zugunsten vor allem der Großagrarier (hierbei handelte es sich ausschließlich um Männer*) umverteilt wurde. Damit lag der Preis von Brotgetreide etwa 50 Prozent über dem Weltmarktpreis. Vgl. Walter Steitz (Hrsg.): Manifest der sozialdemokratischen Fraktion im Deutschen Reichstag über das Zolltarif-Gesetz von 1902/3, in: ders. (Hrsg.): Quellen zur deutschen Wirtschafts- und Sozialgeschichte von der Reichsgründung bis zum Ersten Weltkrieg. Ausgewählte Quellen zur deutschen Geschichte der Neuzeit, Darmstadt 1985, S. 303–310.

4 Nachdem der Reichstag mit einer knappen Mehrheit einen Nachtragshaushalt zur Finanzierung des Kolonialkrieges gegen die Herero und Nama (im damaligen Sprachgebrauch Hottentotten; zur kolonial geprägten, rassistischen Sprache der Debatten der Zeit vgl. FN 14, S. 91–92) in Deutsch-Südwestafrika (heute Namibia) abgelehnt hatte, wurde er aufgelöst. Die Neuwahl 1907 brachte der Sozialdemokratie mehr Stimmen, aber wegen des Wahlkreiszuschnitts weniger Sitze. Die Konservativen, Nationalliberalen und Linksliberalen schlossen sich zum Bülow-Block (wegen der Fortsetzung des Kolonialkrieges auch Hottentottenblock genannt) zusammen. Gestützt auf diese Koalition war es dem namensgebenden Reichskanzler Bernhard von Bülow möglich, im Reichstag unter dem Vorwand der Wirtschaftskrise einen Ausbau der Sozialpolitik (z. B. Vorhaben zur Regulierung der Arbeitszeit) zu verhindern.

hat von der verdammten Bedürfnislosigkeit der Massen, er erblickte seine Aufgabe als Sozialist darin, die Massen zur Unzufriedenheit zu erziehen, ihre Forderungen so hoch zu stecken, dass alles, was man hier erringen kann, dagegen als eine Lappalie erscheint. Wir haben als Sozialdemokraten bis jetzt genauso gehandelt. Wir haben die Massen gelehrt, die Errungenschaften, die wir für den bestehenden Staat erzielen können, nicht an dem Elend von anno dazumal zu messen, sondern an dem, was den Massen noch vorenthalten ist, mit einem Wort, an dem Endziel. (»Sehr richtig!«) Wir haben die Massen dazu erzogen, an diesem Endziel zu sehen, dass alles, nicht nur das Recht, die Parteipresse auf den Bahnhöfen zu verkaufen, sondern alles andere, was wir durchsetzen können, nur erbärmliche Abschlagszahlungen sind. Man spricht von der Notwendigkeit, die indifferenten Massen zu gewinnen. Ich behaupte, es liegt darin eine unerhörte und unverdiente Verleumdung der proletarischen Massen in Deutschland und ebenso eine kolossale Unterschätzung der Werbekraft unseres sozialistischen Endziels, wenn man es so hinstellt, als wären es hauptsächlich diese winzigen positiven Errungenschaften, diese erbärmliche Sozialreform, womit wir die Anhängerschaft der proletarischen Massen bis jetzt erkauft haben. Womit haben wir denn die Massen unter dem Sozialistengesetz gewonnen, wo wir ihnen nichts bieten konnten, womit haben wir sie in Preußen gewonnen, wo wir überhaupt keinen Zutritt im Parlament bis jetzt hatten?! Und bedenken Sie, womit wir die Millionen unserer Anhänger in Zukunft festhalten und neue gewinnen, wenn, wie es sich aus der immer zunehmenden Verschärfung der politischen Gegensätze in Deutschland unabweisbar ergibt, die positiven Errungenschaften der Sozialreform immer weniger und nicht mehr möglich werden. (»Sehr gut!«) Bis jetzt haben wir das Vertrauen von Millionen nicht durch Trinkgelder und winzige Konzessiönchen erhalten, sondern durch unsere rücksichtslose Kritik alles Bestehenden und durch unser soziales Zukunftsideal. (Lebhafte Zustimmung.) Wohin man kommt, wenn man von diesem Wege abgeht, wenn man glaubt, die Massen nur durch positive Trinkgelder erkaufen zu können, das zeigen wiederum jene bürgerlichen Reformparteien und die Nationalsozialen an erster Stelle: Man kommt zum Schluss um das Vertrauen der Masse und um die Achtung der politischen Gegner, man gewinnt nichts, man verliert alles. Bürgerliche Reformpolitik, das war das Leitmotiv in allen Reden von dieser Seite. Und das andere Leitmotiv war: Wir fügen uns nicht, ihr könnt abstimmen, wie ihr wollt. Das heißt denn doch die Dinge ein wenig auf den Kopf stellen, wenn die Genossen Frank, Timm und Hildenbrand und ihre Gesinnungsgenossen sich hier als die Gekränkten, die Verfolgten, die man vergewaltigen will, hinstellen. Erinnern wir uns doch in aller Ruhe kurz, wie die Dinge lagen.

Die süddeutschen Parlamentarier haben entgegen allen Meinungsäußerungen der großen Mehrheit der Partei für das Budget gestimmt, obwohl sie vorher durch ihre Kollegen gewarnt waren, dass es einen Skandal gibt in der Partei. Sie haben der obersten Parteibehörde jede Auskunft über ihre Beschlüsse versagt (Widerspruch.), sie haben den Parteitag im Voraus eine Polizeikomödie genannt. (»Sehr richtig!«) Sie haben versucht, die süddeutschen Parteigenossen, unsere Brüder, zur Nichtbeschickung unseres Gesamtparteitages aufzustacheln. (»Sehr richtig!«) Und nach alledem wenden sie sich hier gegen eine Resolution, die in der ruhigsten und sachlichsten Weise (Lachen.) das knappste Minimum von dem sagt, was gerade notwendig ist, um den Standpunkt der Partei zu wahren. Alles Übrige wird mit dem Mantel der christlichen Liebe bedeckt, und dabei setzen sie uns noch die Pistole auf die Brust und drohen uns mit Uneinigkeit. Parteigenossen, eine Einigkeit, die dadurch erkauft ist, dass die Majorität einer demokratischen Partei sich ihres Grundrechts begibt, ihre Meinung zu formulieren und bindende Regeln für ihre sämtlichen Mitglieder auszusprechen, ist eine Illusion. Wir dürfen solchem Treiben nicht entgegenkommen, die Einigkeit im Innern muss gewahrt werden. Wir haben allen Grund, dieser für uns den politischen wie den organisatorischen Ruin bringenden Richtung endlich kräftig zuzurufen: Bis hierher und nicht weiter. (Lebhafter Beifall.)

Aus: Rosa Luxemburg:
Gesammelte Werke, Berlin 1970 ff., Bd. 2, S. 259–263

Hintergrund

Zum Zeitpunkt des Parteitages 1908 war es Konsens in der Sozialdemokratie, dass das Budget, der Staatshaushalt der »zusammengefasste Ausdruck des Klassenstaates ist«.[5] Daher sei der Staatshaushalt in der Endabstimmung als Demonstration der Opposition gegen diesen Klassenstaat abzulehnen. Die Parlamentarier[6] sollten, so der Konsens in der Partei, auf der einen Seite die prinzipiellen Positionen der Sozialdemokratie über die Parlamentstribüne in die Öffentlichkeit bringen, auf der anderen Seite die Rechte der »kleinen Leute« wirkungsvoll vertreten. Die Zustimmung zum Staatshaushalt musste also als Absage an diese Doppelfunktion, als Absage an die prinzipielle Opposition, verstanden werden. Ein durchgehendes Motiv der Diskussionsbeiträge auf dem Parteitag war die Frage nach der Einheit der Partei und, wenigstens implizit, die nach dem Preis dieser Einheit. Auch Kritiker*innen der Budgetzu-

5 Schwarz, Protokoll 1908, S. 353.

6 Da Frauen* weder über das aktive noch über das passive Wahlrecht verfügten, behalten wir hier die männliche* Form bei, auch bei Formulierungen wie Vertreter, Abgeordneter, Budgetbewilliger etc.

stimmung betonten, dass sie davon ausgingen, dass die Abgeordneten nicht bewusst gegen den Beschluss des Lübecker Parteitags von 1901 verstoßen hätten und diesen weiter anerkannten.

In der endgültigen Fassung lautete der von August Bebel eingebrachte Antrag (Antrag 110) folgendermaßen:

»In Erwägung,

dass die Einzelstaaten ebenso wie das Reich den Charakter des Klassenstaates tragen und der Arbeiterklasse die volle Gleichberechtigung nicht einräumen, sondern in ihrem Wesen als Organisation der herrschenden Klassen zur Aufrechterhaltung ihrer Herrschaft anzusehen sind,

spricht der Parteitag die Erwartung aus, dass die sozialdemokratischen Vertreter in den gesetzgebenden Körperschaften der Einzelstaaten sich in ihren Abstimmungen nicht in Widerspruch mit dem Parteiprogramm und den Grundsätzen des proletarischen Klassenkampfes setzen und insbesondere das Gesamtbudget normalerweise ablehnen.

Eine Zustimmung zu dem Budget kann nur ausnahmsweise aus zwingenden, in besonderen Verhältnissen liegenden Gründen gegeben werden.«[7]

Der Parteivorstand sah für die Zustimmung in Baden, Bayern und Württemberg keine »zwingenden Gründe«. Zwar kritisierten die Abgeordneten in den Parlamentsdebatten zu den einzelnen Teilen des Haushaltes die Regierung scharf (was auch vom Parteitag gewürdigt wurde), aber in der entscheidenden Schlussabstimmung unterstützten sie die Regierung. Sie waren der Auffassung, dass man den Wählern[8] nicht vermitteln könne, warum man auf der einen Seite im Haushalt durchaus einzelne soziale Verbesserungen durchsetzen konnte, aber dann gegen diesen Haushalt stimmt. Bebel und andere Redner*innen verwiesen demgegenüber darauf, dass selbst bürgerliche Parteien diese Abstimmung nutzten, um ihre Opposition zur jeweiligen Regierung zum Ausdruck bringen zu können. In einem Antrag an den Parteitag betonte der Parteivorstand die Gültigkeit des Beschlusses des Lübecker Parteitages von 1901:

»Resolution zur Budgetbewilligung

Der Parteitag bestätigt von Neuem die Resolutionen von Lübeck und Dresden, die aussprechen:

— dass der Staat, solange er sich in den Händen der besitzenden Klassen befindet, ein Organ der Klassenherrschaft darstellt und ein Mittel zur Niederhaltung der besitzlosen Volksmassen bildet,
— dass die politische Aufgabe des proletarischen Klassenkampfes die Eroberung der Staatsgewalt durch Überwindung der Gegner ist,
— dass jede Politik des Entgegenkommens an die bestehende Staats- und Gesellschaftsordnung abgelehnt werden muss.

7 Max Schwarz (Hrsg.): Protokoll über die Verhandlungen des Parteitages der Sozialdemokratischen Partei Deutschlands. Abgehalten zu Lübeck vom 22. bis 28. September 1901. Nachdr., Berlin 1980, S. 97–99.

8 Vgl. Anm. 6.

Als notwendige Folge dieser grundsätzlichen Auffassungen und angesichts der Tatsache, dass die Gesamtabstimmung über das Budget als Vertrauensvotum für die Regierung aufgefasst werden muss, ist jeder gegnerischen Regierung das Staatsbudget bei der Gesamtabstimmung zu verweigern, es sei denn, dass die Ablehnung desselben durch unsere Genossen die Annahme eines für die Arbeiterklasse ungünstigeren Budgets zur Folge haben würde.

Die Bewilligung des Budgets in den Landtagen von Württemberg, Baden und Bayern ist daher unvereinbar mit den Resolutionen von Lübeck und Dresden.

Die grundsätzliche Verweigerung des Budgets entspricht vollkommen der Klassenlage der besitzlosen Volksmassen, die eine unversöhnliche Opposition gegen die bestehende, dem Kapitalismus dienende Staatsgewalt notwendig macht.

Die arbeitenden Klassen immer wieder nachdrücklich darüber aufzuklären, ist eine unerlässliche Aufgabe unserer agitatorischen Arbeit.«[9]

Auch wenn der unmittelbare Anlass für den Auftritt Luxemburgs die Diskussion über das Verhalten der Landtagsfraktionen in Baden, Bayern und Württemberg in der Haushaltsdebatte war, ging es in der Kontroverse um grundlegende Fragen des Verhältnisses von Strategie und Taktik sowie von Mehrheit und Minderheit, von Mitgliedschaft, Wählern und Parlamentariern.

In einem schon fortgeschrittenen Stadium der Diskussion bemerkte ein Redner:

»Die ganze Debatte ist schon seit Langem über das Niveau hinausgewachsen, aus dem sie eigentlich hervorgegangen ist: Wir unterhalten uns schon zum größten Teil über die wichtigsten Grundfragen der Partei.«[10]

Nach einem Referat Bebels hatten die Vertreter der betroffenen Parlamentsfraktionen die Möglichkeit, zu der Kritik seitens des Parteivorstandes und von Teilen der Partei in zeitlich nicht begrenzten Beiträgen Stellung zu beziehen. Einig waren sie sich in der Ablehnung der Resolution, die vom Parteivorstand eingebracht worden war und die von den Fraktionen forderte, das Budget grundsätzlich immer abzulehnen. In ihren Reden forderten sie ein exklusives Recht über die Interpretation von Parteitagsbeschlüssen. Bemerkenswert ist, dass sie mit keinem Wort auf die nicht-parlamentarischen Formen politischen Handelns eingingen. Im Mittelpunkt stand für sie einzig und allein das Erringen von Verbesserungen für die Arbeiter*innen auf parlamentarischem Wege, so klein sie auch sein mögen. Das war für sie das entscheidende Argument für die Budgetbewilligung. Allerdings wurden diese Errungenschaften sehr einseitig dargestellt. Die später von Vertretern der Minderheiten in den Fraktionen dargestellte Widersprüchlichkeit im politischen Handeln des Staates, d. h. Tendenzen zur verstärkten Repression, Einschränkung sozialer Rechte, wurden nicht angeführt.

Die Bedeutung von Reformen und sozialen Verbesserungen wurde von keiner Seite unterschätzt oder gar geleugnet. Vielmehr standen hinter der

9 Schwarz, Protokoll 1908, S. 550.
10 Ebd., S. 355.

Kontroverse unterschiedliche Einschätzungen, erstens über die agitatorischen Auswirkungen der Zustimmung bzw. Ablehnung des Budgets, zweitens über die Tragweite von sozialen Reformen im bürgerlichen Staat, drittens über das Recht auf Kritik, den Charakter von Disziplin und innerparteiliche Demokratie.

Die Position des Parteivorstandes wurde offensichtlich von einer Mehrheit in der Partei getragen. Die dem Parteitag in dieser Sache vorliegenden Anträge verurteilten das Handeln der drei Landtagsfraktionen.[11] Der Vertreter der württembergischen Fraktion Hildenbrand reagierte darauf mit einer unverhohlenen Drohung:

»Ich habe keinen Auftrag, Ihnen zu sagen, was wir tun, wenn sie von Ihrer Mehrheit Gebrauch machen; aber ich für meine Person kann Ihnen sagen, nehmen Sie die Resolution an, so haben Sie uns damit nicht von der Pflicht, bei jeder nächstjährigen Budgetberatung zu überlegen, ob es das Interesse der Partei, das Interesse der Arbeiter und das Ansehen der Partei fordert, dagegen oder dafür zu stimmen.« Und er setzt fort: »Also nehmen Sie unsere Äußerungen nicht als Drohung, als eine Absicht zur Spaltung der Partei, aber erkennen Sie daraus, dass wir überzeugt sind, dass Sie versuchen, uns in unserer Stellung, in unserer politischen Ehre zu kränken, und das sollten Sie nicht tun, im Interesse der Einigkeit, im Interesse der Geschlossenheit.«[12]

Natürlich war das eine deutliche Drohung; und diese Drohung prägte die gesamte Debatte. In der öffentlichen Wahrnehmung spielten die Landtagsabgeordneten eine überragende Rolle. Ein Agieren gegen die Partei hätte dieser mit Sicherheit schweren Schaden zugefügt.

Einer der Vorwürfe seitens der Budgetbewilliger an ihre Kritiker*innen war, dass der Rest der Partei und der Parteivorstand die Fühlung zur Realität verloren habe. Freilich verwies schon Bebel in seinem Referat darauf, dass die Realität bedeutend widersprüchlicher sei als sie von den Abgeordneten dargestellt werde. Die Erfolge, die durch die parlamentarische Arbeit erreicht würden, würden immer wieder durch das Handeln von Staat und Unternehmern nicht nur infrage gestellt, sondern auch zurückgedrängt.

Ein weiterer Vorwurf war, dass die Kritiker*innen der Entscheidungen der Landtagsfraktionen keine Verantwortung tragen würden:

»Die Leute, die auch wieder den Budgetkrakel auf dem Gewissen haben, sind zum großen Teil Leute, die noch niemals daran gewöhnt waren, für ihre Tätigkeit innerhalb der Partei eine Verantwortung zu tragen, und das beleidigt uns, … Dass der Parteivorstand nicht imstande ist, zu verhüten, dass all diese Kämpfe in erster Linie von Leuten veranlasst werden, die gar nicht in die Lage kommen können und wollen, dieselbe Verantwortung wie wir zu übernehmen und dann auch die Konsequenzen aus solchen Beschlüssen zu tragen.«[13]

Mehrfach wurde dieser Vorwurf von der Unterstellung begleitet, dass die Kritiker*innen der süddeutschen Entscheidungen weltfremde Theorie betreiben würden.

---

11 Anträge 74–85; vgl. Schwarz, Protokoll 1908, S. 180–182.

12 Ebd., S. 334.

13 Ebd., S. 333.

Eduard David
(1863–1930)

... trat der SPD 1893 bei und verlor daraufhin seine Arbeit als Lehrer. Er war dann als Redakteur, später im Parteiapparat tätig und wurde Landtagsabgeordneter in Hessen, dann Mitglied des Reichstags. Er gehörte zu den konsequentesten Anhängern Bernsteins und war führend an der Herausgabe der *Sozialistischen Monatshefte,* des wichtigsten Organs der bernsteinschen Richtung, beteiligt. In seinen Kriegstagebüchern* wird deutlich, wie sehr er Luxemburg und ihr Umfeld gehasst haben muss. Schon ab 1914 versuchte er, die Gegner des Kurses des Parteivorstandes zum Verlassen der Partei zu provozieren.

»Der ganze Zwist entspringt dem Widerspruch zwischen langjähriger parlamentarischer Praxis und weltfremder Theorie (›Sehr richtig!‹) Und es wird nicht zur Einigung kommen, solange sie der weltfremden Theorie größeres Gewicht beilegen als der Praxis.«[14]

Dabei dürfte der Redner Eduard David Rosa Luxemburg als eine der wichtigsten Kontrahent*innen im Blick gehabt haben.

Dass es sich bei dem Verhalten der Fraktionsmehrheiten nicht einfach nur um eine Erwägung der Zweckmäßigkeit der einen oder anderen Entscheidung handelte, betonte ein bayerischer Abgeordneter, der die Position der Mehrheit seiner Fraktion nicht teilte:

»Sechs Wochen vor der Budgetabstimmung fand der bayerische Parteitag statt und hier wurde von keinem Delegierten die Budgetfrage erwähnt (Lebhaftes ›Hört! Hört!‹). Dass die Genossen sich jetzt hinter ihre Abgeordneten stellen, ist erklärlich, aber geschoben haben Sie uns nicht. Ja, ich wage zu behaupten, dass, wenn wir gegen das Budget gestimmt hätten, nicht ein einziger Widerspruch bei der Berichterstattung in den Versammlungen laut geworden wäre.«[15]

Natürlich wurde von den Budgetbefürwortern nicht offen gesagt, dass sie die nicht-parlamentarische Arbeit für untergeordnet hielten. Es wurde auch nicht offen gesagt, dass sie ihre Rolle als die dominierende betrachteten. Dies kam in den Reden indirekt zum Ausdruck. In allen Reden der Unterstützer der Budgetbewilligung fehlte jeder Ansatz, der auf ein gleichberechtigtes Handeln von Partei und Fraktionen orientiert hätte. Im Zentrum standen das Beleidigtsein (mangelndes Vertrauen, gekränkte Ehre), die faktische Ausschließlichkeit von Kriterien des Parlamentarischen im Handeln der Partei (Autonomie gegenüber Parteibeschlüssen) und die Reduktion sozialdemokratischer Politik auf soziale Verbesserungen. Die Erweiterung der Handlungsspielräume, genauer der politischen Handlungsspielräume, für die Arbeiter*innenklasse spielte keine Rolle. Die Beschränkung der innerparteilichen Demokratie, wie sie in der Missachtung von Programmatik und Parteitag deutlich wurde, und die Verschiebung des Ziels sozialdemokratischer Politik in den Bereich der Reformen fallen hier

14 Ebd., S. 370.
15 Ebd., S. 335.

unmissverständlich zusammen. Hinzu kamen, wie sich dann in den Ausführungen der Vertreter der Minderheiten in den Fraktionen zeigte, fragwürdige Praxen der Entscheidungsfindung durch die Mehrheit.[16] Im Falle Badens waren fünf von zwölf Abgeordneten gegen die Zustimmung zum Budget.[17] Es wurde auch darauf hingewiesen, dass die Tragfähigkeit des Lübecker Beschlusses unter den Abgeordneten schon längere Zeit bezweifelt wurde und daher immer die Möglichkeit bestanden habe, dieses Problem auf einem Parteitag zu diskutieren.[18]

Obwohl der Antrag des Parteivorstandes als »Resolution zur Budgetbewilligung« mit 258 zu 119 Stimmen angenommen wurde, erklärten 66 Delegierte aus Baden, Bayern, Hessen und Württemberg, dass sie zwar dem Parteitag das Recht zubilligten, derartige Beschlüsse zu fassen, allerdings darauf bestünden, in Budgetfragen allein den Landtagsfraktionen das Entscheidungsrecht zuzugestehen.[19]

Damit war klar, dass die Auseinandersetzungen um das Verhältnis von Partei und Fraktionen weitergehen würden ...

16 Ebd., S. 339–340.
17 Ebd., S. 339.
18 Ebd., S. 340.
19 Ebd., S. 426.

Wo endet Loyalität?

Rosa Luxemburg hatte in mehreren Artikeln die Art und Weise scharf kritisiert, wie der SPD-Parteivorstand auf die sogenannte Marokkokrise 1911 als Ausdruck der Auseinandersetzungen zwischen den Kolonialmächten Deutschland, Frankreich und Großbritannien reagierte. Obwohl die Sozialdemokraten Frankreichs, Englands und Spaniens bereits kurz nach Beginn der Krise Proteste organisierten, verstrich ein Monat, bis auch die deutsche Sozialdemokratie entsprechende Aktionen startete. Für ihre Kritik nutzte Luxemburg einen Brief von Hermann Molkenbuhr. Das Parteivorstandsmitglied hatte sich darin wegen der bevorstehenden Reichstagswahlen gegen ein starkes Engagement der Partei in dieser Krise ausgesprochen. Aus ihrer Sicht war das, obwohl als »private« Meinung deklariert, eine schlüssige Erklärung für das Zögern des Parteivorstandes, die Mitgliedschaft für Aktionen gegen den drohenden Krieg zu aktivieren. Daraufhin wurde ihr vonseiten des Parteivorstands Illoyalität vorgeworfen. Luxemburg nutzte in ihrer Erwiderung auf dem Jenaer Parteitag 1911 die Gelegenheit, um ihr Verständnis von der Rolle des Vorstandes und dessen Verantwortung darzustellen.

Rede gegen die Passivität des Parteivorstandes in der Marokkokrise — 1911

Sie werden alle die kleine Schrift des Parteivorstandes erhalten haben, die sich speziell gegen meine Person richtet.[1] Diese Schrift enthält eine Reihe schärfster Angriffe. Sie werden mir zugeben, dass die Verbreitung dieser Schrift von der höchsten Parteibehörde aus ein etwas ungewöhnliches Vorgehen ist. Ich schließe daraus auf eine ungewöhnliche Geistesverfassung unserer Parteiväter. (Oho-Rufe.) Ich finde eine Bestätigung dieser ungewöhnlichen Geistesverfassung in dem Inhalt der Schrift selbst. Denn das Erste, was nach einer aufmerksamen Lektüre dieser Schrift in die Augen springt, ist, dass meine Ankläger sich in der Eile des Gefechts nicht einmal Zeit und Mühe genommen haben, das infrage stehende Objekt, das *Corpus Delicti,* durchzulesen. Wenn Sie den Artikel der *Leipziger Volkszeitung*[2] durchgelesen hätten, so könnten Sie unmöglich alle die Angriffe

1 Rosa Luxemburg: Zur Marokkofrage. o. O. u. J.
2 Rosa Luxemburg: Um Marokko, in: GW, Bd. 3, S. 5–11.

erheben, wie Sie es getan haben. Ich werde sie der Reihe nach Punkt für Punkt widerlegen. Der erste Vorwurf, der mir gemacht wird, ist der: »Weiter ließ sich die Genossin Luxemburg auch eine grobe Irreführung der Genossen zuschulden kommen, als sie den Brief des Genossen Molkenbuhr mit Weglassung des Anfangssatzes veröffentlichte und berichtete, der Brief enthalte offenbar die Meinung des Parteivorstandes.«[3]

Es war also »eine grobe Irreführung« von mir, dass ich der Partei den Anfangssatz des Briefes Molkenbuhrs unterschlagen habe, worin klipp und klar gesagt wird, dass es sich nur um die Privatmeinung Molkenbuhrs handle und nicht um die Ansicht des Parteivorstandes. Sehen Sie nun nach, was in meinem Artikel »Um Marokko« am 24. Juli in der *Leipziger Volkszeitung* stand. Da hieß es: »Nur bei dem deutschen Parteivorstand fand die Anregung keine besondere Gegenliebe. Die Antwort wurde zwar nur von einem Mitglied des Parteivorstands als seine Privatmeinung mitgeteilt, doch haben sich offenbar die übrigen Mitglieder derselben angeschlossen, denn eine weitere Kundgebung von dieser Seite erfolgte nicht.«[4] Es ist also klipp und klar von mir gesagt worden, dass es sich nur um die Privatmeinung eines Vorstandsmitgliedes handelte, und die Behauptung des Parteivorstandes, ich hätte durch die Unterschlagung dieses Satzes mich einer groben Irreführung schuldig gemacht, ist eine Handlung, die ich vor lauter Verehrung vor unserer obersten Parteibehörde nicht näher bezeichnen will.

Hermann Molkenbuhr
(1851–1927)

… gehörte zu der Gründer*innengeneration der deutschen Sozialdemokratie. Im Jahr 1872 trat er dem ADAV bei. Wegen seiner politischen Arbeit musste er in der Zeit des Sozialistengesetzes in die USA emigrieren und war danach längere Zeit im Gefängnis. Ab 1890 war Molkenbuhr Mitglied des Reichstages. Schwerpunkt seiner Tätigkeit war die Sozialpolitik. Er lehnte antimilitaristische Position ab und war einer der entscheidenden Organisatoren* bei der Vorbereitung der Zustimmung der Reichstagsfraktion zu den Kriegskrediten 1914.

Zweite Tatsache: Die Genossin Luxemburg unterschlug »die Tatsache, dass auch der Genosse Bebel sich zu der Frage der Konferenz geäußert habe, und zwar, wie seine oben abgedruckten Briefe zeigen – die der Genossin Luxemburg bekannt waren –, im zustimmenden Sinne.«[5] Also in zustimmendem Sinne zu dem Vorschlag, eine Sitzung des Internatio-

3 Luxemburg, Zur Marokkofrage, S. 7.
4 Luxemburg, Um Marokko, S. 5–6.
5 Ebd., S. 7.

nalen Büros wegen der Marokkofrage abzuhalten. Wir haben die Anschuldigung gehört: Ich »unterschlug« die Tatsache, dass Genosse Bebel sich zu der Frage geäußert, und zwar in zustimmendem Sinne geäußert hat. Was steht nun in meinem Artikel? »Das deutsche Mitglied des Internationalen Büros erklärte gleichfalls zunächst die Konferenz für nicht empfehlenswert, und die geplante Zusammenkunft unterblieb aus diesem Grunde.«[6]

Ich habe also die Tatsache angeführt, allerdings ohne den Namen des Genossen Bebel zu nennen, wie ich überhaupt keine Namen genannt habe. Ich habe also die Tatsache nicht nur nicht »unterschlagen«, sondern sie selbst ausdrücklich angeführt. Aber ich habe nicht angeführt, dass Bebel sich zustimmend geäußert hat. Wir wollen sehen, was Genosse Bebel selbst geschrieben hat. Es sind zwei Briefe von ihm vorhanden. In dem ersten heißt es: »Wie ich vernehme, soll in Bälde eine Konferenz des Internationalen Sozialistischen Büros in Sachen der Marokkoaffäre stattfinden. Ich beabsichtige, wenn irgend möglich, an der Konferenz teilzunehmen.«[7] Dieser Brief ist vom 10. Juli. Es folgt aber dann am 12. Juli, also zwei Tage nach dem Briefe Molkenbuhrs, ein zweiter Brief, worin es heißt: »Werter Genosse! Die Marokkoaffäre hat neuerdings einen Charakter angenommen, dass mir zunächst eine Konferenz des Internationalen Sozialistischen Büros nicht empfehlenswert erscheint.«[8]

Diese Erklärung soll jetzt, wie der Parteivorstand sagt, in zustimmendem Sinne aufgefasst sein. Wenn mich meine Augen nicht trügen, so ist das ein ablehnender Sinn, aber ich wage nie, wenn der Parteivorstand etwas behauptet, es nicht zu glauben, da für mich als ein frommes Parteimitglied der alte Satz gilt: Wenn der Parteivorstand geredet hat: *Credo quia absurdum* – ich glaube, weil es absurd ist. (Heiterkeit.) Die dritte Behauptung ist, dass ich überhaupt den Brief des Genossen Molkenbuhr an das Internationale Büro veröffentlicht habe. Damit hätte ich mich einer groben Indiskretion schuldig gemacht. (Bebel: »Diese Meinung hat auch das Internationale Büro.«) Nun, im Eingang des Briefes des Genossen Molkenbuhr, der in der uns vorgelegten Korrespondenz abgedruckt ist, steht folgender einleitender Satz: »Vorläufig will ich meine *persönliche* Ansicht mitteilen, die ich auch am Dienstag in einer Versammlung ausgesprochen habe.«[9] (»Hört! Hört!«) Es war also eine so hoch sekrete Sache, dass sie Molkenbuhr vor versammeltem Volke in Berlin erzählt hat. Es wird weiter in der Schrift des Parteivorstandes zur Begründung gesagt: »Sollen solche Verhandlungen zu einem gedeihlichen Abschluss führen, so ist Diskretion eine Ehrensache für alle Betei-

6 Luxemburg, Um Marokko, S. 6.
7 Luxemburg, Zur Marokkofrage, S. 5.
8 Ebd.
9 Ebd., S. 2.

ligten«,[10] und »diese Korrespondenz unter den Mitgliedern des Internationalen Sozialistischen Büros, die eine Verständigung bezweckte, war daher ihrer Natur nach streng vertraulich«.[11] Man könnte meinen, ich hätte durch Veröffentlichung des Briefes von Molkenbuhr etwa die Verständigung des Internationalen Büros, die zu einem gedeihlichen Ende führen sollte, verhindert. Die Korrespondenz mit dem Internationalen Büro war abgeschlossen am 12. Juli, mein Artikel erschien am 24. Juli, reichlich 12 Tage später, und die große Aktion war längst abgeschlossen und leider nicht zu einem gedeihlichen Ende geführt. Gerade deshalb ist es notwendig, auf die Frage einzugehen; war es denn nötig, sie zu diesem ungedeihlichen Ende zu führen, oder hätte man ihr noch eine andere Wendung geben sollen? Ich bestreite überhaupt nicht nur die Tatsache, dass es irgendwie eine Indiskretion eines Parteimitgliedes ist, sich in der Öffentlichkeit kritisch mit den Handlungen des Parteivorstandes im Interesse der Partei zu befassen in Fragen, die die Lebensinteressen der Gesamtpartei berühren, sondern ich gehe weiter und sage: Der Parteivorstand hat sich einer Unterlassung seiner Pflicht schuldig gemacht, da er nicht selbst an uns herangetreten ist. Es war seine Pflicht, seine Korrespondenz zu veröffentlichen und der Kritik der Partei zu unterbreiten. Denn, ganz offen, es handelt sich doch nicht um Formalitäten, sondern um die große Frage, ob sich der Parteivorstand einer Unterlassungssünde schuldig gemacht hat oder nicht (Heiterkeit.), ob er sich verspätet hat mit dem Auftrage, große Protestaktionen gegen den Imperialismus zu veranstalten, oder nicht. Man sagt, ich hätte die Partei irregeführt, indem ich die Auffassung Molkenbuhrs als die Auffassung des Parteivorstandes ausgegeben hätte. Wenn die Auffassung Molkenbuhrs nicht die des Vorstandes war, ich nehme es nach der Erklärung an, dann frage ich, welche andere Auffassung hat euch dazu geführt, dass ihr nichts getan habt in der Zwischenzeit, wo etwas getan werden sollte? (»Sehr richtig!«) Rückt doch mit dem holden Geheimnis heraus, die vorgelegte Korrespondenz enthält nicht ein Wort einer anderen Erklärung. (Bebel: »Mit dieser Schrift haben wir gar keine Erklärung abgegeben.«) Meine große Sünde ist also, dass ich eine vielleicht verfehlte, aber an sich denkbare Auffassung zur Erklärung herangezogen habe, aus der ich mir die Handlungen respektive Unterlassungen des Parteivorstandes begreiflich zu machen suchte. Der Parteivorstand fühlt sich verletzt und indigniert, er gibt aber nicht die geringste Erklärung ab, weshalb er nichts getan hat. Überhaupt der Natur nach schließt diese ganze Angelegenheit jeden Begriff von Indiskretion aus. (Zustimmung und Widerspruch.) Der Parteivorstand ist nichts anderes als unser Beauftragter, er handelt für uns

10 Ebd., S. 7.
11 Vgl. ebd., S. 6.

in unserem Namen, und wenn wir ihm sagen, er hat nicht das Richtige getan, dann steht es ihm nicht zu, zu sagen: Das ist unsere diskrete Angelegenheit, mischt euch nicht ein. Und war es denn so unwahrscheinlich, anzunehmen, dass der Parteivorstand hier aus falschen Rücksichten auf die Reichstagswahlen sich von einer wirklichen Aktion hat zurückhalten lassen? Ist es das erste Mal, dass wir eine solche Angelegenheit diskutieren? Ich bitte Sie, das Protokoll des Mainzer Parteitages nachzulesen. Damals standen wir mitten in der Chinakrisis, auch damals hatte der Parteivorstand nicht im richtigen Moment die richtige Aktion hervorgerufen.[12] Ist es denn so unwahrscheinlich, anzunehmen, dass er mit Rücksicht auf die Reichstagswahlen auch diesmal die Aktion unterlassen hat? Hört man denn nicht seit Jahr und Tag auf Schritt und Tritt die Rücksicht auf die Reichstagswahlen als Grund für alles, was getan und unterlassen wird? Sogar der *Vorwärts* hat sich genötigt gesehen, dem Parteivorstand einen kritischen Vorwurf daraus zu machen, dass er sich zu sehr von Rücksichten auf die Reichstagswahlen leiten lässt. Ich würde Ihnen gern das Zitat verlesen, aber ich habe die Nummer des *Vorwärts* nicht hier, ich habe sie mir einrahmen lassen. (Heiterkeit.) Wenn der Vorstand nicht zugeben will, dass er eine Unterlassungssünde begangen hat, so haben doch die folgenden Tatsachen bewiesen, wie angebracht die Kritik war. Nicht nur, dass unsere Protestaktion sich verspätet hat, sind wir auch in eine ganz schiefe Lage gegenüber der Internationale geraten. (Lebhafter Widerspruch von Bebel.) Jawohl, in Berlin haben wir gefeiert als Vertreter des französischen Proletariats Syndikalisten, mit denen wir politisch nichts zu tun haben, und in Paris haben wir zusammen mit den Syndikalisten protestiert, und wir haben durch unsere Ungeschicklichkeit ausgeschaltet die berufenen Vertreter des Proletariats, mit denen wir fraternisieren sollten.[13] Das lässt sich nicht bestreiten, und ich muss mich wundern, dass der Parteivorstand, der ein so langes Sündenregister hat, hier mit Anklagen auftritt. (Lachen.) Eine Körperschaft, die so von Natur aus der Kritik ausgesetzt ist, sollte sich doch sehr hüten, ihren Kritikern den Vorwurf der Illoyalität zu machen. Im Gegenteil. Ich, die ich unseren Parteivorstand ja kenne, bin sehr weit entfernt von irgend

12 Im Jahre 1900 brach in China der Aufstand der Ihotuan (früher als »Boxeraufstand« bezeichnet) aus. Er richtete sich gegen die Politik der imperialistischen Mächte und den wachsenden westlichen Einfluss im Lande. Im Zuge des Aufstandes wurden Ausländer*innen und chinesische Christ*innen ermordet. Das wurde von acht Staaten (Deutsches Reich, Frankreich, Großbritannien, Italien, Japan, Österreich-Ungarn, Russland, USA) zum Anlass für eine Intervention genommen, die mit großer Grausamkeit und unter Missachtung des Völkerrechts vorangetrieben wurde. Bei der Verabschiedung der deutschen Truppen hielt Kaiser Wilhelm II. seine berüchtigte »Hunnenrede«, in der er aufforderte, mit größter Brutalität vorzugehen und keine Gefangenen zu machen.

13 Luxemburg bezieht sich auf diese Veranstaltungen, weil zwar Gewerkschafter*innen, aber keine Vertreter*innen der französischen Sozialdemokratie beteiligt waren, mit der die SPD in der II. Internationale verbunden war.

solchen falschen Auffassungen oder Missdeutungen, aber unsere Gegner könnten vielleicht auf die Idee kommen, dass dieser ganze große Donner und Blitz nur den Zweck hatte, abzulenken von den wirklichen Fragen, von der Frage, warum der Parteivorstand nicht auf der Höhe der Aufgaben war in der Aktion gegen den Imperialismus.

Vorsitzender Dietz: Die Redezeit ist längst zu Ende, ich habe Ihnen reichlich Zeit gelassen.

Ja, ich verteidige mich doch gegen solche Vorwürfe, dass ich glaube, Sie müssten mir noch ein paar Minuten schenken. (Bebel: »Dann müssen aber auch alle anderen dies Recht haben!«) Nun, dann will ich schließen. Ich wollte sagen, dass in der ganzen Marokkoangelegenheit der Parteivorstand nicht der Ankläger ist, sondern er ist derjenige, der sich vor allem vor uns verantworten muss für seine Unterlassungssünden. (»Sehr richtig!«) In einer wie unangenehmen Situation er war, das beweist ja am besten der Bericht des Genossen Müller. In meinem Leben habe ich noch nicht ein Bild einer so rührenden Hilflosigkeit gesehen. (Lachen. Bebel ruft: »Na, na!«) Deshalb nehme ich eure Anschuldigungen nicht krumm, ich verzeihe euch und gebe euch den väterlichen Rat (Bebel: »Den mütterlichen Rat.« Große Heiterkeit.): Bessert euch! (Lebhafter Beifall und Widerspruch.)

Aus: Rosa Luxemburg:
Gesammelte Werke, Berlin 1970 ff., Bd. 3, S. 48–53

Hintergrund

Ende Juni 1911 entsandte die Reichsregierung das Kriegsschiff Panther nach Marokko, um unter dem Vorwand des Schutzes deutscher Unternehmer Frankreich zu zwingen, den kolonialen Ambitionen Deutschlands entgegenzukommen. Nun wäre zu erwarten gewesen, dass die SPD sofort zu Antikriegsaktionen aufgerufen hätte. Das passierte nicht. Rosa Luxemburg war darüber empört und publizierte im Juli und August 1911 in der *Leipziger Volkszeitung* eine Reihe von Artikeln, in denen sie die Untätigkeit des Parteivorstandes scharf kritisierte, die Interessenlage der beteiligten Seiten analysierte und die Gefährlichkeit der Situation betonte.

Die Äußerungen führender sozialdemokratischer Politiker*innen zur Außen- und Kolonialpolitik waren oft nicht eindeutig. Diese Unentschiedenheit wurde durch eine reichhaltige Antikriegsrhetorik überdeckt. Auf der einen Seite wurde die Gewalt gegenüber den »Eingeborenen«[14] verurteilt,

14 Triggerwarnung: Hier und im Folgenden werden Äußerungen zitiert, in denen Schwarze Menschen auf rassistische Weise tituliert werden. Wir haben uns entschieden, die Zitate abzudrucken, da sie zeigen, in welcher Weise über PoC (People of Colour) und koloniale Verbrechen gesprochen wurde. Wir sind uns im Klaren, dass diese Zitate Gewalt sind und Gewalt reproduzieren, dass sie vor allem von Rassismus betroffene Menschen verletzen

Max Schippel
(1859–1928)

... war seit 1886 Mitglied der SPD und arbeitete als Redakteur verschiedener Presseorgane der Partei. Er vertrat in der Militär- und Kolonialpolitik einen regierungsfreundlichen Kurs. Nach harter Kritik an seinen Positionen zog er sich aus der unmittelbaren Parteiarbeit zurück und machte Karriere in den Gewerkschaften, nach 1918 in der sächsischen Landesverwaltung und dann als Professor an der Technischen Hochschule in Dresden.

auf der anderen Seite wurde die Kolonisation als zivilisatorische Mission verstanden. Ein Teil der sozialdemokratischen Intellektuellen betonte die Rolle der Kolonien als Rohstofflieferanten und verband dies mit einem vorgeblichen Recht Deutschlands auf gleichberechtigten Zugang zu Kolonien.

Max Schippel als einer der Vertreter der kolonialfreundlichen Gruppierung schrieb schon 1908:

»Sollen und dürfen Völker und Völkersplitter des europäischen Kulturkreises Indianer, Australneger, Hottentotten und Kaffern von ihrem Jagd- und Weideland verdrängen und an deren Stelle europäische Ackerbauern und Viehzüchter setzen? Hier, ausschließlich hier, fällt die prinzipielle Entscheidung über die Politik der Siedlungskolonisation. Diese prinzipielle Entscheidung muss offenbar in ganz derselben Weise für oder gegen lauten [...] Und über diese allgemeine und prinzipielle Stellungnahme bedarf es jetzt, nach den eigenen unvorsichtigen und verlegenen Zugeständnissen der prinzipiellen Kolonialgegner keines weiteren Wortes mehr: Hier handelt es sich, wie Genosse Kautsky so schön sagt, um ›eine der mächtigsten Triebkräfte der Entfaltung der allgemeinen Produktivkraft der Menschheit [...] Gegen diese Art Kolonialpolitik dürfen wir uns sicher nicht ablehnend verhalten.‹«[15]

Wenn man diesen Hintergrund in Rechnung stellt, war das zögerliche Agieren des Parteivorstandes in der Marokkokrise ein Zeichen von tiefer liegenden und grundsätzlichen Problemen.

Marokko war bereits Anfang des 20. Jahrhunderts zu einem Gegenstand der Interessengegensätze zwischen Frankreich und Deutschland geworden. Kurz gesagt ging es Deutschland darum, Frankreich militärisch so unter Druck zu setzen, dass seine kolonialen Ambitionen in Afrika durch den Austausch von Gebieten besser gewahrt werden konnten. Großbritan-

und vorausgegangene Verletzungen wiederholen. Für mehr Informationen zu rassismuskritischer Sprache und kolonialem Erbe in der deutschen Sprache vgl. Susan Arndt/Antje Hornscheidt (Hrsg.): Afrika und die deutsche Sprache – Ein kritisches Nachschlagewerk. Münster 2009; dies./Nadja Ofuatey-Alazard (Hrsg.): Wie Rassismus aus Wörtern spricht. (K) Erben des Kolonialismus im Wissensarchiv deutsche Sprache – Ein kritisches Nachschlagewerk, Münster 2011.

15 Max Schippel: Kolonialpolitik, in: Sozialistische Monatshefte, Vol. 12=14 (1/1908), S. 3–10, hier: S. 10.

nien unterstützte die Position Frankreichs, sodass die deutsche Politik Europa 1911 an den Rand eines Krieges zwischen Frankreich und Großbritannien auf der einen und Deutschland auf der anderen Seite brachte. Allerdings hatte keine der beteiligten Seiten zu diesem Zeitpunkt ein Interesse daran, dass es tatsächlich zu einem Krieg kam. Davon abgesehen waren es in erster Linie die Marokkaner*innen, die Opfer dieser Machtkämpfe waren. Die Krise wurde durch Geheimverhandlungen zwischen Frankreich und Deutschland beigelegt. August Bebel hatte über seine Verbindungen erfahren, dass in London kein Interesse an einem Krieg bestand. Daher sprach er sich gegen eine internationale Konferenz der Sozialdemokratischen Parteien zur Marokkokrise aus. Allerdings wurde der Hintergrund dieser Entscheidung auch nicht öffentlich gemacht. In gewisser Weise fand die Geheimdiplomatie der imperialistischen Mächte ihre Entsprechung in der Verschleppung von Widerstandsaktionen seitens der Führung der deutschen Sozialdemokratie.

Das stand in völligem Gegensatz zu Luxemburgs Politikauffassung. Durch die Aktion der Sozialdemokratie sollte die Geheimdiplomatie der Regierungen in diesem Konflikt öffentlich gemacht werden. Um den Parteivorstand unter Druck zu setzen, nutzte sie einen Brief, den Hermann Molkenbuhr, Mitglied des Parteivorstandes, an das Internationale Sozialistische Büro, die Koordinierungsstelle der sozialdemokratischen Parteien, geschickt hatte. Hier begründete er die Inaktivität der SPD mit den bevorstehenden Reichstagswahlen.

Indem Luxemburg den unauflöslichen Zusammenhang von Innen- und Außenpolitik hervorhob, kritisierte sie sowohl die Inaktivität des Parteivorstandes, als auch die unentschiedene Haltung zur Außen- und Kolonialpolitik in der Partei. Indem sie das Agieren (oder eben Nichtagieren) des Parteivorstandes verurteilte, stellte sie den ideologisch-politischen Hintergrund dieser Entscheidung infrage. Sie bestand auf Transparenz in den Entscheidungsprozessen in der Partei und auf der Wahrung des antimilitaristischen Profils als Kernelement sozialdemokratischer Politik. Die von ihr erhobene Forderung nach weitestgehender Transparenz in den Entscheidungsprozessen des Parteivorstandes verwies auf die Verknüpfung von innerparteilicher Demokratie und den konkreten Inhalten politischer Standpunktbildung. Aus dem »Wie« der Politik, der Organisationsweise, erwuchsen bestimmte Ziele bzw. würde das Erreichen bestimmter Ziele möglich oder unmöglich gemacht. Die Transparenz von Entscheidungsprozessen sei in diesem Falle Voraussetzung dafür, dass die Massen sich emanzipieren können, d. h. dass sie aktiv in das politische Geschehen eingreifen, in dieser Aktion lernen, die Natur der Gesellschaft verstehen können, in der sie leben, und Grundlagen geschaffen werden für die Überwindung dieser Gesellschaft. Sie sei die Voraussetzung dafür, dass die Mitglieder der Partei an der Bestimmung von Strategie und Taktik mitentscheiden und sie sich zu eigen machen könnten.

Dieser Zusammenhang interessierte den Parteivorstand nicht. Im Bericht des Parteivorstandes heißt es:

Georg Theodor Ledebour
(1850–1947)

... begann sein politisches und journalistisches Wirken als liberaler Demokrat. 1890 trat er in die SPD ein. Er gehörte zum linken Flügel der Sozialdemokratie und vertrat konsequent antimilitaristische, antikoloniale und demokratische Positionen. Stärker als etwa Luxemburg war er an parlamentarische Logiken gebunden. Deshalb lehnte er verschiedene ihrer Auffassungen ab. Trotzdem wurde er einer der Führer*innen des sogenannten Spartakusaufstandes* im Januar 1919, den Luxemburg ablehnte. Ledebour gehörte zu den Gründer*innen der USPD und war bis zu seiner Flucht aus Deutschland 1933 in kleineren linkssozialdemokratischen Parteien zwischen SPD und KPD aktiv.

»Wir können nicht zugeben, dass wir in den letzten Jahren irgendetwas versäumt haben, was zur Ausbreitung unserer Parteigrundsätze geschehen musste.«[16]

Diese Selbstgefälligkeit stieß bei einigen Delegierten auf harsche Kritik. Ledebour, seinen eigenen Worten nach oft Kontrahent Luxemburgs, erklärte, »dass, wenn es überhaupt jetzt in Deutschland zu großen Aktionen [...] gegen den Krieg und die Kriegshetzer gekommen ist, nicht Müller [Berichterstatter des Parteivorstandes], der hier den Glorienschein auf sich und seine Genossen herabzuwinden sucht, das Hauptverdienst daran hat, sondern die Genossin Luxemburg durch ihre Kritik«.[17] Das Protokoll vermerkte an dieser Stelle »Heiterkeit bei den Mitgliedern des Parteivorstandes«.

Ein Zeitzeuge beschrieb die Atmosphäre des Parteitages so:

»In jeder Rede, die dort gehalten wurde, war die korrumpierende Wirkung des Parlamentarismus zu spüren. Doch die deutsche Sozialdemokratie täusche sich nicht über die Folgen dieser Taktik! In Jena mussten die Ehrlichen, die Luxemburg, Liebknecht, wollten sie nicht als Krakeeler und ›Anarcho-Syndikalisten‹ verschrien werden, resignieren. Die Zukunft aber wird ihnen recht geben. Die Zukunft wird zeigen, dass eine sozialistische Partei verloren ist, wenn sie unwahrhaftig wird. Das Jena, das die Ehrlichkeit jetzt erlitt, wird zum Jena der deutschen Sozialdemokratie werden.«[18]

Ehrlichkeit und Wahrhaftigkeit als Offenheit gegenüber den Mitgliedern, Kritikfähigkeit und gegenseitige Anregung beider Seiten zur Aktion setzte freilich, und das wusste auch Luxemburg, eine aktive Mitgliedschaft voraus:

»Aber der idealste Parteivorstand wird nichts ausrichten können, wird unwillkürlich im bürokratischen Schlendrian versinken, wenn die

16 Max Schwarz (Hrsg.): Protokoll über die Verhandlungen des Parteitages der Sozialdemokratischen Partei Deutschlands 1911. Abgehalten in Jena vom 10. bis 16. September 1911. Nachdr., Berlin 1984, S. 198.

17 Ebd., S. 212.

18 Zit. nach Annelies Laschitza: Rosa Luxemburg. Im Lebensrausch, trotz alledem. Eine Biographie, Berlin 2010, S. 390–391.

natürliche Quelle seiner Tatkraft, der Wille der Partei, sich nicht bemerkbar macht, wenn der kritische Gedanke, die eigene Initiative der Parteimassen schläft.«[19] Sie forderte von den Parteimitgliedern eigene Initiative, eigene Gedankenarbeit, eigenes frisch pulsierendes politisches Leben. Kein Parteivorstand der Welt könne »die eigene Tatkraft der Partei in ihrer Masse ersetzen«.[20]

Der Parteivorstand hatte mit seinem Versuch Erfolg, die Kritik Luxemburgs an seinem Vorgehen herabzuwürdigen und so eine Diskussion über die Gründe seiner Inaktivität zu verhindern. Rosa Luxemburg und ihre Mitstreiter*innen scheiterten mit ihrer Initiative, der vom Parteivorstand eingebrachten Resolution Passagen hinzuzufügen, in denen die Solidarität mit den Menschen in Marokko bekundet wurde. Der Antrag wurde durch Eduard David mit dem Verweis darauf abgelehnt, dass eine Verbindung einer derartigen Parteiangelegenheit mit der Kolonialpolitik an dieser Stelle unangebracht sei.[21] Trotz der offensichtlichen Unsinnigkeit dieser Position folgten die Delegierten »mit großer Mehrheit« David.

19 Rosa Luxemburg: Wieder Masse und Führer, in: GW, Bd. 3, S. 37–42, hier: S. 40.
20 Ebd., S. 41.
21 Schwarz, Protokoll 1911, S. 349–350.

»Das öffentliche Leben der Staaten mit beschränkter Freiheit ist eben deshalb so dürftig, so armselig, so schematisch, so unfruchtbar, weil es sich durch Ausschließung der Demokratie die lebendigen Quellen allen geistigen Reichtums und Fortschritts absperrt.«

Wozu eigentlich Vorstände?

Rosa Luxemburg konstatierte in ihrem Antrag zur Resolution über den politischen Massenstreik auf dem Jenaer Parteitag 1913 eine »Verschärfung der wirtschaftlichen und politischen Gegensätze in Deutschland«. Die Polarisierung zwischen den bürgerlichen Parteien und der Sozialdemokratie wuchs. Gleichzeitig stagnierte die Entwicklung der SPD. Wieder kritisierte Luxemburg den Parteivorstand, diesmal, weil er die Situation beschönigte und dabei jede Kritik an seinem Handeln als schädlich denunzierte. Sie forderte, das Zentrum der Parteiarbeit aus dem »Nur-Parlamentarischen« wieder in die Massenarbeit zu verschieben. Der Parteivorstand müsse von den Massen lernen. Dies verband sie mit massiven Angriffen auf die grundsätzliche Richtung der Politik von Parteivorstand und Reichstagsfraktion.

Rede über die Taktik der Sozialdemokratie — 1913

Als ich gestern die große Rede des Genossen Scheidemann hörte, da beschlich mich ein wehmütiger Gedanke an unsere Eröffnungsfeier am Sonntag und an die dort gehaltenen Begrüßungsreden unserer ausländischen Gäste.

Da sind die Vertreter unserer Bruderparteien aus Holland, aus Belgien, aus der Schweiz gekommen, und sie haben uns einer nach dem anderen erklärt: Was uns als das Wichtigste in eurer Tagung erscheint, ist die Debatte über den Massenstreik; für uns alle in Holland, Belgien, der Schweiz und anderen Ländern war diese Frage schon brennend. Aber wir sind eingedenk dessen – obwohl bei uns die Massenstreikfrage schon praktisch geworden ist – dort, wo es gilt, eine tiefgründige, ernste theoretische Behandlung dieser Frage zu erreichen, da muss man zur deutschen Sozialdemokratie gehen, die die Vorhut der Internationale ist. – Dann kam die Rede Scheidemanns über den Massenstreik. Ich befürchte, wenn unsere auswärtigen Gäste von der obersten Leitung unserer Partei eine großzügige, tief eindringende, sachliche Behandlung dieses hochwichtigen Problems erwartet haben, wenn sie sich der Hoffnung hingaben, von dem Vertreter des Parteivorstandes eine weitblickende Analyse der politischen und wirtschaftlichen Situation in Deutschland und innerhalb der Partei zu hören, die im Zusammenhang mit dem Massenstreik in Betracht gezogen werden muss, wenn sie erwarteten, feste, klare Richtlinien in Bezug auf die nächste Zukunft über unsere taktischen Aufgaben gezogen zu sehen, so fürchte ich, sie sind nicht auf ihre Kosten gekommen. Denn die Rede Scheidemanns in Bezug auf den Massenstreik war alles andere als eine ernste, sachliche Betrachtung dieses Problems. Diese ganze Rede war gestimmt auf zwei Noten, erstens auf den Ton des faustschen Famulus Wagner: Seht, wie herrlich weit wir es auf allen Gebieten gebracht haben, und zweitens auf einen Kampf gegen die Nörgler, gegen die unzufriedenen Kritiker in der eigenen Partei. Wenn man die Ausführungen Scheidemanns hörte, so ist ja der Parteivorstand mit allem in der Partei höchst zufrieden, er findet alles im höchsten Glanze. Ich glaube, die erste Voraussetzung für ernste politische Führer, die dieses Namens wert sind, die Führer einer Millionenpartei, einer Massenpartei wie die unsrige sind, ist ein überaus empfindliches Ohr für alles, was sich regt in der Seele der Massen. (»Sehr richtig!«) Nun unterliegt es keinem Zweifel, dass wir jetzt eine tiefgreifende Unzufriedenheit in den Reihen der organisierten Parteigenossen haben. (»Sehr richtig!«) Sie brauchen nur in die Versammlungen zu gehen, um das zu hören. Man braucht auch nur die Berichte von den Parteiversammlungen vor dem Parteitag in allen Gegenden Deutschlands zu verfolgen, um zu sehen, dass Redner aus der Masse hier heraustreten und bekunden, dass die Massen der Organisierten förmlich nach einem frischen Luftzug im Parteileben lechzen, dass sie einen frischen, scharfen Ton in unseren Kampf hineingetragen haben wollen, dass sie es satt haben, den Nichts-als-Parlamentarismus als das allein selig machende Mittel immer angepriesen zu sehen. Aber der Parteivorstand weiß von alledem nichts, und Scheidemann sagt: Ihr sprecht von Unzufriedenheit? Wo sind die Beweise des fehlenden Vertrauens der Massen zu ihren Führern? Solche Unzufriedenheit können ja nur Schwarzseher erblicken, und Schwarzseher duldet der Parteivorstand nicht. (Heiterkeit.) Der Parteivorstand war selbst gezwungen, in seinem offiziellen Bericht und in der Rede Scheidemanns eine ganze Reihe von betrübenden Tatsachen festzustellen. Es wird

Philipp Scheidemann
(1865–1939)

… wurde 1883 Mitglied der damals noch illegalen SPD und war ab 1903 Mitglied des Reichstags, ab 1911 des Parteivorstandes. Er trug die Kriegspolitik der SPD in vollem Maße mit. In der Novemberrevolution war er bestrebt, den alten Machtapparat zu erhalten und jedes Weitertreiben der Revolution zu verhindern. Er war von Februar bis Juni 1919 Chef der ersten Regierung der Weimarer Republik. Musste vor den Nazis 1933 fliehen und kritisierte am Ende seines Lebens die SPD der Weimarer Republik scharf für ihr Versagen, das Republikanische nicht entschieden vertreten und durchgesetzt zu haben.*

festgestellt, dass unsere Mitgliederzahl nicht in dem gewünschten Maße wächst, dass wir einen teilweisen Stillstand und sogar stellenweise einen Rückgang der Abonnentenzahl unserer Blätter haben. Scheidemann sagte uns, dass jeder verständige Mensch angesichts der Zustände in Preußen, des preußischen Wahlrechts und des schmählichen Ausfalls der letzten preußischen Landtagswahlen[1] erwarten musste, die Massen würden nun in gewaltigem Zorne sich aufbäumen und zum Kampfe herausrücken. Und Scheidemann sagte: Man muss sich wundern, dass die Massen das nicht tun. Und schließlich hat Scheidemann selbst feststellen müssen ein bedauerliches Abflauen der Bewegung in unserer Partei gegen die Militärvorlage.[2] Auf alle diese Tatsachen, die jedem ernsten Parteiführer ein Anlass sein mussten zur ernsten Analyse der Zustände, zur Erörterung, wie und wo man die eigentlichen Wurzeln dieser Erscheinungen suchen muss und wie Remedur zu schaffen ist – auf alle diese Tatsachen findet der Parteivorstand nur die leichteste und bequemste Erklärung: Stillstand der Organisation und der Presse? Ei, die Krise ist es, die schuld ist! Und dabei sollen wir uns beruhigen, dass jede Krise wieder die Mauern erschüttert, die wir in der Zeit der Prosperität mit solcher Mühe aufgebaut haben. Der preußische Wahlrechtskampf ist nicht aufgebraust, wie Scheidemann es für selbstverständlich hielt nach dem schmählichen Ausfall der Wahlen. Aber das Einzige, was der Vorstand, unsere oberste Behörde, zu sagen hat, ist, dass Scheidemann sich wundern muss darüber. Es würde näherliegen, zu fragen, ob denn nicht unsere Taktik selbst ein bisschen dazu beigetragen hat und ob wir keinen Grund hätten, uns nicht zu wundern, sondern uns zu fragen, was zu tun wäre, um solche Erscheinungen abzuwehren. Und endlich das Abflauen der Massenbewegung gegen die Militärvorlage, gegen die unerhörteste Zumutung des Imperialismus, die wir erlebt haben. Auch dafür hat unsere oberste Behörde sehr ausreichende Erklärungsgründe: Erstens war ja die Annahme der Militärvorlage sicher, und zweitens, nachdem die Besitzsteuern schon feststanden, da mussten sich die Massen sagen – so hat Scheidemann wörtlich gesagt –, nun war das Schlimmste überwunden! Ich musste mich wundern, dass unsere höchste

1 Obwohl die SPD bei der Wahl zum Preußischen Abgeordnetenhaus am 3. Juni 1913 28,38 Prozent der Stimmen errang, erhielt sie bedingt durch das Dreiklassenwahlrecht nur zehn Mandate, während die Deutschkonservative Partei mit nur 14,75 Prozent 147 Mandate erreichte.

2 Die im März 1913 im Reichstag eingebrachte Militär- und Deckungsvorlage sah die größte Heeresverstärkung seit Bestehen des Deutschen Reiches vor. Ein Teil der finanziellen Mittel sollte durch einen außerordentlichen Wehrbeitrag und durch die Besteuerung aller Vermögen über 10 000 Mark aufgebracht werden. Nach scharfen internen Auseinandersetzungen lehnte die sozialdemokratische Fraktion die Militärvorlage ab, stimmte aber einer einmaligen Vermögensabgabe (dem sogenannten Wehrbeitrag) und einer Vermögenszuwachssteuer zur Finanzierung der von ihr abgelehnten Vorlage zu. In den vorhergehenden Auseinandersetzungen hatten 37 Abgeordnete dieses Vorgehen abgelehnt, sich dann aber der Fraktionsdisziplin gebeugt.

Parteibehörde eine solche Auffassung hier zum Ausdruck bringen konnte. Wenn es zuträfe, wenn die Massen sich sagen konnten, dass nach der Annahme von Besitzsteuern das Schlimmste bei der Militärvorlage überwunden war, so haben wir uns damit ein Armutszeugnis für die Resultate unserer Agitation und unserer Erziehungsarbeit ausgestellt. (»Sehr richtig!«) Wenn das zutrifft, so war der Parteivorstand als Erster verpflichtet, zu alarmieren, die ganze Partei mit der Frage zu beunruhigen; wenn wir so wenig erreicht haben, dann ist es höchste Zeit, dass wir nach Mitteln und Wegen suchen, um die Massen endlich zur sozialistischen Auffassung zu erziehen. (»Sehr richtig!«) Stattdessen haben wir Beruhigungsgründe auf allen Gebieten. Soweit die Zustände innerhalb der Partei. Nun gibt es aber eine ganze Reihe von Momenten in der politischen und wirtschaftlichen Situation, die wirklich dazu angetan sind, Führer einer Viermillionenpartei zum ernsten Nachdenken über die Taktik und zur Nachprüfung unserer bisherigen Taktik zu veranlassen. Da macht der Imperialismus einen gewaltigen Vorstoß mit der letzten Militärvorlage, wie wir ihn seit Jahrzehnten nicht gehabt haben. Da ist das Verhalten der bürgerlichen Parteien – eine neue Konstellation – gegen uns zu verzeichnen. Denn was haben wir erlebt? Während der Kämpfe gegen die Wehr- und die Deckungsvorlagen haben sich diejenigen Liberalen, auf die viele Hoffnungen während der letzten Reichstagswahlen in unseren Reihen wachgerufen wurden, nicht etwa unserem Kampfe angeschlossen, um eine gründliche Finanzreform durchzusetzen und den Schwarz-Blauen Blocke[3] zu bekämpfen, sondern sie haben sich mit dem famosen Schwarz-Blauen Block zusammengefunden. Sie sind uns in den Rücken gefallen und haben sich mit dem Zentrum verbunden. Ernste Politiker mussten diese neue Situation in der Kombination der Parteien verfolgen. Ich weise darauf hin, dass in den letzten Tagen ein Leitartikel der *Vossischen Zeitung* über die preußische Wahlreform gesagt hat: Die einzige Hoffnung auf die Wahlreform – das schreibt ein freisinniges Blatt – liege jetzt beim Zentrum. Mit diesem zusammen sollten die Liberalen jetzt eine Wahlreform machen. Und was für eine Wahlreform? Nicht etwa die Abschaffung des Dreiklassenwahlrechts, sondern eine bessere Verteilung der Abteilungen in diesem Dreiklassenwahlrecht. Was bedeutet denn diese neue Kombination? Sie zeigt, dass der Liberalismus, nachdem er sich vor einigen Jahren durch die Paarung mit den Konservativen bis auf die Knochen blamiert hat, jetzt die letzte von der Geschichte gebotene Möglichkeit, noch mehr in der Gesinnung zu verlumpen, ergreifen will, um mit dem Zentrum eine Paarung

3 Der Schwarz-Blaue Block war eine Gruppierung im Reichstag, die sich im Sommer 1909 aus Vertretern der Deutschkonservativen Partei und der Zentrumspartei gebildet hatte. Erstere stützte sich vor allem auf den Adel und das preußische Beamtentum, Letztere auf kaisertreue katholische Kreise.

gegen uns einzugehen. (»Sehr richtig!«) Was ist das anderes, Genosse Scheidemann, als der schmähliche Zusammenbruch eurer ganzen Dämpfungstaktik seit den letzten Reichstagswahlen. (Zuruf vom Parteivorstand: »Ach, Unsinn!«) Parteigenossen, wenn unsere oberste Parteibehörde aus solchen Tatsachen nicht Anlass nimmt, eine ernste Prüfung der bisherigen Richtlinien der Taktik vorzunehmen, dann steht es traurig um die Sicherheit in der Vorzeichnung der Linien, auf denen die Politik geführt werden soll. – Dazu kommen ja noch höchst beunruhigende wirtschaftliche Momente. Wir stehen am Anfang einer Krise, die Arbeitslosigkeit wird immer größer, und da haben wir allen Anlass, als weitblickende Politiker uns zu sagen, dass unsere Politik, unsere Taktik so gestaltet werden muss, dass wir die unvermeidliche Entmutigung und Verzweiflung, die in den Massen immer in den Zeiten der Krise Platz greift, dass wir diese Gärung, diese Unzufriedenheit in das Bett einer zielklaren Kampfstimmung leiten und nicht in eine dumpfe Stagnation ausarten lassen. Parteigenossen, nur durch eine zielklare, scharfe, revolutionäre Taktik kann man den Mut der Massen stählen (»Sehr richtig!«), die durch die Krise niedergedrückt werden. Anstatt alles dessen hielt es Genosse Scheidemann für die dringendste Aufgabe auf diesem Parteitag, den Kampf gegen die Nörgler in den eigenen Reihen, gegen die Kritiker, die angeblich künstlich die Unzufriedenheit schüren und an die Wand malen, zu führen. Und diesen Kampf gegen den inneren Feind hat sich Genosse Scheidemann wahrhaftig leicht gemacht. Er hat nicht etwa in Wirklichkeit gegen die vorgebrachten Kritiken und Ansichten gekämpft, er hat es vorgezogen, als ein zweiter Ritter St. Georg den Drachen siegreich zu erlegen, den er selbst erst ausgebrütet hatte. (Große Heiterkeit.) Das, wogegen Genosse Scheidemann hier als gegen die angebliche Auffassung der Verteidiger des Massenstreiks sich gewandt hat, war ein Zerrbild der wirklichen Ansichten, die wir vertreten. (»Sehr richtig!«) Speziell was meine Wenigkeit anbetrifft, wenn Genosse Scheidemann auch ohne Namensnennung vielfach mich zu treffen wähnte mit seiner Kritik, so kann ich ihm mit Goethe zurufen: Du gleichst dem Geist, den du begreifst, nicht mir. (Große Heiterkeit, Unruhe und teilweise Zustimmung.)

Parteigenossen, einige Beispiele für die Verzerrung der Ansichten, die man bekämpft hat. Wenn wir in der Presse und in Versammlungen auf Unterlassungen in unserer jüngsten Politik hinwiesen, wenn wir betonen, dass zum Beispiel eine Partei von unserer Stärke und unserer oppositionellen, revolutionären Stellung bei solchen erstklassigen politischen Begebenheiten wie dem Kaiser-Regierungsjubiläum, wie dem Zarenbesuch in Deutschland nicht ruhig zusehen durfte, sondern irgendeine Protestaktion ins Leben rufen musste, da kommt Genosse Scheidemann und sagt: Was, ihr wollt die Leute auf die Straße treiben, ihr wollt Tausende von Menschenleben gefährden? Und man sah förmlich eine rote Blutlache auf den Straßen Berlins entstehen, bei der bloßen Anregung, gegen den Zarenbesuch eine Demonstration zu machen, wie es der Sozialdemokratie gebührt. Als wenn wir nicht schon in Berlin selbst und in Deutschland vor drei Jahren gewaltige Straßendemonstrationen erlebt hätten, bei denen nicht Tausende von Menschenleben zum Opfer gefallen sind, als wenn wir nicht schon in verschiedenen Ländern und zuletzt auch in Belgien, wie das Genosse Scheidemann 10 Minuten später so schön ausmalte, einen völlig friedlichen Massenstreik hätten entstehen sehen![4] Parteigenossen! Wenn Sie sich auf die Weise die Entschuldigung dafür leicht machen wollen, dass überhaupt nichts getan wurde, nicht einmal gewöhnliche Versammlungen zum Zarenbesuch, nicht einmal ein anständiger Leitartikel im Zentralorgan, dem *Vorwärts* (Heiterkeit.), so steht es schlimm um Ihre Gründe.

Ein zweites Beispiel: Wenn wir davon sprechen, dass wir in Deutschland wie in allen anderen Ländern mit der eventuellen Anwendung des Massenstreiks durchaus nicht darauf zu warten brauchen, bis der letzte Mann und die letzte Frau ihren Beitrag als organisierte Mitglieder eines Wahlvereins gezahlt haben, wenn wir darauf hinweisen, dass, wo die revolutionäre Situation da ist, wo große historische Aufgaben vor uns stehen, die Organisation der Partei wohl die Kraft und den geistigen Einfluss besitzen wird, um auch unorganisierte Massen mitzureißen, wenn wir darauf hinweisen, dass es verkehrt und falsch ist, das Mitgliedsbüchlein als die ausreichende Legitimation für Klassenkämpfer, für eine revolutionäre Aktion des Proletariats zu betrachten, wenn wir erklären: Die Politik, die Taktik der Partei muss danach angetan sein, um die nötige Begeisterung und Opferfreudigkeit in den großen Volksmassen auch außerhalb der Organisierten zu wecken, denn nur auf diese Weise können wir die gewaltige Schar der Unorganisierten mitreißen und für die Organisation gewinnen – dann kommt Genosse Scheidemann und sagt: Das heißt ja die Organisation herunterreißen. (»Sehr richtig!«) Das heißt ja die Disziplinlosigkeit, das heißt das Misstrauen gegen die Funktionäre hervorrufen. Genosse Scheidemann hat in seinen Attacken gegen uns ein paarmal von mangelndem Verantwortlichkeitsgefühl und von Skrupellosigkeit gesprochen. (»Sehr wahr!«) Ich will solche Ausdrücke nicht gebrauchen, aber ich erlaube mir, zu sagen, dass eine solche Art und Weise der Bekämpfung der Ansichten des Gegners haarscharf an Demagogie grenzt. (Müller [Parteivorstand]: »Und das sagen Sie!«) – Ein drittes Beispiel für die völlige Verständnislosigkeit unserer obersten Behörde gegenüber dem, was wir wirklich anstreben

4 Am 14. April 1913 begann in Belgien ein politischer Massenstreik für das allgemeine Wahlrecht, der seit Juni 1912 im ganzen Lande vorbereitet worden war. An dem Streik beteiligten sich etwa 450 000 Arbeiter*innen. Am 24. April 1913 beschloss der Parteitag der belgischen Arbeiterpartei den Abbruch des Streiks, nachdem sich das belgische Parlament dafür ausgesprochen hatte, die Reform des Wahlrechts in einer Kommission erörtern zu lassen.

und fordern. Man sagt uns: Wenn ihr hier mit Gewalt eine Diskussion über den Massenstreik und die Bedingungen seiner Anwendung in Deutschland heraufbeschwört und durchsetzt, so zwingt ihr ja uns nur, zu sagen, dass wir heutzutage noch nicht imstande dazu sind, so zwingt ihr uns, die Schwäche unserer Position vor den Gegnern preiszugeben (»Sehr wahr!«), und wie verkehrt ist die Politik eines Menschen, der da sagt: Ich habe ein mächtiges Schwert gegen dich in der Tasche, aber ich kann es heute noch nicht gebrauchen. Ei, Parteigenossen, das sind Gesichtspunkte, mit denen man die größte Volksbewegung der Weltgeschichte meistern will! Redet ja nicht zu laut, ich bitte euch, dass wir noch eine gewaltige Schar Unorganisierter haben, sonst könnten es unsere Gegner erfahren, redet ja nicht laut, dass wir gelbe Gewerkschaften[5] haben, denn das ist ja unser Geheimnis. (Heiterkeit und Lachen.) Parteigenossen! Die Schwächen unserer Position sind kein Geheimnis für unsere Gegner (»Sehr richtig!«), und es ist lächerlich, sich einzubilden, dass man das Für und Wider, dass man die gesamte Situation, wie sie vom Standpunkt des Massenstreiks besprochen und erwogen werden muss, im geschlossenen Stübchen unter Instanzen geheim behandeln soll. Man wirft uns vor, sowohl in der *Neuen Zeit* wie auch hier in der Rede des Genossen Scheidemann, wir seien ja beinahe Putschisten (»Sehr richtig!«), wir seien Verschwörer. Das sagen Leute, die die typische Verschwörertaktik auf den modernen Massenstreik anwenden wollen, indem sie sich einbilden, der Ausbruch des Massenstreiks muss eine Überraschung sein, er muss im geheimen, im geschlossenen Stübchen von einer Handvoll Mitglieder der Instanzen ausgeklügelt werden. (Lachen.) Diese Frage ist bereits hier auf derselben Tribüne im Jahre 1905 mit aller erwünschten Klarheit festgelegt worden.[6] Ich zitiere die entsprechenden Worte des Referenten für den Massenstreik auf dem Parteitag in Jena, des Genossen Bebel. Er sagte: »Hier ist nun der Vorschlag des politischen Massenstreiks gemacht worden. Da sagt man uns: Den politischen Massenstreik macht man, aber man spricht nicht davon!« Und darauf antwortet Bebel: »Es ist eine Torheit, (zu glauben,) eine solche Diskussion dadurch beseitigen zu können, dass man so tut, als höre man sie nicht. Das ist Vogel-Strauß-Politik. Wenn diese Frage an allen Ecken und Enden angeschnitten wird, gleichviel ob es nun in richtiger oder verkehrter Weise geschieht, muss jeder aufmerksame Mann, besonders aber jeder Führer einer Partei, der diesen Namen verdient, sich fragen, ob es nicht an der Zeit sei, dass die Partei den Vorschlag einmal diskutiert.« (»Sehr

5 Unternehmerfreundliche und oft auch von diesen finanzierte Gewerkschaften, die die sozialdemokratische Gewerkschaftspolitik ablehnte. Sie traten vielfach auch als Streikbrecher*innen in Erscheinung. Die Bezeichnung »gelb« wird bis heute verwendet und stammt aus Frankreich. Eine der Erklärungen für die Farbwahl lautet, dass dort die Mitglieder der Streikbrecher*innenorganisationen die gelbe Ginsterblüte als Vereinsabzeichen trugen.

6 Parteitag der SPD vom 17. bis 23. September 1905 in Jena.

richtig!«) »Lebhafte Zustimmung« heißt es im Protokoll. (Scheidemann: »Das ist auch damals geschehen!«) »Wenn große Massen infrage kommen, kann man nicht Maßregeln, bei denen die Massen eine Rolle zu spielen haben, vor den Massen unbesprochen lassen.« (»Sehr richtig!«) »Soll die Masse mit Begeisterung für eine bestimmte Handlung eintreten, dann verlangt sie, auch die Wirkung und den Zweck der Maßregel zu kennen.« (»Sehr richtig!«) »Das ist ihr gutes Recht. Außerdem folgen aufgeklärte Massen nicht blind gegebenen Befehlen. Das wäre eine erbärmliche Partei, die sich durch den Staatsanwalt und durch die Strafgesetze einschüchtern ließe, ihr Menschen- und Bürgerrecht zu verteidigen.«[7] Natürlich, zu den Worten, die Bebel gesprochen hat, müssen Sie rufen: »Sehr richtig!« (Unruhe.)

Vorsitzender Ebert: Ich kann nicht zulassen, dass den Mitgliedern des Parteitages eine solche Unterstellung gemacht wird. (Zuruf: »Es kommt auf eine Handvoll nicht an!«)

Das war gar keine Unterstellung. Wer zu den Worten von Bebel »Sehr richtig!« ruft, der tut das aus voller Überzeugung. (Lebhafte Zustimmung.)

Ich glaube ja, dass Sie die Worte von Bebel unterschreiben. Sie vergessen bloß – und hier haben Sie mich unterbrochen, dass diese Worte auch heute noch genau die Bedeutung haben wie 1905. Denn es ist eine völlig verkehrte Auffassung, zu glauben, nachdem nun einmal auf einem Parteitag prinzipiell der Massenstreik angenommen worden ist, sei es für die Massen draußen auch schon erledigt. Ja, wie stellen Sie sich die Sache vor? Sie rufen »Sehr richtig!«, wenn ich lese, dass Bebel sagte, wenn der Massenstreik zustande kommen soll, müssen sich die Massen damit befassen. Ja, glauben Sie, dass es für die Massen, für die Millionen schon erledigt ist, wenn Sie 1905 auf dem Parteitag mal eine Resolution angenommen

Friedrich Ebert
(1871–1925)

... wurde 1889 Sozialdemokrat. Er war ab 1905 Mitglied des Parteivorstandes, ab 1913 einer der beiden Vorsitzenden der SPD, ab 1916 Vorsitzender der Reichstagsfraktion und einer der Drahtzieher* der Zustimmung der SPD-Fraktion zu den Kriegskrediten 1914. Seine Loyalität zur Kriegspolitik des Reiches sicherte ihm nach seiner Ernennung zum Reichskanzler im November 1918 das Vertrauen der alten Eliten, seine Popularität als SPD-Funktionär das eines großen Teils der revoltierenden Soldaten. Setzte sich mit seinem Kurs auf eine bürgerlich-parlamentarische Republik unter Wahrung der Kontinuität zum Kaiserreich gegen die revolutionären Flügel durch. Erster Reichspräsident der Weimarer Republik von 1919 bis 1925.

7 Protokoll über die Verhandlungen des Parteitages der Sozialdemokratischen Partei Deutschlands. Abgehalten zu Jena vom 17. bis 23. September 1905, Berlin 1905, S. 299–300.

haben? (»Sehr gut!«) Verstehen Sie denn nicht, dass die Massen sich als solche in Massenversammlungen damit befassen müssen? (»Sehr richtig!«) Denn wir sprechen hier nicht zu den Massen, wir formulieren hier nur Dinge, die von den Genossen draußen durchdacht, verdaut und akzeptiert werden müssen. Also, wenn Sie »Sehr richtig!« rufen zu dem, was Bebel 1905 gesagt hat, dann ist es eine Inkonsequenz und eine verkehrte Auffassung von der Taktik des Massenstreiks, wenn Sie glauben: *Roma locuta, causa finita!* Ein Parteitag hat gesprochen, damit ist die Sache erledigt. Gewiss, der Massenstreik in Deutschland wie überall, wenn er Aussicht auf Erfolg haben soll, muss aus den Massen heraus kommen, und deshalb sagen wir in unserer Resolution, der Massenstreik kann nicht, wie es sich manche Instanzen heute einbilden, auf Kommando von den Führern der Gewerkschaften und der Partei von heute auf morgen bestellt werden. (»Sehr richtig!«) Er kann aber ebenso wenig von den Führern abkommandiert werden, wenn er historisch reif geworden ist. (»Sehr richtig!«) Aber mit dieser Erkenntnis ist doch unsere Aufgabe nicht erschöpft, wenn wir wollen, dass der Massenstreik, wenn er zustande kommt, auch erfolgreich verläuft, dass er uns das Maximum an positiven Erfolgen und Vorteilen, an politischer und sozialistischer Erziehung und Aufrüttelung der Massen einbringt. Dazu ist es notwendig, dass die Massen auf der Höhe stehen und dass die Partei auf der Höhe steht, wenn die historische Situation kommt; das heißt, dass wir uns auf diese historischen Ereignisse bewusst vorbereiten und die Massen erziehen müssen. Gewiss, die Partei muss an der Spitze der Bewegung stehen, aber damit sie an der Spitze steht, darf sie nicht ruhig abwarten die revolutionäre Situation, um von den Massen geschleift zu werden, sondern sie muss durch die Gestaltung der ganzen Taktik und Kampfesweise nach der revolutionären Seite hin in scharfer Offensive die Massen darauf vorbereiten, dass sie uns in vollem Vertrauen folgen. Und wenn Scheidemann seine Resolution mit gehobener Stimme damit empfahl, dass dahinter Instanzen stehen, so glaube ich, der Parteitag ist nicht dazu da, um zu dem Willen und den Ansichten der Instanzen Hurra zu rufen, sondern er ist dazu da, damit die Instanzen lernen, was die Massen wollen. (»Sehr richtig!«) Und was diese wollen, lässt sich in das eine Wort zusammenfassen: Wir antworten auf alle Übergriffe der Reaktion damit, dass wir klar und offen auf dem Parteitag sagen: Wir schärfen unsere Waffen, und wir sind bereit! (Stürmischer Beifall.)

Aus: Rosa Luxemburg:
Gesammelte Werke, Berlin 1970 ff., Bd. 3, S. 329–337

Hintergrund

Der Parteitag in Jena 1913 fand nach einem großen Erfolg der SPD bei den Reichstagswahlen 1912 statt. Sie erreichte 4 250 399 und damit 34,7 Prozent der gültigen Stimmen. Ihre 110 Abgeordneten bildeten mit 27,7 Prozent der Mandate die größte Fraktion des Reichstages. Diesem Erfolg stand eine Verschärfung der gesellschaftlichen Konflikte gegenüber:

»Im Sommer 1913 hatte eine Überproduktionskrise eingesetzt, die Arbeitslosigkeit stieg. Versuche der sozialdemokratischen Reichstagsfraktion, eine staatliche Arbeitslosenversicherung bzw. -unterstützung einzuführen, wurden abgeblockt. Die Forcierung der Rüstung ließ nach Ansicht der Regierung keine sozialreformerischen Zugeständnisse zu. Die Unternehmerverbände verständigten sich über ein schärferes Vorgehen gegen die Arbeiterklasse. Neue reaktionäre Organisationen bildeten sich und beeinflussten die Bevölkerung mit nationalistischen Parolen und chauvinistischer Hetze.«[8]

Am 24. August 1913 nahm der Reichsdeutsche Mittelstandstag vier Leitsätze für eine wirtschaftliche Gemeinschaftsarbeit von gewerblichem Mittelstand, Industrie und Landwirtschaft an. Dem Reichsdeutschen Mittelstandsverband als Vertreter des Handwerks gelang es damit, große Teile des Unternehmertums auf eine antisozialdemokratische Linie zu bringen. Der erste Leitsatz postulierte das Zusammengehen dieser drei Interessengruppen »zwecks gegenseitiger wirtschaftlicher Unterstützung und zwecks Bekämpfung der Auswüchse im Organismus unseres Wirtschaftslebens«. Was diese »Auswüchse« seien, wird auch sofort erklärt: Der zweite Leitsatz betonte die »Aufrechterhaltung der Autorität in allen wirtschaftlichen Betrieben«. Der dritte spricht sich unter anderem für den Schutz der »Arbeitswilligen« aus. Der vierte lautete: »Bekämpfung der Sozialdemokratie und sozialistischer Irrlehren«.[9] Die drei »Berufsstände« seien gleichermaßen daran interessiert, »dass die staatliche Ordnung im Innern unversehrt und friedliche, gedeihliche Arbeit unter dem Schutze der staatlichen Machtmittel verbürgt bleibt. Dazu gehört auch, dass die Grundlage dieses Gedeihens, das gegenwärtige Wirtschaftssystem, aufrechterhalten und dass durch eine längere Ruhepause auf dem Gebiet der Sozialversicherung, die nach der überaus fruchtbaren sozialpolitischen Gesetzgebung der letzten Jahre auch seitens der verbündeten Regierungen als notwendig anerkannt ist, der Agitation der von der Unzufriedenheit lebenden Partei der Boden entzogen wird.«[10]

Dieser machtbewusste und offene Angriff auf die Sozialdemokratie machte deutlich, dass das Unternehmertum[11] trotz der starken parlamenta-

8 Annelies Laschitza: Rosa Luxemburg. Im Lebensrausch, trotz alledem. Eine Biographie, Berlin 2010, S. 425.

9 Bericht über den dritten Reichsdeutschen Mittelstandstag (1913), in: Walter Steitz (Hrsg.): Quellen zur deutschen Wirtschafts- und Sozialgeschichte von der Reichsgründung bis zum Ersten Weltkrieg. Ausgewählte Quellen zur deutschen Geschichte der Neuzeit, Darmstadt 1985, S. 454–456, hier: S. 454.

10 Ebd., S. 455.

11 Die Möglichkeit von Frauen*, unternehmerisch tätig zu sein, war stark eingeschränkt. Wir verwenden daher die männliche* Form.

rischen Präsenz der SPD bereit war, die sozialen Widersprüche nicht »sozialpartnerschaftlich«, sondern gemeinsam mit dem Staat mit Gewalt zu lösen. Zumal der Reichstag gegenüber Regierung und Kaiser eine relativ schwache Stellung innehatte.

Angesichts dieser offenen Drohung wäre zu erwarten gewesen, dass die Partei entsprechende Formen des politischen Kampfes entwickelt, auch und gerade jenseits der parlamentarischen Arbeit oder der Mitwirkung in sozialstaatlichen Institutionen. Allerdings hatte die Partei, sowohl die Funktionäre*innen als auch große Teile der Mitgliedschaft, Fähigkeit und Bereitschaft dazu offensichtlich verloren. In einer Bilanz der Sozialpolitik des Kaiserreiches heißt es:

»Langfristig hat die staatliche und kommunale Sozialpolitik Massenloyalität auch zum Staat, und sei es in verdeckter Weise, geschaffen und damit die Integration der Arbeiter in Staat und Gesellschaft wesentlich gefördert. Das bezog sich auch auf die gewerkschaftlichen und politischen Organisationen der Arbeiter, denen sich durch die Mitarbeit in den Einrichtungen der Sozialversicherung, in Gewerbegerichten, Einigungsämtern und kommunalen Arbeitsnachweisen ein neues, stets auf Reform des Bestehenden gerichtetes Arbeitsfeld eröffnete. Die dadurch geschaffenen Kontakte mit Vertretern der Arbeitgeber und vor allem den unteren Ebenen der staatlichen und kommunalen Bürokratie haben zum Abbau der Klassenspannungen und der politischen und gesellschaftlichen Isolation der Arbeiter beigetragen. [...] Man kann deshalb sagen, dass, langfristig gesehen, in einigen wichtigen Ansätzen das ursprüngliche Integrationsziel der Sozialpolitik sehr wohl erreicht wurde – freilich nicht gegen, sondern gerade über die Organisationen der Arbeiterbewegung.«[12]

Zu bestreiten ist, dass die »Klassenspannungen« abgebaut worden seien. Dagegen spricht schon die oben angeführte Unternehmerstrategie. In den Jahren 1912 und 1913 kam es zu Streiks und zu Arbeitskämpfen »ohne Streiks« (z. B. Verhandlungen unter Streikandrohung) in verschiedenen Wirtschaftsbereichen. So erfasste der Ruhrarbeiter*innenstreik im März 1912, wenige Wochen nach dem Erfolg der Sozialdemokratie bei den Reichstagswahlen, etwa 230 000 Beschäftigte. Die Unternehmer und der Staat antworteten mit harten Repressionen; die christlichen Gewerkschaften lehnten eine Teilnahme ab. Der Streik brach zusammen.[13] Wahlergebnis und Streikausgang schienen im Gegensatz zu stehen. Tatsächlich waren sie Ausdruck der Labilität der politischen Kräfteverhältnisse, trotz aller demokratischen und sozialstaatlichen Institutionen. Wie in den 1890er-Jahren wurden in den Hofkreisen und bei der Generalität Pläne zu einem Staatsstreich ernsthaft diskutiert, den auch der Reichskanzler von Bülow nicht prinzipiell, sondern nur wegen seiner hohen Risiken noch ablehnte; als »letzte Patrone« hielt man sich diese Option stets offen. Von dieser Grundeinstellung blieb der Machtapparat bis

12 Gerhard A. Ritter/Klaus Tenfelde: Arbeiter im deutschen Kaiserreich 1871 bis 1914, Bonn 1992, S. 715–716.

13 Vgl. Michael Kittner: Arbeitskampf. Geschichte, Recht, Gegenwart, München 2005, S. 359.

zum Ende des Kaiserreiches und darüber hinaus auch in der Weimarer Republik geprägt.[14]

In dieser angespannten Situation entschied der Parteivorstand der SPD, den Wahlsieg im ersten Wahlgang der Reichstagswahl auszubauen, und schloss mit der Fortschrittlichen Volkspartei ein Geheimabkommen zu den folgenden Stichwahlen. Kurz gesagt: Die jeweilige Partei sollte in den Wahlkreisen, in denen ein Vertreter dieser Parteien gegen einen Vertreter der konservativen Seite antrat, Ersteren unterstützen oder wenigstens nicht behindern. Die SPD verpflichtete sich, ihren Wahlkampf in den Wahlkreisen »zu dämpfen«, in denen einer ihrer Vertreter[15] gegen einen der Fortschrittlichen antrat. Der Parteivorstand meinte, damit im Reichstag die Grundlage für eine Mehrheit »links« des konservativen Blocks schaffen zu können. Bereits kurz danach setzte sich Rosa Luxemburg mit dieser Taktik des Parteivorstandes auseinander.[16] Ihrer Auffassung nach hatte dieser Handel nichts gebracht. Aber das war nicht ihr einziges Problem:

»Es war nur ein kleines Häuflein von Genossen, die von dem Abkommen wussten. Die große Masse hat nichts davon erfahren. Das ist der erste Punkt, den ich in schärfster Weise kritisieren möchte.« Ihrer Auffassung nach sei es »unerlaubt in einer sozialdemokratischen Partei, hinter dem Rücken der großen Masse irgendeine Politik zu treiben«.[17]

Von diesem Ansatz war auch ihre Position zum Massenstreik[18] und zu den Massen selbst, auch der unorganisierten, bestimmt. Angesichts des verschärften Klassenkampfes »von oben« sah sie die Notwendigkeit, neben parlamentarischen Aktionen die Massen zu befähigen, mit der Partei oder auch ohne sie selbstständig aktiv zu werden. Diese würden dem Klassenkampf »ein festes Rückgrat geben«, bemerkt sie in einem Artikel vom Juni 1913. »Es wäre aber ein verhängnisvoller Irrtum, sich nun einzubilden, dass seitdem auch alle geschichtliche Aktionsfähigkeit des Volkes auf die sozialdemokratische Organisation allein übergegangen, dass die unorganisierte Masse des Proletariats zum formlosen Brei, zum toten Ballast der Geschichte geworden ist. Ganz umgekehrt. Der lebendige Stoff der Weltgeschichte bleibt trotz einer Sozialdemokratie immer noch die Volksmasse, und nur ein lebhafter Blutkreislauf zwischen dem Organisationskern und der Volksmasse besteht, wenn derselbe Pulsschlag beide belebt, dann kann auch die Sozialdemokratie zu großen historischen Aktionen sich tauglich erweisen.«[19]

14 Ebd., S. 362.

15 Nur Männer* hatten das aktive und passive Wahlrecht.

16 Rosa Luxemburg: Was nun?, in: GW, Bd. 3, S. 91–99.

17 Rosa Luxemburg: Unser Wahlsieg und seine Lehren. Rede am 1. März 1912 in Bremen. Nach einem Zeitungsbericht, in: ebd., S. 124–133, hier: S. 129.

18 Luxemburg versteht unter Massenstreik eine Phase revolutionärer politischer und ökonomischer Kämpfe, die auf- und abschwellen, einander bedingen, ineinandergreifen. So hatte sie es in der Russischen Revolution von 1905–1907 beobachtet und darüber ausführlich geschrieben. Um den Massenstreik gab es eine über Jahre andauernde Auseinandersetzung in der SPD, in der Luxemburg die Gegner*innen des Massenstreiks vehement kritisierte. Vgl. Rosa Luxemburg: Massenstreik. Partei und Gewerkschaften, in: GW, Bd. 2, S. 91–170.

19 Rosa Luxemburg: Taktische Fragen, in: GW, Bd. 3, S. 252.

In ihrer Parteitagsrede fasste sie ihre Analysen und Schlussfolgerungen bezüglich des Verhältnisses von Führung, Partei und Massen der vergangenen Monate zusammen. Der größte Teil der in dieser Zeit entstandenen Arbeiten und Reden befasste sich mit diesem Thema, die übrigen berührten es in dieser oder jener Weise. Dabei verflochten sich die Kritik an der Bewertung der politischen Situation durch den Parteivorstand, der darauf basierenden Entscheidungen zu politischen Schwerpunktsetzungen, der präferierten Mittel von Politik mit der Kritik am Selbstverständnis des Vorstandes.

Wie das Ruder herumreißen?

Seit dem Ausbruch des Ersten Weltkrieges Mitte 1914 waren Rosa Luxemburg und ihre Mitstreiter*innen in der SPD weitgehend isoliert. Für Luxemburg war die Wahrung der Einheit der Partei, ungeachtet der starken opportunistischen Strömungen, immer ein zentrales Anliegen. Trotz der tiefgehenden Meinungsverschiedenheiten und scharfen Polemiken hielt sie an dieser Einheit selbst nach der Zustimmung der SPD-Mehrheit zum Krieg fest. 1917 sah sie, dass die deutsche Sozialdemokratie als Ganzes gar nicht mehr existierte. Gleichwohl sprach sie sich gegen Austritte oder die Schaffung einer neuen Partei nach dem Muster der Vorkriegs-SPD aus. Viele Mitglieder, die in Opposition zu der damaligen Führung standen, träumten davon, dass die Partei zum Zustand vor der Bewilligung der Kriegskredite zurückkehren könnte. Für Luxemburg war das nicht mehr möglich. Sie interessierte zu diesem Zeitpunkt die Parteiform kaum. Ihr war wichtig, dort zu sein, wo die Massen waren; und die waren eben bei der alten SPD.

Offene Briefe an Gesinnungsfreunde. Von Spaltung, Einheit und Austritt — 1917[1]

Seit dem 4. August 1914 hat in der deutschen Sozialdemokratie ein Prozess der Zersetzung und des Zerfalls eingesetzt, der keinen Tag und keine Stunde ruht und der sich mit der ganzen Strenge und Folgerichtigkeit eines Naturprozesses vollzieht. Jeder neue Schritt auf der Bahn der imperialistischen Politik, jeder neue positive Vorstoß der herrschenden Gewalten zur Stärkung ihrer Machtposition, jede Zusammenberufung und jede Heimsendung des Reichstags im Dienste der herrschenden Politik, ja, einfach jeder weitere Tag der Fortdauer des Krieges stellen sich zugleich aufseiten der Sozialdemokratie als ebenso viele neue weitere Einstürze ihres Gebälks, Abrutsche ihres morschen Gemäuers dar. Jede neue Aktion des triumphierenden Imperialismus schaltet nämlich die Sozialdemokratie als Faktor der aktiven Politik immer weiter aus, vertilgt sie und löscht sie immer mehr als eine Partei mit besonderer Politik, als Organ der Klasseninteressen des Proletariats, vom öffentlichen Leben Deutschlands aus. Wer diesen gewaltigen historischen Prozess in seiner ganzen Breite und

1 Diese Arbeit ist mit Gracchus, einem Pseudonym Rosa Luxemburgs, gezeichnet.

Hugo Haase
(1863–1919)

... Rechtsanwalt; seit Ende der 1880er-Jahre in der SPD. Seit 1894 war er Stadtverordneter, dann Mitglied des Reichstags. 1911–1916 war er neben Ebert Parteivorsitzender und 1912–1915 Vorsitzender der SPD-Reichstagsfraktion. Im Dezember 1915 lehnte er gemeinsam mit 17 anderen Fraktionsmitgliedern die Kriegskredite ab, woraufhin sie aus der Fraktion ausgeschlossen wurden. Obwohl er vehement für die Einheit der SPD eintrat, verließ er doch unter dem Druck der SPD-Führung die Partei und wurde Vorsitzender der USPD. Er starb an den Folgen eines Attentats.

Tiefe überblickt, kann nur mit Achselzucken und mitleidigem Lächeln sowohl die geschäftigen Sorgen der Regierungssozialisten Scheidemann & Co. betrachten, die durch allerlei Kniffe und Schelmenstreiche ihre Herrschaft über die Gesamtpartei auf die Dauer zu begründen trachten, wie auch die ehrpusselige Entrüstung der sanften Opposition um Haase-Ledebour, wenn sie sich der »Spaltungstendenzen« verdächtigt glaubt.

Das ergötzliche Gezänk zwischen beiden Richtungen darüber, welche von ihnen die Partei eigentlich »spalten wolle«, und die eifrigen Bemühungen jeder von ihnen, ihrem Widerpart den ungeheuerlichen Frevel in die Schuhe zu schieben, ist an sich ein niedlicher Beitrag zu der Tatsache, wie sehr im Grunde genommen die ganze Auffassung von den Grundbedingungen der Parteiexistenz bei der Rechten und beim Sumpfe aus gleichem Holze geschnitten ist. Vereine, Instanzen, Konferenzen, Generalversammlungen, Kassenbücher, Mitgliedsbücher, das ist »die Partei« nach den Scheidemann-Genossen wie nach den Haase-Genossen. Die einen wie die andern merken nicht, dass sich Vereine, Instanzen, Mitgliedsbücher und Kassenbücher mit dem Augenblick in wertlosen Plunder verwandeln, in dem die Partei aufhört, die durch ihr Wesen bedingte Politik zu treiben. Die einen wie die andern merken nicht, dass ihr Gezänk um die Frage der Spaltung oder der Einigkeit der deutschen Sozialdemokratie deshalb ein Streit um des Kaisers Bart ist, denn die deutsche Sozialdemokratie existiert heute als Ganzes gar nicht mehr.

Stellen wir uns für einen Augenblick vor, dass in der Peterskirche in Rom, diesem ehrwürdigsten Tempel des christlichen Glaubens, diesem köstlichsten Denkmal der religiösen Kultur, eines schönen Morgens, die Feder sträubt sich fast, es niederzuschreiben, statt des katholischen Gottesdienstes vor aller Augen eine – nun, eine schamlose Orgie wie in einem öffentlichen Hause entfesselt wäre. Stellen wir uns noch Entsetzlicheres vor, denken wir uns, dass die Priester bei dieser Orgie ihre Talare, ihre

Ornate, ihre Weihrauchgefäße beibehalten würden, die sie früher beim Hochamt gebraucht hatten. Wäre die Peterskirche alsdann doch noch eine Kirche, oder wäre sie ganz etwas Anderes? Die schlanken Mauern würden freilich noch dieselben sein, die Altäre und die Messgewänder wären die alten, aber voll Schaudern würde jeder nach einem Blick ins Innere zurückprallen und verstört fragen: Was ist in aller Welt aus der Kirche geworden?

Nun, eine Kirche ist ein Haus, in dem man zu Gott betet, und die Sozialdemokratie ist eine Partei, die proletarischen Klassenkampf führt. Mit dem offiziellen Aufgeben des Klassenkampfes ist die deutsche Sozialdemokratie mit der unwiderstehlichen Gewalt einer abstürzenden Lawine ihrem Zersetzungsprozess anheimgefallen, und heute beherbergt ihr windschiefes Dach so weit auseinanderstrebende Tendenzen, so ihrem Wesen nach weltferne und todfeindliche Elemente wie Bourgeoisie und Proletariat, wie Imperialismus und Sozialismus, wie Klassenstaat und internationale Völkerverbrüderung.

Von hier aus ist der politische Plan in Westentaschenformat zu beurteilen, mit dem die sanfte Opposition der Mitte an diese in der Weltgeschichte nie dagewesene historische Situation herantritt. Der ganze Plan ist in einem Worte erschöpft und auch schon kritisiert: »Zurück!« Sie wollen zurück zu den Zuständen, wie sie vor dem Ausbruch des Weltkrieges bestanden, sie wollen ihre deutsche Sozialdemokratie wiederhaben, wie sie bis zum 4. August 1914 war. Sie wollen zurück zu ihrer »alten bewährten Taktik« mit den »glänzenden Siegen« von Reichstagswahl zu Reichstagswahl, zu ihren siegreichen Schlachten mit dem »Revisionismus« von Parteitag zu Parteitag, zu ihrer geduldigen Drehorgel der Agitation für die internationale Solidarität der Arbeit, zu ihren nach dem Taktstock arrangierten 47 »prächtig verlaufenen« Massenversammlungen an einem Tag mit »einstimmig« angenommenen dröhnenden Resolutionen und dem dreifachen Hoch auf die »internationale, revolutionäre, völkerbefreiende deutsche Sozialdemokratie«, zurück zu den »roten Wochen«, die im Kleinen Herrgotts großes Wunder kopierten und in sieben Tagen zum frommen Staunen der Welt hundertundfünfzigtausend »Sozialdemokraten« machten. Zurück, zurück zu den schönen Zeiten des bequemen holden Selbstbetrugs.

Stell auf den Tisch die duftenden Reseden.
Die letzten roten Astern trag herbei,
Und lass uns wieder von der Liebe reden,
Wie einst im Mai ...[2]

2 Luxemburg zitiert hier das Gedicht »Allerseelen« von Hermann von Gilm zu Rosenegg.

Wilhelm Dittmann (1874–1954)

... war seit 1894 in der SPD und in der Gewerkschaft aktiv. Er trat als Redakteur, Kommunalpolitiker und Reichstagsabgeordneter in Erscheinung. 1914 stimmte er für den Krieg, aber im Dezember 1915 gegen weitere Kriegskredite. Er schloss sich der USPD an. Nach dem Berliner Munitionsarbeiterstreik im Januar 1918 wurde Dittmann zu fünf Jahren Festungshaft verurteilt. Ab 1919 bis zur Spaltung der Partei und dem Zusammenschluss eines Flügels mit der SPD war er einer der Vorsitzenden der Partei, dann unter anderem Sekretär im Parteivorstand der SPD.

Aber der kleine Plan hat leider ein großes Loch: Die ehemalige deutsche Sozialdemokratie, wie sie »einst im Mai« war, existiert nicht mehr, es gibt nur eine, wie sie im August geworden. Jene ehemalige deutsche Sozialdemokratie mit ihrer »altbewährten Taktik« ruht unter den zermalmenden Rädern des imperialistischen Triumphwagens. Die Sehnsucht des Sumpfes, zurück zu der Partei, wie sie vor dem Weltkriege war, ist eine der kindlichsten Utopien, die der furchtbare Krieg geboren, und nur eines kommt ihr an Kindlichkeit annähernd gleich: Es ist die ergreifende politische Einfalt, mit der die Führer des Sumpfes, die Haase, Ledebour, Dittmann, vermeinen, die alte ruhmreiche Sozialdemokratie, die sie erst zu verscharren mitgeholfen und auf deren Grabe sie anderthalb Jahre lang selbst mitgetanzt hatten, nunmehr in der Weise von den Toten aufzuerwecken, dass sie sich mitten im heutigen Weltkrieg, »treu der alten bewährten Taktik«, wieder genauso gebärden wie vor dem Kriege und genau die gleichen Reichstagsreden schmettern wie anno Tobak, als wäre nichts geschehen.

Indessen sich heute auf dem Vorderplan der Partei dieses unschuldige Satyrspiel einer rückwärtsgewendeten Opposition abspielt, die deshalb dem Ansturm der Gegenwart nur die weicheren Rückenteile bietet, vollzieht sich im Innern der Partei ein Vorgang von weltgeschichtlicher Tragik:

Es ist die tödliche Umklammerung der Elitetruppen des deutschen Proletariats durch die Polypenarme des deutschen Kapitals. Die Herrschaft der Partei- und Gewerkschaftsinstanzen, der Scheidemann und Genossen wie der Legien und Genossen, über die organisierte Arbeiterschaft, das ist im Kern nichts anderes als der gewaltigste Sieg der deutschen Bourgeoisie über die Arbeiterklasse, der je erfochten oder nur erträumt worden ist.

Die zum Kampfe wider das Kapital unter die Fahnen der Sozialdemokratie und der Gewerkschaften gelockten Massen sind heute gerade durch diese Organisationen und in diesen Organisationen unter das Joch der Bourgeoisie in einer Weise gespannt worden, wie sie es nie seit Beginn des modernen Kapitalverhältnisses waren.

Und daraus ergibt sich auch für diejenigen ein bündiger Schluss zur Frage von »Spaltung und Einheit« der Partei, die nicht rückwärts, sondern vorwärts aus dem Zusammenbruch der Arbeiterbewegung streben. So löblich und begreiflich die Ungeduld und der bittere Groll sind, aus denen heraus sich heute die Flucht vieler der besten Elemente aus der Partei ergibt: Flucht bleibt Flucht, uns ist sie ein Verrat an den Massen, die in der würgenden Schlinge der Scheidemann und Legien, der Bourgeoisie auf Gnade und Ungnade preisgegeben, zappeln und ersticken. Aus kleinen Sekten und Konventikeln kann man »austreten«, wenn sie einem nicht mehr passen, um neue Sekten und Konventikel zu gründen. Es ist nichts als unreife Fantasie, die gesamte Masse der Proletarier aus diesem schwersten und gefährlichsten Joch der Bourgeoisie durch einfachen »Austritt« befreien zu wollen und ihr auf diesem Wege mit tapferem Beispiel voranzugehen. Das Hinwerfen des Mitgliedsbuchs als Befreiungsillusion ist nur die auf den Kopf gestellte Verhimmelung des Mitgliedsbuchs als Machtillusion, beides nur die verschiedenen Pole des Organisationskretinismus, dieser konstitutionellen Krankheit der alten deutschen Sozialdemokratie. Der Zerfall der deutschen Sozialdemokratie ist ein geschichtlicher Prozess größter Dimensionen, eine Generalauseinandersetzung zwischen Arbeiterklasse und Bourgeoisie, und von diesem Schlachtfeld drückt man sich nicht vor Ekel auf die Seite, um im Winkel unter dem Busch reinere Luft zu atmen. Diesen Riesenkampf gilt es auszufechten bis zum Äußersten. An der tödlichen Schlinge der offiziellen deutschen Sozialdemokratie und der offiziellen freien Gewerkschaften, die die herrschende Klasse um den Hals der verirrten und verratenen Massen gelegt hat, gilt es zu zerren mit vereinten Kräften, bis sie zerreißt, und den betörten Massen gilt es in diesem schwersten

Carl Legien
(1861–1920)

… trat der SPD 1885 bei. Kurz darauf errang er große Verdienste bei der Einigung und Organisation der Gewerkschaftsbewegung in Deutschland und auf internationaler Ebene sowie der Verteidigung des Koalitionsrechts der Arbeiter*innen. Er forderte die Unterordnung der SPD unter die Gewerkschaftszentrale und war unter anderem in Fragen des Massenstreiks Opponent Luxemburgs. Er setzte ab 1914 die Unterstützung der Kriegspolitik vonseiten der Gewerkschaften durch. Mit dem am 15. November 1918 unterzeichneten Stinnes-Legien-Abkommen* zwischen Gewerkschaften und Spitzen des deutschen Großkapitals begründete er das Modell der deutschen Sozialpartnerschaft mit. Dieses Abkommen wurde von den revolutionären Strömungen als die Kapitalherrschaft ohne Not stabilisierend scharf kritisiert. Während des gegen die Republik gerichteten Kapp-Putsches organisierte er erfolgreich den Generalstreik.

Kampfe um ihre Befreiung beizustehen, sie treu mit der Brust zu verteidigen. Die Liquidierung des »Haufens organisierter Verwesung«, der sich heute deutsche Sozialdemokratie nennt, ist nicht als Privatangelegenheit in den Entschluss einzelner oder vereinzelter Gruppen gegeben. Sie wird sich als unvermeidlicher Nachtrag dem Weltkriege anschließen und muss als große öffentliche Machtfrage unter Aufbietung aller Kräfte ausgefochten werden. Die entscheidenden Würfel des Klassenkampfes in Deutschland werden für Jahrzehnte in dieser Generalauseinandersetzung mit den Instanzen der Sozialdemokratie und der Gewerkschaften fallen, und da gilt für jeden von uns bis zum Letzten: »Hier steh' ich, ich kann nicht anders!«

Aus: Rosa Luxemburg:
Gesammelte Werke, Berlin 1970 ff., Bd. 4, S. 232–236

Hintergrund

Mit der Zustimmung zu den Kriegskrediten durch die Reichstagsfraktion der SPD am 4. August 1914 übernahm die Partei eine Mitverantwortung für den Ersten Weltkrieg. Die Mehrheit des Apparates und der Mitgliedschaft unterwarf sich in den Folgejahren bedingungslos der Kriegspolitik des Deutschen Reiches.

Der Widerstand gegen den Kurs der SPD-Führung zur Unterstützung des Krieges blieb anfangs relativ schwach, aber er war da. Im Parlament hatten schon 1914 Karl Liebknecht, dann auch Otto Rühle mit ihrem Nein zu den Kriegskrediten ein wichtiges Zeichen gesetzt, das die SPD-Führung mit Repressionen beantwortete.

Die »Abweichler*innen« von der Linie der Parteiführung verloren weitgehend die Möglichkeit, ihre Auffassungen in Parteiorganen zu publizieren, teilweise auch die Unterstützung, wenn sie wegen ihres Engagements gegen den Krieg verhaftet oder verurteilt wurden. Davon war nicht zuletzt Rosa Luxemburg betroffen.

»Als Rosa Luxemburg von der Klassenjustiz aufgefordert wurde, die Gefängnishaft von einem Jahr anzutreten, zu der sie am 20. Februar 1914 wegen ihres konsequenten Kampfes gegen den Militarismus verurteilt worden war, verlangte der Vorstand des sozialdemokratischen Wahlvereins Nieder-Barnim vom Parteivorstand die unverzügliche Durchführung von Protestkundgebungen. Der Parteivorstand sprach sich ›einmütig‹ gegen den Antrag aus.«[3]

Im Jahr 1915 gründete sich unter Beteiligung Luxemburgs die Gruppe Internationale als Vorläufer des Spartakusbundes. Durch Flugblätter und Publikationen versuchte die Gruppe, die Arbeiter*innen gegen den Krieg und gegen die Politik der SPD-Führung zu mobilisieren. Es wurde die Zeitschrift

3 Dieter Fricke: Handbuch zur Geschichte der deutschen Arbeiterbewegung. 1869 bis 1917 (2 Bd.), Berlin 1987, S. 368.

Internationale gegründet, die aber sofort (nach einer Intervention des SPD-Vorstandes) unter Vorzensur gestellt wurde, woraufhin keine weiteren Ausgaben mehr erschienen. Generell wollte die Gruppe in der Partei bleiben und diese »zurückerobern«. In Bremen, im Umfeld der Zeitung *Arbeiterpolitik* und in Stuttgart gab es eine starke Strömung, die sich schon früh dafür aussprach, die SPD zu verlassen und eine eigene Partei zu gründen. Diese Position wurde auch von Gruppen in Berlin, Chemnitz, Hamburg und Stuttgart geteilt. Dabei spielte auch die Übernahme organisationspolitischer Vorstellungen Lenins eine Rolle.[4] Darüber kam es in der Spartakusgruppe zu harten Auseinandersetzungen. Während die Spartakusgruppe schließlich der Unabhängigen Sozialdemokratischen Partei (USPD) beitrat, gründeten die Bremer Linken Ende Februar 1917 eine eigene Organisation.

Auch unter den Arbeiter*innen war die Kriegsbegeisterung keinesfalls so groß, wie oft suggeriert wird. Schon 1915 begann die Zahl der Proteste zu steigen. Einen ersten Höhepunkt erreichten sie Mitte 1916, als etwa in Bremen mehr als die Hälfte der Beschäftigten der Weser-Werft in einen Streik traten.[5] Die Konflikte, die teilweise gewaltsame Formen annahmen, sollten nicht mehr abreißen. Auch innerhalb der SPD wuchs der Widerstand gegen den Kurs der Parteiführung. Die Führung der SPD (wie auch die der Gewerkschaften) nutzten den Apparat, um Kritik am Krieg und an ihrer Politik zu unterdrücken. So begann sich ein geheimes Netz von betrieblichen Obleuten zu etablieren, das die Proteste der Arbeiter*innen koordinieren wollte – das war die entscheidende Quelle der Rätebewegung in der deutschen Novemberrevolution. Sie waren es, die Mitte 1916 gegen die Position der SPD-Führung die Proteste im Zusammenhang mit der Verhaftung Karl Liebknechts bei einer Antikriegsdemonstration organisierten. Ihre Bedeutung wuchs schnell in dem Maße, in dem die Versorgungslage schlechter und der Druck auf die Beschäftigten größer wurde. Mit dem »Hindenburg-Programm« und dem »Gesetz über den vaterländischen Hilfsdienst« (beide 1916) wurde das gesellschaftliche Leben weitgehend militarisiert. Deutschland sollte »eine einzige Munitionsfabrik« werden. Gegen das »Hilfsdienstgesetz« stimmte im Reichstag lediglich die Sozialdemokratische Arbeitsgemeinschaft. In ihr hatten sich Ende 1915 18 Abgeordnete der SPD um Georg Ledebour und Hugo Haase zusammengeschlossen, die den weiteren Kriegskurs der SPD nicht mehr mittragen wollten. Sie waren es, die Luxemburg im Blick hatte, wenn sie vom Wunsch nach der Rückkehr zur »alten SPD« sprach. Am 7. Januar 1917 traf sich die inner-sozialdemokratische Opposition, um über ihr weiteres parlamentarisches und außerparlamentarisches Vorgehen zu beraten. Sie wollte die SPD wieder auf den Kurs einer antikapitalistischen Partei bringen. In der Entschließung hieß es:

4 Vgl. Ernst Diehl (Hrsg.): Geschichte der Sozialistischen Einheitspartei Deutschlands. Bd. 1, Berlin 1988, S. 810.

5 Vgl. Antonio Farina: Die »unruhige Arbeiterschaft«. Rüstungsproduktion und Arbeiterbewegung in einer U-Boot-Werft. Die AG »Weser« im Ersten Weltkrieg, in: Jahrbuch für Forschungen zur Geschichte der Arbeiterbewegung, III/2014, S. 85–106, hier: S. 98–102.

»Die während des Krieges vom Parteivorstand betriebene Politik ist damit unvereinbar, weil sie die Bourgeoisie stärkt, bei ihrer Machterweiterung stützt, die Arbeiterklasse dagegen noch mehr spaltet und in der Verfolgung des sozialistischen Zieles hemmt.«[6]

Die SPD-Führung reagierte am 18. Januar mit dem Ausschluss der Abweichler*innen, letztlich der Spaltung der Partei. Das war keine spontane Entscheidung. Schon seit 1914 warteten Funktionäre wie z. B. Eduard David auf eine Gelegenheit, die »Spaltung der Partei« nur als eine »Absplitterung der kleinen Gruppe der Doktrinäre« erscheinen zu lassen.[7]

Nach diesem Ausschluss wurde vom 6. bis 8. April 1917 die USPD gegründet, die schnell zu einer Massenpartei wurde. Demgegenüber blieb der Einfluss der Gruppierungen gering, die den Weg in die USPD nicht mitgegangen waren. Aber auch der Spartakusbund vermochte es nicht, seine konsequent-revolutionäre Politik im Rahmen der USPD durchzusetzen. Im Ergebnis wurde von Vertreter*innen der Spartakusgruppe und anderen Linken zum Jahreswechsel 1918/19 die KPD gegründet.

Dieser Verlauf der Dinge war aber im Januar 1917 noch nicht absehbar. Die immer stärker werdende Antikriegsbewegung unter Arbeiter*innen, (erwerbslosen und anderen) Frauen* und Jugendlichen schien die Chance zu bieten, im Rahmen der SPD bzw. dann der USPD weiter unmittelbar mit den Massen verbunden zu bleiben. Dies war das treibende Motiv Luxemburgs und ihres Umfeldes, das Bündnis mit den »abtrünnigen Funktionären« einzugehen, die in dem vorliegenden Artikel hart kritisiert und gar verspottet werden.

6 Entschließung der Reichskonferenz der Parteiopposition vom 7. Januar 1917 über die Aufgaben der Opposition, in: Institut für Marxismus-Leninismus (Hrsg.): Dokumente und Materialien zur Geschichte der deutschen Arbeiterbewegung. Reihe II, Bd. 1. Juli 1914–Oktober 1917, Berlin 1958, S. 526–527, hier: S. 527.

7 Eduard David: Das Kriegstagebuch des Reichstagsabgeordneten Eduard David 1914 bis 1918, Düsseldorf 1966, S. 17.

Revolution und Demokratie

Rosa Luxemburg begrüßte die Revolution in Russland 1917,[1] beobachtete ihren Verlauf aber auch kritisch. Ihr Text »Zur russischen Revolution« war Teil einer Diskussion, die ab 1917 in der linken Sozialdemokratie über die Möglichkeiten und Grenzen dieser Revolution ablief.[2] Trotz der kriegsbedingten Probleme konnte man die Ereignisse in Russland zeitnah verfolgen, das galt auch für Luxemburg. Entgegen später verbreiteten Mythen resultierten sowohl Kritik als auch Würdigung des Handelns Lenins und der Bolschewiki aus einer guten Kenntnis der Ereignisse und natürlich auch der Personen. Obwohl der Text sich ausführlich mit den russischen Verhältnissen auseinandersetzte, war er gleichzeitig, was oft unterschlagen wurde, eine Generalabrechnung mit dem Versagen der deutschen Sozialdemokratie vor und im Kriege. So vereinte diese Schrift Luxemburgs Kritik an den Organisationsprinzipien der alten Vorkriegssozialdemokratie mit derjenigen an der sich entwickelnden neuen bolschewistisch-kommunistisch geprägten gesellschaftlichen Ordnung.

Zur russischen Revolution — 1918

I

Die russische Revolution ist das gewaltigste Faktum des Weltkrieges. Ihr Ausbruch, ihr beispielloser Radikalismus, ihre dauerhafte Wirkung strafen am besten die Phrase Lügen, mit der die offizielle deutsche Sozialdemokratie den Eroberungsfeldzug des deutschen Imperialismus im Anfang diensteifrig ideologisch bemäntelt hat: die Phrase von der Mission der deutschen Bajonette, den russischen Zarismus zu stürzen und seine unterdrückten Völker zu befreien. Der gewaltige Umfang, den die Revolution in Russland angenommen hat, die tiefgehende Wirkung, womit sie alle Klassenverhältnisse erschüttert, sämtliche sozialen und wirtschaftlichen Probleme aufgerollt, sich folgerichtig vom ersten Stadium der bürgerlichen Republik zu immer weiteren Phasen mit der Fatalität der inneren Logik

1 Zum Verlauf der Revolution und zu Fragen ihrer Rezeption vgl. das Webprojekt »Revolution100« der Rosa-Luxemburg-Stiftung von 2017, unter: https://marx200.org/revolutionen100. Vgl. auch Lutz Brangsch: Skizzen zur russischen Revolution 1917 (unveröffentlichtes Manuskript), Berlin 2018, unter: https://tinyurl.com/Revolutionsskizzen.

2 Die Diskussion ist dokumentiert in Jörn Schütrumpf (Hrsg.): Diktatur statt Sozialismus. Die russische Revolution und die deutsche Linke 1917/18, Berlin 2017.

Pawel Borissowitsch Axelrod
(1850–1928)

... (eigentlich Boruch Pinchus) kam über die Volkstümler zur Sozialdemokratie, gründete gemeinsam mit Georgi Plechnow 1883 die Gruppe »Befreiung der Arbeit«. Seit der Gründung der SDAPR war er Gegenspieler der leninschen Richtung und betrieb im Zuge der russischen Revolution 1917 eine Politik, die in ihrer Konsequenz auf die Unterordnung der revolutionären Bewegung unter die Interessen des Bürgertums hinauslief.

voranbewegt hat – wobei der Sturz des Zarismus nur eine knappe Episode, beinahe eine Lappalie geblieben ist –, all dies zeigt auf flacher Hand, dass die Befreiung Russlands nicht das Werk des Krieges und der militärischen Niederlage des Zarismus war, nicht das Verdienst »deutscher Bajonette in deutschen Fäusten«, wie die *Neue Zeit* unter der Redaktion Kautskys im Leitartikel versprach, sondern dass sie im eigenen Lande tiefe Wurzeln hatte und innerlich vollkommen reif war. Das Kriegsabenteuer des deutschen Imperialismus unter ideologischem Schilde der deutschen Sozialdemokratie hat die Revolution in Russland nicht herbeigeführt, sondern nur für eine Zeitlang anfänglich – nach ihrer ersten steigenden Sturmflut in den Jahren 1911 bis 1913 – unterbrochen und dann – nach ihrem Ausbruch – ihr die schwierigsten, abnormsten Bedingungen geschaffen.

Dieser Verlauf ist aber für jeden denkenden Beobachter auch ein schlagender Beweis gegen die doktrinäre Theorie, die Kautsky mit der Partei der Regierungssozialisten teilt, wonach Russland als wirtschaftlich zurückgebliebenes, vorwiegend agrarisches Land für die soziale Revolution und für eine Diktatur des Proletariats noch nicht reif wäre. Diese Theorie, die in Russland nur eine *bürgerliche* Revolution für angängig hält – aus welcher Auffassung sich dann auch die Taktik der Koalition der Sozialisten in Russland mit dem bürgerlichen Liberalismus ergibt –, ist zugleich diejenige des opportunistischen Flügels in der russischen Arbeiterbewegung, der sogenannten Menschewiki unter der bewährten Führung Axelrods und Dans.[3]

Beide, die russischen wie die deutschen Opportunisten, treffen in dieser grundsätzlichen Auffassung der russischen Revolution, aus der sich die Stellungnahme zu den Detailfragen der Taktik von selbst ergibt, vollkommen mit den deutschen Regierungssozialisten zusammen: Nach der Meinung aller drei hätte die russische Revolution bei jenem Stadium haltmachen sollen, das sich die Kriegführung des deutschen Imperialismus nach der Mythologie der deutschen Sozialdemokratie zur edlen Aufgabe

3 Zu den parteipolitischen Konstellationen in der Zeit der russischen Revolution 1917 vgl. Wladislaw Hedeler (Hrsg.): Die russische Linke zwischen März und November 1917, Berlin 2017.

stellte: beim Sturz des Zarismus. Wenn sie darüber hinausgegangen ist, wenn sie sich die Diktatur des Proletariats zur Aufgabe gestellt hat, so ist das nach jener Doktrin ein einfacher Fehler des radikalen Flügels der russischen Arbeiterbewegung, der Bolschewiki, gewesen, und alle Unbilden, die der Revolution in ihrem weiteren Verlauf zugestoßen sind, alle Wirren, denen sie zum Opfer gefallen, stellen sich eben als ein einfaches Ergebnis dieses verhängnisvollen Fehlers dar. Theoretisch läuft diese Doktrin, die vom stampferschen[4] *Vorwärts* wie von Kautsky gleichermaßen als Frucht »marxistischen Denkens« empfohlen wird, auf die originelle »marxistische« Entdeckung hinaus, dass die sozialistische Umwälzung eine nationale, sozusagen häusliche Angelegenheit jedes modernen Staates für sich sei. In dem blauen Dunst des abstrakten Schemas weiß ein Kautsky natürlich sehr eingehend die weltwirtschaftlichen Verknüpfungen des Kapitalismus auszumalen, die aus allen modernen Ländern einen zusammenhängenden Organismus machen.

Russlands Revolution – eine Frucht der *internationalen* Entwicklung und Agrarfrage – unmöglich in den Schranken der bürgerlichen Gesellschaft zu lösen.

Praktisch hat diese Doktrin die Tendenz, die Verantwortlichkeit des internationalen, in erster Linie des deutschen Proletariats für die Geschicke der russischen Revolution abzuwälzen, die internationalen Zusammenhänge dieser Revolution zu leugnen. Nicht Russlands Unreife, sondern die Unreife des deutschen Proletariats zur Erfüllung der historischen Aufgaben hat der Verlauf des Krieges und der russischen Revolution erwiesen, und dies mit aller Deutlichkeit hervorzukehren ist die erste Aufgabe einer kritischen Betrachtung der russischen Revolution. Die Revolution Russlands war in ihren Schicksalen völlig von den *internationalen* [Ereignissen] abhängig. Dass die Bolsche-

Fjodor Iljitsch Dan
(1871–1947)

... (eigentlich Gurwitsch) gehörte gemeinsam mit Lenin, seinem späteren Opponenten, zu den Gründern des Kampfbundes zur Befreiung der Arbeiterklasse. Er schloss sich um 1905 den Menschewiki an und unterstützte eine stark am Parlament orientierte Parteipolitik. Dan galt als hervorragender Organisator. In der Revolution 1917 war er Mitglied des Petrograder Sowjets. Bis 1920 gehörte er zu der menschewistischen Strömung, die die Verteidigung Sowjetrusslands gegen die innere und äußere Konterrevolution mit einer konsequenten Kritik des Bolschewismus verbinden wollte. 1922 wurde er ausgewiesen.*

4 Friedrich Stampfer wurde nach Absetzung der Redaktion der Parteizeitung *Vorwärts* im Jahr 1916 deren Chefredakteur. Die Absetzung erfolgte, weil die alte Redaktion der Parteiführung zu antimilitaristisch erschien.

wiki ihre Politik gänzlich auf die Weltrevolution des Proletariats stellten, ist gerade das glänzendste Zeugnis ihres politischen Weitblicks und ihrer grundsätzlichen Treue, des kühnen Wurfs ihrer Politik. Darin der kolossale Sprung sichtbar, den die kapitalistische Entwicklung in dem letzten Jahrzehnt gemacht hatte. Die Revolution 1905–1907 fand nur ein schwaches Echo in Europa. Sie musste deshalb ein Anfangskapitel bleiben. Fortsetzung und Lösung war an die europäische Entwicklung gebunden.

Es ist klar, dass nicht kritikloses Apologetentum, sondern nur eingehende, nachdenkliche Kritik imstande ist, die Schätze an Erfahrungen und Lehren zu heben. Es wäre in der Tat eine wahnwitzige Vorstellung, dass bei dem ersten welthistorischen Experiment mit der Diktatur der Arbeiterklasse, und zwar unter den denkbar schwersten Bedingungen: mitten im Weltbrand und Chaos eines imperialistischen Völkermordens, in der eisernen Schlinge der reaktionärsten Militärmacht Europas, unter völligem Versagen des internationalen Proletariats, dass bei einem Experiment der Arbeiterdiktatur unter so abnormen Bedingungen just alles, was in Russland getan und gelassen wurde, der Gipfel der Vollkommenheit gewesen sei. Umgekehrt zwingen die elementaren Begriffe der sozialistischen Politik und die Einsicht in ihre notwendigen historischen Voraussetzungen zu der Annahme, dass unter so fatalen Bedingungen auch der riesenhafteste Idealismus und die sturmfesteste revolutionäre Energie nicht Demokratie und nicht Sozialismus, sondern nur ohnmächtige, verzerrte Anläufe zu beiden zu verwirklichen imstande seien.

Sich dies in allen tiefgehenden Zusammenhängen und Wirkungen klar vor die Augen zu führen, ist gerade elementare Pflicht der Sozialisten in allen Ländern; denn nur an einer solchen bitteren Erkenntnis ist die ganze Größe der eigenen Verantwortung des internationalen Proletariats für die Schicksale der russischen Revolution zu ermessen. Andererseits kommt nur auf diesem Wege die entscheidende Wichtigkeit des geschlossenen internationalen Vorgehens der proletarischen Revolution zur Geltung – als eine Grundbedingung, ohne die auch die größte Tüchtigkeit und die höchsten Opfer des Proletariats in einem einzelnen Lande sich unvermeidlich in ein Wirrsal von Widersprüchen und Fehlgriffen verwickeln müssen.

Es unterliegt auch keinem Zweifel, dass die klugen Köpfe an der Spitze der russischen Revolution, dass Lenin und Trotzki auf ihrem dornenvollen, von Schlingen aller Art umstellten Weg gar manchen entscheidenden Schritt nur unter größten inneren Zweifeln und mit dem heftigsten inneren Widerstreben taten und dass ihnen selbst nichts ferner liegen kann, als all ihr unter dem bitteren Zwange und Drange in gärendem Strudel der Geschehnisse eingegebenes Tun und Lassen von der Internationale als erhabenes Muster der sozialistischen Politik hingenommen zu sehen, für das nur kritiklose Bewunderung und eifrige Nachahmung am Platze wäre.

Es wäre ebenso verfehlt, zu befürchten, eine kritische Sichtung der bisherigen Wege, die die russische Revolution gewandelt, sei eine gefährliche Untergrabung des Ansehens und des faszinierenden Beispiels der russischen Proletarier, das allein die fatale Trägheit der deutschen Massen überwinden könne. Nichts verkehrter als dies. Das Erwachen der revolutionären Tatkraft der Arbeiterklasse in Deutschland kann nimmermehr im Geiste der Bevormundungsmethoden der deutschen Sozialdemokratie seligen Angedenkens durch irgendeine Massensuggestion, durch den blinden Glauben an irgendeine fleckenlose Autorität, sei es die der eigenen »Instanzen« oder die des »russischen Beispiels«, hervorgezaubert werden. Nicht durch Erzeugung einer revolutionären Hurrastimmung, sondern umgekehrt nur durch Einsicht in den ganzen furchtbaren Ernst, die ganze Kompliziertheit der Aufgaben, aus politischer Reife und geistiger Selbstständigkeit, aus kritischer Urteilsfähigkeit der Massen, die von der deutschen Sozialdemokratie unter verschiedensten Vorwänden jahrzehntelang systematisch ertötet wurde, kann die geschichtliche Aktionsfähigkeit des deutschen Proletariats geboren werden. Sich kritisch mit der russischen Revolution in allen ihren historischen Zusammenhängen auseinanderzusetzen, ist die beste Schulung der deutschen wie der internationalen Arbeiter für die Aufgaben, die ihnen aus der gegenwärtigen Situation erwachsen.

Leo Trotzki
(1879–1940)

… (eigentlich Lew Dawidowitsch Bronstein) war der eigentliche Organisator der Oktoberrevolution 1917. Seit Ende der 1890er-Jahre in der revolutionären Bewegung Russlands und der internationalen Sozialdemokratie aktiv, schloss er sich Mitte 1917 den Bolschewiki an, war 1917/18 Volkskommissar für Auswärtige Angelegenheiten und baute ab 1918 als Volkskommissar die Rote Armee auf. Er gehörte in den 1920er-Jahren zu den bekanntesten Köpfen der Sowjetunion und war ab 1923 einer der wichtigsten Kritiker Stalins, wurde dann aus seinen Ämtern verdrängt, verbannt, im Jahr 1929 aus der Sowjetunion ausgewiesen und 1940 von einem sowjetischen Agenten in Mexiko ermordet.

II

Die erste Periode der russischen Revolution, von deren Ausbruch im März bis zum Oktoberumsturz, entspricht in ihrem allgemeinen Verlauf genau dem Entwicklungsschema sowohl der Großen Englischen wie der Großen Französischen Revolution. Es ist der typische Werdegang jeder ersten großen Generalauseinandersetzung der im Schoße der bürgerlichen Gesellschaft erzeugten revolutionären Kräfte mit den Fesseln der alten Gesellschaft.

Ihre Entfaltung bewegt sich naturgemäß auf aufsteigender Linie: von gemäßigten Anfängen zu immer größerer Radikalisierung der Ziele und parallel damit von der Koalition der Klassen und Parteien zur Alleinherrschaft der radikalsten Partei.

Im ersten Moment, im März 1917, standen an der Spitze der Revolution die »Kadetten«, d. h. die liberale Bourgeoisie. Der allgemeine erste Hochgang der revolutionären Flut riss alle und alles mit: Die IV. Duma, das reaktionärste Produkt des aus dem Staatsstreich[5] hervorgegangenen reaktionärsten Vierklassenwahlrechts,[6] verwandelte sich plötzlich in ein Organ der Revolution. Sämtliche bürgerliche Parteien, einschließlich der nationalistischen Rechten, bildeten plötzlich eine Phalanx gegen den Absolutismus. Dieser fiel auf den ersten Ansturm fast ohne Kampf, wie ein abgestorbenes Organ, das nur angerührt zu werden brauchte, um dahinzufallen. Auch der kurze Versuch der liberalen Bourgeoisie, wenigstens die Dynastie und den Thron zu retten, zerschellte in wenigen Stunden. Der reißende Fortgang der Entwicklung übersprang in Tagen und Stunden Strecken, zu denen Frankreich einst Jahrzehnte brauchte. Hier zeigte sich, dass Russland die Resultate der europäischen Entwicklung eines Jahrhunderts realisierte und vor allem – dass die Revolution des Jahres 1917 eine direkte Fortsetzung der Revolution von 1905–1907, nicht ein Geschenk der deutschen »Befreier« war. Die Bewegung im März 1917 knüpfte unmittelbar dort an, wo die vor zehn Jahren ihr Werk abgebrochen hatte. Die demokratische Republik war das fertige, innerlich reife Produkt gleich des ersten Ansturms der Revolution.

Jetzt begann aber die zweite, schwierigere Aufgabe. Die treibende Kraft der Revolution war vom ersten Augenblick an die Masse des städtischen Proletariats. Seine Forderungen erschöpften sich aber nicht in der politischen Demokratie, sondern richteten sich auf die brennende Frage der internationalen Politik: sofortigen Frieden. Zugleich stützte sich die Revolution auf die Masse des Heeres, das dieselbe Forderung nach sofortigem Frieden erhob, und auf die Masse des Bauerntums, das die Agrarfrage, diesen Drehpunkt der Revolution schon seit 1905, in den Vordergrund schob. Sofortiger Frieden und Land – mit diesen beiden Zielen war die innere Spaltung der revolutionären Phalanx gegeben. Die Forderung des

5 Die zaristische Regierung hatte am 3. Juni 1907 die II. Reichsduma aufgelöst und die Mitglieder der sozialdemokratischen Fraktion verhaften lassen. Gleichzeitig führte sie ohne die Zustimmung der Reichsduma ein neues Wahlgesetz ein. Dadurch konnte sich die Regierung in der Duma eine rechtsgerichtete Mehrheit sichern.

6 Nach dem Wahlgesetz vom Dezember 1905 wurden die Wähler nach Stand und Besitz in vier Gruppen eingeteilt, wobei die Großgrundbesitzer besondere Privilegien erhielten und die Zahl der Arbeiter- und Bauerndeputierten beschränkt wurde.

sofortigen Friedens setzte sich in schärfsten Widerspruch mit der imperialistischen Tendenz der liberalen Bourgeoisie, deren Wortführer Miljukow[7] war; die Landfrage war das Schreckgespenst zunächst für den anderen Flügel der Bourgeoisie: für das Landjunkertum, sodann aber, als Attentat auf das heilige Privateigentum überhaupt, ein wunder Punkt für die gesamten bürgerlichen Klassen.

So begann am andern Tage nach dem ersten Siege der Revolution ein innerer Kampf in ihrem Schoße um die beiden Brennpunkte: Frieden und Landfrage. Die liberale Bourgeoisie begann eine Taktik der Verschleppung und der Ausflüchte. Die Arbeitermassen, die Armee, das Bauerntum drängten immer ungestümer. Es unterliegt keinem Zweifel, dass mit der Frage des Friedens und der Landfrage auch die Schicksale selbst der politischen Demokratie der Republik verknüpft waren. Die bürgerlichen Klassen, die, von der ersten Sturmwelle der Revolution überspült, sich bis zur republikanischen Staatsform hatten mit fortreißen lassen, begannen alsbald nach rückwärts Stützpunkte zu suchen und im Stillen die Konterrevolution zu organisieren. Der kaledinsche Kosakenfeldzug gegen Petersburg[8] hat dieser Tendenz deutlichen Ausdruck gegeben. Wäre dieser Vorstoß von Erfolg gekrönt gewesen, dann war nicht nur die Friedens- und die Agrarfrage, sondern auch das Schicksal der Demokratie, der Republik selbst besiegelt. Militärdiktatur mit einer Schreckensherrschaft gegen das Proletariat und dann Rückkehr zur Monarchie wären die unausbleibliche Folge [gewesen].

Daran kann man das Utopische und im Kern Reaktionäre der Taktik ermessen, von der sich die russischen Sozialisten der kautskyschen Richtung, die Menschewiki, leiten ließen. Es ist geradezu erstaunlich, zu beobachten, wie dieser fleißige Mann[9] in den vier Jahren des Weltkrieges durch seine unermüdliche Schreibarbeit ruhig und methodisch ein theoretisches Loch nach dem anderen in den Sozialismus reißt, eine Arbeit, aus der der Sozialismus wie ein Sieb ohne eine heile Stelle hervorgeht. Der kritiklose Gleichmut, mit dem seine Gefolgschaft dieser fleißigen Arbeit ihres offiziellen Theoretikers zusieht und seine immer neuen Entdeckungen schluckt, ohne mit der Wimper zu zucken, findet nur ihre Analogie in dem Gleichmut, mit dem die Gefolgschaft der Scheidemann und Co. zusieht, wie diese Letzteren den Sozialismus *praktisch* Schritt für Schritt

7 P. N. Miljukow (1859–1943) war einer der Führer der Partei der Konstitutionellen Demokraten (meist Kadetten genannt) und Außenminister der Provisorischen Regierung.

8 Luxemburg bezieht sich hier auf den Putschversuch General Kornilows im August 1917, mit dem die Sowjets und andere demokratische Errungenschaften beseitigt werden sollten. General Kaledin war im Juni 1917 von den Donkosaken zu ihrem militärischen Führer (Ataman) gewählt worden und unterstützte den Putsch. Gemeinsam mit Kornilow versuchte er im Januar 1918 erneut, die Sowjetmacht zu stürzen.

9 Gemeint ist Karl Kautsky.

durchlöchern. In der Tat ergänzen sich die beiden Arbeiten vollkommen, und Kautsky, der offizielle Tempelwächter des Marxismus, verrichtet seit Ausbruch des Krieges in Wirklichkeit nur theoretisch dasselbe, was die Scheidemänner praktisch: 1. die Internationale, ein Instrument des Friedens; 2. Abrüstung und Völkerbund, Nationalismus; endlich 3. Demokratie, *nicht* Sozialismus.

In die Fiktion von dem bürgerlichen Charakter der russischen Revolution festgebissen – dieweil ja Russland für die soziale Revolution noch nicht reif sei –, klammerten sie sich verzweifelt an die Koalition mit den bürgerlichen Liberalen, d. h. an die gewaltsame Verbindung derjenigen Elemente, die, durch den natürlichen inneren Gang der revolutionären Entwicklung gespalten, in schärfsten Widerspruch zueinander geraten waren. Die Axelrod und Dan wollten um jeden Preis mit denjenigen Klassen und Parteien zusammenarbeiten, von denen der Revolution und ihrer ersten Errungenschaft, der Demokratie, die größten Gefahren drohten.

In dieser Situation gebührt denn der bolschewistischen Richtung das geschichtliche Verdienst, von Anfang an diejenige Taktik proklamiert und mit eiserner Konsequenz verfolgt zu haben, die allein die Demokratie retten und die Revolution vorwärtstreiben konnte. Die ganze Macht ausschließlich in die Hände der Arbeiter- und Bauernmasse, in die Hände der Sowjets – dies war in der Tat der einzige Ausweg aus der Schwierigkeit, in die die Revolution geraten war, das war der Schwertstreich, womit der gordische Knoten durchhauen, die Revolution aus dem Engpass hinausgeführt und vor ihr das freie Brachfeld einer ungehemmten weiteren Entfaltung geöffnet wurde.

Die Lenin-Partei war somit die einzige in Russland, welche die wahren Interessen der Revolution in jener ersten Periode begriff, sie war ihr vorwärtstreibendes Element, also in diesem Sinne die einzige Partei, die wirklich sozialistische Politik trieb.

Dadurch erklärt sich auch, dass die Bolschewiki, im Beginn der Revolution eine von allen Seiten verfemte, verleumdete und gehetzte Minderheit, in kürzester Zeit an die Spitze der Revolution geführt wurden und alle wirklichen Volksmassen: das städtische Proletariat, die Armee, das Bauerntum, sowie die revolutionären Elemente der Demokratie, den linken Flügel der Sozialisten-Revolutionäre, unter ihrer Fahne sammeln konnten.

Die wirkliche Situation der russischen Revolution erschöpfte sich nach wenigen Monaten in der Alternative: Sieg der Konterrevolution oder Diktatur des Proletariats, Kaledin oder Lenin. Das war die objektive Lage, die sich in jeder Revolution sehr bald, nachdem der erste Rausch verflogen ist, ergibt und die sich in Russland aus den konkreten brennenden Fragen nach dem Frieden und der Landfrage ergab, für die im Rahmen der »bürgerlichen« Revolution keine Lösung vorhanden war.

Die russische Revolution hat hier nur bestätigt die Grundlehre jeder großen Revolution, deren Lebensgesetz lautet: Entweder muss sie sehr rasch und entschlossen vorwärtsstürmen, mit eiserner Hand alle Hindernisse niederwerfen und ihre Ziele immer weiter stecken, oder sie wird sehr bald hinter ihren schwächlichen Ausgangspunkt zurückgeworfen und von der Konterrevolution erdrückt. Ein Stillstehen, ein Trippeln auf demselben Fleck, ein Selbstbescheiden mit dem ersten einmal erreichten Ziel gibt es in der Revolution nicht. Und wer diese hausbackenen Weisheiten aus den parlamentarischen Froschmäusekriegen auf die revolutionäre Taktik übertragen will, zeigt nur, dass ihm die Psychologie, das Lebensgesetz selbst der Revolution ebenso fremd wie alle historische Erfahrung, ein Buch mit sieben Siegeln ist.

Der Verlauf der englischen Revolution seit ihrem Ausbruch 1642. Wie die Logik der Dinge dazu trieb, dass erst die schwächlichen Schwankungen der Presbyterianer, der zaudernde Krieg gegen die royalistische Armee, in dem die presbyterianischen Häupter einer entscheidenden Schlacht und einem Siege über Karl I. geflissentlich auswichen, es zur unabweisbaren Notwendigkeit machten, dass die Independenten sie aus dem Parlament vertrieben und die Gewalt an sich rissen. Und ebenso war es weiter innerhalb des Independentenheeres die untere kleinbürgerliche Masse der Soldaten, die wilburnschen »Gleichmacher«, die die Stoßkraft der ganzen Independentenbewegung bildete, so wie endlich die proletarischen Elemente der Soldatenmasse, die am weitesten gehenden sozialumstürzlerischen Elemente, die in der Digger-Bewegung ihren Ausdruck fanden, ihrerseits den Sauerteig der demokratischen »Gleichmacher«-Partei darstellten.

Ohne die geistige Wirkung der revolutionären proletarischen Elemente auf die Soldatenmasse, ohne den Druck der demokratischen Soldatenmasse auf die bürgerliche Oberschicht der Independentenpartei wäre es weder zur »Reinigung« des Langen Parlaments von den Presbyterianern noch zur siegreichen Beendigung des Krieges mit dem Heer der Kavaliere und mit den Schotten, noch zum Prozess und zur Hinrichtung Karls I., noch zur Abschaffung der Lordskammer und zur Proklamierung der Republik gekommen.

Wie war es in der Großen Französischen Revolution? Die Machtergreifung der Jakobiner erwies sich hier nach vierjährigen Kämpfen als das einzige Mittel, die Errungenschaften der Revolution zu retten, die Republik zu verwirklichen, den Feudalismus zu zerschmettern, die revolutionäre Verteidigung nach innen wie nach außen zu organisieren, die Konspirationen der Konterrevolution zu erdrücken, die revolutionäre Welle aus Frankreich über ganz Europa zu verbreiten.

Kautsky und seine russischen Gesinnungsgenossen, die der russischen Revolution ihren »bürgerlichen Charakter« der ersten Phase bewahrt wis-

Irakli Georgijewitsch Zereteli
(1881–1959)

... kam um 1903 zur Sozialdemokratie, war in Studentenprotesten, als Jurist und Journalist erst in St. Petersburg, dann in Georgien aktiv. Unter den Menschewiki gehörte er zu den Kriegsbefürworter*innen und wurde 1917 Mitglied des Petrograder Sowjets, dann Minister in der Provisorischen Regierung. Von 1917 bis 1921 war er Mitglied der georgischen Regierung, die von den Menschewiki gestellt wurde. Nach dem Sturz der Regierung durch die Bolschewiki emigrierte er nach Frankreich, dann in die USA.

sen wollten, sind ein genaues Gegenstück zu jenen deutschen und englischen Liberalen des vorigen Jahrhunderts, die in der Großen Französischen Revolution die bekannten zwei Perioden unterschieden: die »gute« Revolution der ersten, girondistischen Phase und die »schlechte« seit dem jakobinischen Umsturz. Die liberale Seichtheit der Geschichtsauffassung brauchte natürlich nicht zu begreifen, dass ohne den Umsturz der »maßlosen« Jakobiner auch die ersten zaghaften und halben Errungenschaften der girondistischen Phase alsbald unter den Trümmern der Revolution begraben worden wären, dass die wirkliche Alternative zu der Jakobinerdiktatur, wie sie der eherne Gang der geschichtlichen Entwicklung im Jahre 1793 stellte, nicht »gemäßigte« Demokratie war, sondern – Restauration der Bourbonen! Der »goldene Mittelweg« lässt sich eben in keiner Revolution aufrechterhalten, ihr Naturgesetz fordert eine rasche Entscheidung: Entweder wird die Lokomotive volldampf den geschichtlichen Anstieg bis zum äußersten Punkt vorangetrieben, oder sie rollt durch die eigene Schwerkraft wieder in die Ausgangsniederung zurück und reißt diejenigen, die sie auf halbem Wege mit ihren schwachen Kräften aufhalten wollten, rettungslos in den Abgrund mit.

Dadurch erklärt sich, dass in jeder Revolution nur diejenige Partei die Führung und die Macht an sich zu reißen vermag, die den Mut hat, die vorwärtstreibende Parole auszugeben und alle Konsequenzen daraus zu ziehen. Daraus erklärt sich die klägliche Rolle der russischen Menschewiki, der Dan, Zereteli u. a., die, anfänglich von ungeheurem Einfluss auf die Massen, nach längerem Hin- und Herpendeln, nachdem sie sich gegen die Übernahme der Macht und Verantwortung mit Händen und Füßen gesträubt hatten, ruhmlos von der Bühne weggefegt worden sind.

Die Lenin-Partei war die einzige, die das Gebot und die Pflicht einer wirklich revolutionären Partei begriff, die durch die Losung: Alle Macht in die Hände des Proletariats und des Bauerntums! den Fortgang der Revolution gesichert hat.

Damit haben die Bolschewiki die berühmte Frage nach der »Mehrheit des Volkes« gelöst, die den deutschen Sozialdemokraten seit jeher wie ein

Alp auf der Brust liegt. Als eingefleischte Zöglinge des parlamentarischen Kretinismus übertragen sie auf die Revolution einfach die hausbackene Weisheit aus der parlamentarischen Kinderstube: um etwas durchzusetzen, müsse man erst die Mehrheit haben. Also auch in der Revolution: Zuerst werben wir eine »Mehrheit«. Die wirkliche Dialektik der Revolutionen stellt aber diese parlamentarische Maulwurfsweisheit auf den Kopf: Nicht durch Mehrheit zur revolutionären Taktik, sondern durch revolutionäre Taktik zur Mehrheit geht der Weg. Nur eine Partei, die zu führen, d. h. vorwärtszutreiben versteht, erwirbt sich im Sturm die Anhängerschaft. Die Entschlossenheit, mit der die Lenin und Genossen im entscheidenden Moment die einzige vorwärtstreibende Losung ausgegeben haben: Die ganze Macht in die Hände des Proletariats und der Bauern! hat sie fast über Nacht aus einer verfolgten, verleumdeten, »illegalen« Minderheit, deren Führer sich wie Marat in den Kellern verstecken mussten, zur absoluten Herrin der Situation gemacht.

Die Bolschewiki haben auch sofort als Zweck dieser Machtergreifung das ganze und weitgehendste revolutionäre Programm aufgestellt: nicht etwa Sicherung der bürgerlichen Demokratie, sondern Diktatur des Proletariats zum Zwecke der Verwirklichung des Sozialismus. Sie haben sich damit das unvergängliche geschichtliche Verdienst erworben, zum ersten Mal die Endziele des Sozialismus als unmittelbares Programm der praktischen Politik zu proklamieren.

Was eine Partei in geschichtlicher Stunde an Mut, Tatkraft, revolutionärem Weitblick und Konsequenz aufzubringen vermag, das haben die Lenin, Trotzki und Genossen vollauf geleistet. Die ganze revolutionäre Ehre und Aktionsfähigkeit, die der Sozialdemokratie im Westen gebrach, war in den Bolschewiki vertreten. Ihr Oktoberaufstand war nicht nur eine tatsächliche Rettung für die russische Revolution, sondern auch eine Ehrenrettung des internationalen Sozialismus.

III

Die Bolschewiki sind die historischen Erben der englischen Gleichmacher und der französischen Jakobiner. Aber die konkrete Aufgabe, die ihnen in der russischen Revolution nach der Machtergreifung zugefallen ist, war unvergleichlich schwieriger als diejenige ihrer geschichtlichen Vorgänger.[10] Gewiss war die Losung der unmittelbaren, sofortigen Ergreifung und Aufteilung des Grund und Bodens durch die Bauern[11] die kürzeste,

10 Notiz Luxemburgs am oberen Rand ohne Einordnungshinweis: »(Bedeutung der Agrarfrage. Schon 1905. Dann in der III. Duma die *rechten* Bauern! Bauernfrage und Verteidigung, Armee.)«.

11 Das auf dem II. Gesamtrussischen Sowjetkongress beschlossene Dekret über den Grund und Boden vom 8. November 1917 entsprach fast wörtlich einem »bäuerlichen Wählerauftrag«, der vom Kongress der Bauernsowjets schon Monate zuvor mit Blick auf die Wahlen zur Konstituierenden Versammlung beschlossen worden war.

einfachste, lapidarste Formel, um zweierlei zu erreichen: den Großgrundbesitz zu zertrümmern und die Bauern sofort an die revolutionäre Regierung zu fesseln. Als politische Maßnahme zur Befestigung der proletarisch-sozialistischen Regierung war dies eine vorzügliche Taktik. Sie hatte aber leider ihre zwei Seiten, und die Kehrseite bestand darin, dass die unmittelbare Landergreifung durch die Bauern mit sozialistischer Bewirtschaftung gar nichts gemein hat.

Die sozialistische Umgestaltung der Wirtschaftsverhältnisse setzt in Bezug auf die Agrarverhältnisse zweierlei voraus. – Zunächst die Nationalisierung gerade des Großgrundbesitzes als derjenigen technisch fortschrittlichsten Konzentration der agrarischen Produktionsmittel und Methoden, die allein zum Ausgangspunkt der sozialistischen Wirtschaftsweise auf dem Lande dienen kann. Wenn man natürlich dem Kleinbauern seine Parzelle nicht wegzunehmen braucht und es ihm ruhig anheimstellen kann, sich durch Vorteile des gesellschaftlichen Betriebes freiwillig zuerst für den Weg des genossenschaftlichen Zusammenschlusses und schließlich für die Einordnung in den sozialen Gesamtbetrieb gewinnen zu lassen, so muss jede sozialistische Wirtschaftsreform auf dem Lande selbstverständlich mit dem Groß- und Mittelgrundbesitz anfangen. Sie muss hier das Eigentumsrecht vor allem auf die Nation oder, was bei sozialistischer Regierung dasselbe, auf den Staat übertragen; denn nur dies gewährt die Möglichkeit, die landwirtschaftliche Produktion nach zusammenhängenden großen sozialistischen Gesichtspunkten zu organisieren.

Zweitens aber ist eine der Voraussetzungen dieser Umgestaltung, dass die Trennung der Landwirtschaft von der Industrie, dieser charakteristische Zug der bürgerlichen Gesellschaft, aufgehoben wird, um einer gegenseitigen Durchdringung und Verschmelzung beider, einer umfassenden Ausgestaltung sowohl der Agrar- wie der Industrieproduktion nach einheitlichen Gesichtspunkten Platz zu machen. Wie im Einzelnen die praktische Bewirtschaftung sein mag: ob durch städtische Gemeinden, wie die einen vorschlagen, oder vom staatlichen Zentrum aus – auf jeden Fall ist Voraussetzung eine einheitlich durchgeführte, vom Zentrum aus eingeleitete Reform und als ihre Voraussetzung Nationalisierung des Grund und Bodens. Nationalisierung des großen und mittleren Grundbesitzes, Vereinigung der Industrie und der Landwirtschaft, das sind zwei grundlegende Gesichtspunkte jeder sozialistischen Wirtschaftsreform, ohne die es keinen Sozialismus gibt.

Dass die Sowjetregierung in Russland diese gewaltigen Reformen nicht durchgeführt hat – wer kann ihr das zum Vorwurf machen! Es wäre ein übler Spaß, von Lenin und Genossen zu verlangen oder zu erwarten, dass sie in der kurzen Zeit ihrer Herrschaft, mitten im reißenden Strudel der inneren und äußeren Kämpfe, von zahllosen Feinden und Widerständen ringsherum bedrängt, eine der schwierigsten, ja, wir können ruhig sagen, *die* schwierigste Aufgabe der sozialistischen Umwälzung lösen oder auch nur in Angriff nehmen sollten! Wir werden uns, einmal zur Macht gelangt, auch im Westen und unter den günstigsten Bedingungen an dieser harten Nuss manchen Zahn ausbrechen, ehe wir nur aus den gröbsten der tausend komplizierten Schwierigkeiten dieser Riesenaufgabe heraus sind!

Eine sozialistische Regierung, die zur Macht gelangt ist, muss aber auf jeden Fall eins tun: Maßnahmen ergreifen, die in der Richtung auf jene grundlegenden Voraussetzungen einer späteren sozialistischen Reform der Agrarverhältnisse liegen, sie muss zum Mindesten alles vermeiden, was ihr den Weg zu jenen Maßnahmen verrammelt.

Die Parole nun, die von den Bolschewiki herausgegeben wurde: sofortige Besitzergreifung und Aufteilung des Grund und Bodens durch die Bauern, musste geradezu nach der entgegengesetzten Richtung wirken. Sie ist nicht nur keine sozialistische Maßnahme, sondern sie schneidet den Weg zu einer solchen ab, sie türmt vor der Umgestaltung der Agrarverhältnisse im sozialistischen Sinne unüberwindliche Schwierigkeiten auf.

Die Besitzergreifung der Ländereien durch die Bauern auf die kurze und lapidare Parole Lenins und seiner Freunde hin: Geht und nehmt euch das Land! führte einfach zur plötzlichen chaotischen Überführung des Großgrundbesitzes in bäuerlichen Grundbesitz. Was geschaffen wurde, ist nicht gesellschaftliches Eigentum, sondern neues Privateigentum, und zwar Zerschlagung des großen Eigentums in mittleren und kleineren Besitz, des relativ fortgeschrittenen Großbetriebes in primitiven Kleinbetrieb, der technisch mit den Mitteln aus der Zeit der Pharaonen arbeitet. Nicht genug: Durch diese Maßnahme und die chaotische, rein willkürliche Art ihrer Ausführung wurden die Eigentumsunterschiede auf dem Lande nicht beseitigt, sondern nur verschärft. Obwohl die Bolschewiki die Bauernschaft aufforderten, Bauernkomitees zu bilden, um die Besitzergreifung der adligen Ländereien irgendwie zu einer Kollektivaktion zu machen, so ist es klar, dass dieser allgemeine Rat an der wirklichen Praxis und den wirklichen Machtverhältnissen auf dem Lande nichts zu ändern vermochte. Ob mit oder ohne Komitees, sind die reichen Bauern und Wucherer, welche die Dorfbourgeoisie bildeten und in jedem russischen Dorf die tatsächliche lokale Macht in ihren Händen haben, sicher die Hauptnutznießer der Agrarrevolution geworden. Unbesehen kann jeder sich an den Fingern abzählen, dass im Ergebnis der Aufteilung des Landes die soziale und wirtschaftliche Ungleichheit im Schoße des Bauerntums nicht beseitigt, sondern nur gesteigert, die Klassengegensätze dort verschärft worden sind. Diese Machtverschiebung hat aber entschieden *zuungunsten* der proletarischen und sozialistischen Interessen stattgefunden.

Lenins Rede über notwendige Zentralisation in der Industrie, Nationalisierung der Banken, des Handels und der Industrie. Warum nicht des Grund und Bodens? Hier im Gegenteil Dezentralisation und Privateigentum.

Lenins eigenes Agrarprogramm vor der Revolution war anders. Die Losung übernommen von den viel geschmähten Sozialisten-Revolutionären oder, richtiger, von der spontanen Bewegung der Bauernschaft.

Um sozialistische Grundsätze in die Agrarverhältnisse einzuführen, suchte die Sowjetregierung nunmehr aus Proletariern – meist städtischen arbeitslosen Elementen — Agrarkommunen zu schaffen. Allein es lässt sich leicht im Voraus erraten, dass die Ergebnisse dieser Anstrengungen, gemessen an dem ganzen Umfang der Agrarverhältnisse, nur verschwindend winzige bleiben mussten und für die Beurteilung der Frage gar nicht in Betracht fallen.[12] (Nachdem man den Großgrundbesitz, den geeignetsten Ansatzpunkt für die sozialistische Wirtschaft, in Kleinbetrieb zerschlagen, sucht man jetzt aus kleinen Anfängen kommunistische Musterbetriebe aufzubauen.) Unter den gegebenen Verhältnissen beanspruchen diese Kommunen nur den Wert eines Experiments, nicht einer umfassenden sozialen Reform.

Früher stand einer sozialistischen Reform auf dem Lande allenfalls der Widerstand einer kleinen Kaste adeliger und kapitalistischer Großgrundbesitzer sowie eine kleine Minderheit der reichen Dorfbourgeoisie entgegen, deren Expropriation durch eine revolutionäre Volksmasse ein Kinderspiel ist. Jetzt, nach der »Besitzergreifung«, steht als Feind jeder sozialistischen Vergesellschaftung der Landwirtschaft eine enorm angewachsene und erstarkte Masse des besitzenden Bauerntums entgegen, das sein neuerworbenes Eigentum gegen alle sozialistischen Attentate mit Zähnen und mit Nägeln verteidigen wird. Jetzt ist die Frage der künftigen Sozialisierung der Landwirtschaft, also der Produktion überhaupt in Russland, zur Gegensatz- und Kampffrage zwischen dem städtischen Proletariat und der Bauernmasse geworden. Wie scharf der Gegensatz schon jetzt geworden ist, beweist der Boykott der Bauern den Städten gegenüber, denen sie die Lebensmittel vorenthalten, um damit Wuchergeschäfte zu machen, genau wie die preußischen Junker. Der französische Parzellenbauer war zum tapfersten Verteidiger der Großen Französischen Revolution geworden, die ihn mit dem konfiszierten Land der Emigranten ausgestattet hatte. Er trug als napoleonischer Soldat die Fahne Frankreichs zum Siege, durchquerte ganz Europa und zertrümmerte den Feudalismus in einem Lande nach dem anderen. Lenin und seine Freunde mochten eine ähnliche Wirkung von ihrer Agrarparole erwartet haben. Indes der

12 Notiz Rosa Luxemburgs am linken Rand ohne Einordnungshinweis: »Getreidemonopol mit Prämien. *Jetzt*, post festum, wollen sie den Klassenkampf ins Dorf hineintragen«.

russische Bauer hat, nachdem er vom Lande auf eigene Faust Besitz ergriffen, nicht im Traume daran gedacht, Russland und die Revolution, der er das Land verdankte, zu verteidigen. Er verbiss sich in seinen neuen Besitz und überließ die Revolution ihren Feinden, den Staat dem Zerfall, die städtische Bevölkerung dem Hunger.

Die leninsche Agrarreform hat dem Sozialismus auf dem Lande eine neue mächtige Volksschicht von Feinden geschaffen, deren Widerstand viel gefährlicher und zäher sein wird, als es derjenige der adligen Großgrundbesitzer war.

Dass sich die militärische Niederlage in den Zusammenbruch und Zerfall Russlands verwandelte, dafür haben die Bolschewiki einen Teil der Schuld. Diese objektiven Schwierigkeiten der Lage haben sich die Bolschewiki aber selbst in hohem Maße verschärft durch eine Parole,[13] die sie in den Vordergrund ihrer Politik geschoben haben: das sogenannte Selbstbestimmungsrecht der Nationen oder, was unter dieser Phrase in Wirklichkeit steckte: den staatlichen Zerfall Russlands. Die mit doktrinärer Hartnäckigkeit immer wieder proklamierte Formel von dem Recht der verschiedenen Nationalitäten des russischen Reichs, ihre Schicksale selbstständig zu bestimmen »bis einschließlich der staatlichen Lostrennung von Russland«, war ein besonderer Schlachtruf Lenins und Genossen während ihrer Opposition gegen den miljukowschen wie gegen den kerenskischen Krieg,[14] sie bildete die Achse ihrer inneren Politik nach dem Oktoberumschwung, und sie bildete die ganze Plattform der Bolschewiki in Brest-Litowsk,[15] ihre

Alexander Fjodorowitsch Kerenski
(1881–1970)

… arbeitete als Rechtsanwalt im zaristischen Russland und wurde durch die Aufdeckung der menschenunwürdigen Verhältnisse auf den Goldfeldern der Lena 1912 bekannt. 1914 stimmte er gegen den Krieg, wurde dann zum Kriegsbefürworter. Nach der Februarrevolution Minister, dann Ministerpräsident und später auch Oberbefehlshaber. Durch seine gegen die Sowjets gerichtete Politik trug er wesentlich zum Sturz der von ihm geführten Regierung bei. Ab 1918 im Exil.

13 In der Quelle: Politik.

14 Die russische Revolution 1917 war eine Revolution gegen den Krieg. Die Provisorische Regierung mit P. N. Miljukow als Außenminister und die im Mai 1917 neu gebildete Regierung mit A. F. Kerenski als Kriegs- und Marineminister führten den Krieg jedoch weiter. Die Bolschewiki forderten demgegenüber einen sofortigen Frieden ohne Annexion. Das schloss das Recht der von Russland unterdrückten Völker, wie des polnischen, ukrainischen, finnischen usw., auf staatliche Lostrennung ein.

15 In Brest-Litowsk fanden vom Dezember 1917 bis Februar 1918 Waffenstillstands- und dann Friedensverhandlungen zwischen Sowjetrussland und seinen Kriegsgegnern statt. In diesen Verhandlungen trat die sowjetrussische Delegation mit der Forderung nach der Realisierung des Rechtes auf nationale Selbstbestimmung in dem o. g. Sinne auf.

einzige Waffe, die sie der Machtstellung des deutschen Imperialismus entgegenzustellen hatten.

Zunächst frappiert an der Hartnäckigkeit und starren Konsequenz, mit der Lenin und Genossen an dieser Parole festhielten, dass sie sowohl in krassem Widerspruch zu ihrem sonstigen ausgesprochenen Zentralismus der Politik wie auch zu der Haltung [steht], die sie den sonstigen demokratischen Grundsätzen gegenüber eingenommen haben. Während sie gegenüber der Konstituierenden Versammlung,[16] dem allgemeinen Wahlrecht, der Presse- und Versammlungsfreiheit, kurz, dem ganzen Apparat der demokratischen Grundfreiheiten der Volksmassen, die alle zusammen das »Selbstbestimmungsrecht« in Russland selbst bildeten, eine sehr kühle Geringschätzung an den Tag legten, behandelten sie das Selbstbestimmungsrecht der Nationen als ein Kleinod der demokratischen Politik, dem zuliebe alle praktischen Gesichtspunkte der realen Kritik zu schweigen hätten. Während sie sich von der Volksabstimmung zur Konstituierenden Versammlung in Russland – einer Volksabstimmung aufgrund des demokratischsten Wahlrechts der Welt und in voller Freiheit einer Volksrepublik – nicht im Geringsten hatten imponieren lassen und, von sehr nüchternen kritischen Erwägungen geleitet, ihre Resultate einfach für null und nichtig erklärten,[17] verfochten sie in Brest die »Volksabstimmung« der fremden Nationen Russlands über ihre staatliche Zugehörigkeit als das wahre Palladium jeglicher Freiheit und Demokratie, als unverfälschte Quintessenz des Volkswillens und als die höchste, entscheidende Instanz in Fragen des politischen Schicksals der Nationen.

Der Widerspruch, der hier klafft, ist umso unverständlicher, als es sich bei den demokratischen Formen des politischen Lebens in jedem Lande, wie wir das noch weiter sehen werden, tatsächlich um höchst wertvolle, ja unentbehrliche Grundlagen der sozialistischen Politik handelt, während das famose »Selbstbestimmungsrecht der Nationen« nichts als hohle kleinbürgerliche Phraseologie und Humbug ist.

---

16 Die Konstituierende Versammlung sollte die Republik konstituieren, d. h. vor allem eine republikanische Verfassung ausarbeiten und annehmen. Ihre Einberufung als Ausgangspunkt für den Aufbau eines demokratischen Staatswesens war eine zentrale Forderung der Revolution 1917 und der ihr folgenden Auseinandersetzungen. Die Verschleppung der Wahlen zu dieser Versammlung war neben der Verzögerung der Lösung der Landfrage und der Fortsetzung des Krieges einer der entscheidenden Gründe, warum die Provisorische Regierung das Vertrauen der Massen verlor und stürzte. Die Wahlen wurden erst nach der Machtergreifung durch die Bolschewiki (Oktoberrevolution) und nach starkem Druck von unten durchgeführt. Dabei blieben die Bolschewiki und die mit ihnen verbündeten Linken Sozialisten-Revolutionäre in der Minderheit.

17 Die Versammlung wurde mit der Begründung, dass sie nicht die wahren politischen Verhältnisse widerspiegeln würde, aufgelöst. Machtorgane blieben die Sowjets (Räte), in denen Bolschewiki und linke Sozialisten-Revolutionäre (meist Sozialrevolutionäre genannt) die Mehrheit hatten, die aber eben nicht in demokratischen Verfahren zustande gekommen waren.

In der Tat, was soll dieses Recht bedeuten? Es gehört zum Abc der sozialistischen Politik, dass sie, wie jede Art Unterdrückung, so auch die einer Nation durch die andere bekämpft.

Wenn trotz alledem sonst so nüchterne und kritische Politiker wie Lenin und Trotzki mit ihren Freunden, die für jede Art utopistische Phraseologie wie Abrüstung, Völkerbund etc. nur ein ironisches Achselzucken haben, diesmal eine hohle Phrase von genau derselben Kategorie geradezu zu ihrem Steckenpferd machten, so geschah es, wie es uns scheint, aus einer Art Opportunitätspolitik. Lenin und Genossen rechneten offenbar darauf, dass es wohl kein sichereres Mittel gäbe, die vielen fremden Nationalitäten im Schoße des russischen Reiches an die Sache der Revolution, an die Sache des sozialistischen Proletariats zu fesseln, als wenn man ihnen im Namen der Revolution und des Sozialismus die äußerste unbeschränkteste Freiheit gewährte, über ihre Schicksale zu verfügen. Es war dies eine Analogie zu der Politik der Bolschewiki den russischen Bauern gegenüber, deren Landhunger die Parole der direkten Besitzergreifung des adeligen Grund und Bodens befriedigt und die dadurch an die Fahne der Revolution und der proletarischen Regierung gefesselt werden sollten. In beiden Fällen ist die Berechnung leider gänzlich fehlgeschlagen. Während Lenin und Genossen offenbar erwarteten, dass sie als Verfechter der nationalen Freiheit »bis zur staatlichen Absonderung« Finnland, die Ukraine, Polen, Litauen, die Baltenländer, die Kaukasier usw. zu ebenso vielen treuen Verbündeten der russischen Revolution machen würden, erlebten wir das umgekehrte Schauspiel: Eine nach der anderen von diesen »Nationen« benutzte die frisch geschenkte Freiheit dazu, sich als Todfeindin der russischen Revolution gegen sie mit dem deutschen Imperialismus zu verbünden und unter seinem Schutze die Fahne der Konterrevolution nach Russland selbst zu tragen. Das Zwischenspiel mit der Ukraine in Brest,[18] das eine entscheidende Wendung jener Verhandlungen und der ganzen inner- und außenpolitischen Situation der Bolschewiki herbeigeführt hatte, ist dafür ein Musterbeispiel. Das Verhalten Finnlands, Polens, Litauens, der Baltenländer, der Nationen des Kaukasus zeigt in überzeugendster Weise, dass wir hier nicht etwa mit einer zufälligen Ausnahme, sondern mit einer typischen Erscheinung zu tun haben.

Freilich, es sind in allen diesen Fällen in Wirklichkeit nicht die »Nationen«, die jene reaktionäre Politik betätigten, sondern nur die bürger-

18 Nach der Revolution in Petrograd im Februar 1917 konstituierte sich auch in der Ukraine eine revolutionäre Regierung. Es entstand die Ukrainische Volksrepublik, die allerdings von inneren Kämpfen, auch und insbesondere zwischen bolschewistischen und nicht-bolschewistischen Strömungen (und letzterer untereinander) geprägt war. Im Januar, während der Verhandlungen zwischen Sowjetrussland und seinen Kriegsgegnern, unterschrieb die ukrainische Regierung einen eigenen Friedensvertrag mit Deutschland und seinen Verbündeten. Ein Bild der Verhältnisse vermittelt Michail Bulgakow in seinem Roman »Die weiße Garde«.

lichen und kleinbürgerlichen Klassen, die im schärfsten Gegensatz zu den eigenen proletarischen Massen das »nationale Selbstbestimmungsrecht« zu einem Werkzeug ihrer konterrevolutionären Klassenpolitik verkehrten. Aber – damit kommen wir gerade zum Knotenpunkt der Frage – darin liegt eben der utopisch-kleinbürgerliche Charakter dieser nationalistischen Phrase, dass sie in der rauen Wirklichkeit der Klassengesellschaft, zumal in der Zeit aufs Äußerste verschärfter Gegensätze, sich einfach in ein Mittel der bürgerlichen Klassenherrschaft verwandelt. Die Bolschewiki sollten zu ihrem und der Revolution größten Schaden darüber belehrt werden, dass es eben unter der Herrschaft des Kapitalismus keine Selbstbestimmung der »Nation« gibt, dass sich in einer Klassengesellschaft jede Klasse der Nation anders »selbstzubestimmen« strebt, dass für die bürgerlichen Klassen die Gesichtspunkte der nationalen Freiheit hinter denen der Klassenherrschaft völlig zurücktreten. Das finnische Bürgertum wie das ukrainische Kleinbürgertum waren darin vollkommen einig, die deutsche Gewaltherrschaft der nationalen Freiheit vorzuziehen, wenn diese mit den Gefahren des »Bolschewismus« verbunden werden sollte.

Die Hoffnung, diese realen Klassenverhältnisse etwa durch »Volksabstimmungen«, um die sich alles in Brest drehte, in ihr Gegenteil umzukehren und im Vertrauen auf die revolutionäre Volksmasse ein Mehrheitsvotum für den Zusammenschluss mit der russischen Revolution zu erzielen, war, wenn sie von Lenin-Trotzki ernst gemeint war, ein unbegreiflicher Optimismus und, wenn sie nur ein taktischer Florettstoß im Duell mit der deutschen Gewaltpolitik sein sollte, ein gefährliches Spiel mit dem Feuer. Auch ohne die deutsche militärische Okkupation hätte die famose »Volksabstimmung«, wäre es in den Randländern zu einer solchen gekommen, bei der geistigen Verfassung der Bauernmasse und großer Schichten noch indifferenter Proletarier, bei der reaktionären Tendenz des Kleinbürgertums und den tausend Mitteln der Beeinflussung der Abstimmung durch die Bourgeoisie, mit aller Wahrscheinlichkeit allenthalben ein Resultat ergeben, an dem die Bolschewiki wenig Freude erlebt hätten. Kann es doch in Sachen dieser Volksabstimmungen über die nationale Frage als unverbrüchliche Regel gelten, dass die herrschenden Klassen sie entweder, wo ihnen eine solche nicht in den Kram passt, zu verhindern wissen oder, wo sie etwa zustande käme, ihre Resultate durch all die Mittel und Mittelchen zu beeinflussen wüssten, die es auch bewirken, dass wir auf dem Wege von Volksabstimmungen keinen Sozialismus einführen können.

Dass überhaupt die Frage der nationalen Bestrebungen und Sondertendenzen mitten in die revolutionären Kämpfe hineingeworfen, ja durch den Brester Frieden in den Vordergrund geschoben und gar zum Schibboleth der sozialistischen und revolutionären Politik gestempelt wurde, hat die größte Verwirrung in die Reihen des Sozialismus getragen und die Position des Proletariats gerade in den Randländern erschüttert. In Finnland hatte das sozialistische Proletariat, solange es als ein Teil der geschlossenen revolutionären Phalanx Russlands kämpfte, bereits eine beherrschende Machtstellung; es besaß die Mehrheit im Landtag, in der Armee, es hatte die Bourgeoisie völlig zur Ohnmacht herabgedrückt und war der Herr der Situation im Lande. Die russische Ukraine war zu Beginn des Jahrhunderts, als die Narreteien des »ukrainischen Nationalismus« mit den »Karbowentzen« und den »Universals« und das Steckenpferd Lenins von einer »selbstständigen Ukraine« noch nicht erfunden waren, die Hochburg der russischen revolutionären Bewegung gewesen. Von dort aus, aus Rostow, aus Odessa, aus dem Donezgebiete, flossen schon um die Jahre 1902 bis 1904 die ersten Lavaströme der Revolution und entzündeten ganz Südrussland zu einem Flammenmeer, so den Ausbruch von 1905 vorbereitend; dasselbe wiederholte sich in der jetzigen Revolution, in der das südrussische Proletariat die Elitetruppen der proletarischen Phalanx stellte. Polen und die Baltenländer waren seit 1905 die mächtigsten und zuverlässigsten Herde der Revolution, in denen das sozialistische Proletariat eine beherrschende Rolle spielte.

Wie kommt es, dass in allen diesen Ländern plötzlich die Konterrevolution triumphiert? Die nationalistische Bewegung hat eben das Proletariat dadurch, dass sie es von Russland losgerissen hat, gelähmt und der nationalen Bourgeoisie in den Randländern ausgeliefert. Statt gerade im Geiste der reinen internationalen Klassenpolitik, die sie sonst vertraten, die kompakteste Zusammenfassung der revolutionären Kräfte auf dem ganzen Gebiete des Reiches anzustreben, die Integrität des russischen Reiches als Revolutionsgebiet mit Zähnen und mit Nägeln zu verteidigen, die Zusammengehörigkeit und Unzertrennlichkeit der Proletarier aller Nationen im Bereiche der russischen Revolution als oberstes Gebot der Politik allen nationalistischen Sonderbestrebungen entgegenzustellen, haben die Bolschewiki durch die dröhnende nationalistische Phraseologie von dem »Selbstbestimmungsrecht bis zur staatlichen Lostrennung« gerade umgekehrt der Bourgeoisie in allen Randländern den erwünschtesten, glänzendsten Vorwand, geradezu das Banner für ihre konterrevolutionären Bestrebungen geliefert. Statt die Proletarier in den Randländern vor jeglichem Separatismus als vor rein bürgerlichem Fallstrick zu warnen und die separatistischen Bestrebungen mit eiserner Hand, deren Gebrauch in *diesem* Falle wahrhaft im Sinne und Geist der proletarischen Diktatur lag, im Keime zu ersticken, haben sie vielmehr die Massen in allen Randländern durch ihre Parole verwirrt und der Demagogie der bürgerlichen Klassen ausgeliefert. Sie haben durch diese Förderung des Nationalismus den Zerfall Russlands selbst herbeigeführt, vorbereitet und so den eigenen

Feinden das Messer in die Hand gedrückt, das sie der russischen Revolution ins Herz stoßen sollten.

Freilich, ohne die Hilfe des deutschen Imperialismus, ohne »die deutschen Gewehrkolben in deutschen Fäusten«, wie die *Neue Zeit* Kautskys schrieb, wären die Lubinskys und die anderen Schufterles der Ukraine sowie die Erichs und Mannerheims in Finnland und die baltischen Barone mit den sozialistischen Proletariermassen ihrer Länder nimmermehr fertiggeworden.[19]

Aber der nationale Separatismus war das Trojanische Pferd, in dem die deutschen »Genossen« mit Bajonetten in den Fäusten in all jene Länder eingezogen kamen. Die realen Klassengegensätze und die militärischen Machtverhältnisse haben die Intervention Deutschlands herbeigeführt. Aber die Bolschewiki haben die *Ideologie* geliefert, die diesen Feldzug der Konterrevolution maskiert hat, sie haben die Position der Bourgeoisie gestärkt und die der Proletarier geschwächt. Der beste Beweis ist die Ukraine, die eine so fatale Rolle in den Geschicken der russischen Revolution spielen sollte. Der ukrainische Nationalismus war in Russland ganz anders als etwa der tschechische, polnische oder finnische, nichts als eine einfache Schrulle, eine Fatzkerei von ein paar Dutzend kleinbürgerlichen Intelligenzlern ohne die geringsten Wurzeln in den wirtschaftlichen, politischen oder geistigen Verhältnissen des Landes, ohne jegliche historische Tradition, da die Ukraine niemals eine Nation oder einen Staat gebildet hatte, ohne irgendeine nationale Kultur außer den reaktionär-romantischen Gedichten Schewtschenkos.[20] Es ist förmlich, als wenn eines schönen Morgens die von der Waterkant auf den Fritz Reuter[21] hin eine neue plattdeutsche Nation und einen selbstständigen Staat gründen wollten! Und diese lächerliche Posse von ein paar Universitätsprofessoren und Studenten bauschten die Lenin und Genossen durch ihre doktrinäre Agitation mit dem »Selbstbestimmungsrecht bis einschließlich« usw. künstlich zu einem politischen Faktor auf. Sie verliehen der anfänglichen Posse eine Wichtigkeit, bis die Posse zum blutigsten Ernst wurde: nämlich nicht zu einer ernsten nationalen Bewegung, für die es nach wie vor gar keine Wur-

19 Lubinsky (Mykola Mychailowytsch Ljubynskyj, 1891–1938), Mitglied der ukrainischen Partei der Sozialisten-Revolutionäre, war Außenminister der kurzzeitig bestehenden Ukrainischen Volksrepublik und vertrat sie bei den Friedensverhandlungen mit dem Deutschen Reich 1918 in Brest-Litowsk. Rafael Waldemar Erich (1879–1946) organisierte 1918 die Unterstützung Deutschlands bei der Niederschlagung der Revolution in Finnland. Carl Gustaf Emil Mannerheim (1867–1951) war ab 1918 Oberbefehlshaber der antirevolutionären Truppen in diesem Bürgerkrieg und einer der Hauptverantwortlichen für den folgenden »weißen Terror«.

20 Taras Schewtschenko (1814–1861) war der erste Dichter, dessen Werke in ukrainischer Sprache auch in Russland ernst genommen wurde; er ist bis heute eine wichtige Identifikationsfigur des ukrainischen Nationalverständnisses.

21 Fritz Reuter (1810–1874) war ein deutscher Dichter aus Mecklenburg, der mit seinen in niederdeutscher Sprache verfassten Werken bekannt geworden ist.

zeln gibt, sondern zum Aushängeschild und zur Sammelfahne der Konterrevolution! Aus diesem Windei krochen in Brest die deutschen Bajonette.

Phrasen haben in der Geschichte der Klassenkämpfe zuzeiten eine sehr reale Bedeutung. Es ist das fatale Los des Sozialismus, dass er in diesem Weltkriege dazu ausersehen war, ideologische Vorwände für die konterrevolutionäre Politik zu liefern. Die deutsche Sozialdemokratie beeilte sich beim Ausbruch des Krieges, den Raubzug des deutschen Imperialismus mit einem ideologischen Schild aus der Rumpelkammer des Marxismus zu schmücken, indem sie ihn für den von unseren Altmeistern 1848 herbeigesehnten Befreierfeldzug gegen den russischen Zarismus erklärte. Den Antipoden der Regierungssozialisten, den Bolschewiki, war es beschieden, mit der Phrase von der »Selbstbestimmung« Wasser auf die Mühle der Konterrevolution zu liefern und damit eine Ideologie nicht nur für die Erdrosselung der russischen Revolution selbst, sondern für die geplante konterrevolutionäre Liquidierung des ganzen Weltkrieges zu liefern. Wir haben allen Grund, uns die Politik der Bolschewiki in dieser Hinsicht sehr gründlich anzusehen. Das »Selbstbestimmungsrecht der Nationen«, verkoppelt mit dem Völkerbund und der Abrüstung von Wilsons Gnaden, bildet den Schlachtruf, unter dem sich die bevorstehende Auseinandersetzung des internationalen Sozialismus mit der bürgerlichen Welt abspielen wird. Es liegt klar zutage, dass die Phrase von der Selbstbestimmung und die ganze nationale Bewegung, die gegenwärtig die größte Gefahr für den internationalen Sozialismus bildet, gerade durch die russische Revolution und die Brester Verhandlungen eine außerordentliche Stärkung erfahren haben. Wir werden uns mit dieser Plattform noch eingehend zu befassen haben. Die tragischen Schicksale dieser Phraseologie in der russischen Revolution, in deren Stacheln sich die Bolschewiki verfangen und blutigritzen sollten, muss dem internationalen Proletariat als warnendes Exempel dienen.

Nun folgte aus alledem die Diktatur Deutschlands. Vom Brester Frieden bis zum »Zusatzvertrag«![22] Die 200 Sühneopfer in Moskau.[23] Aus dieser Lage ergaben sich der Terror und die Erdrückung der Demokratie.

---

22 Der deutsch-russische Ergänzungsvertrag zum Friedensvertrag von Brest-Litowsk vom 27. August 1918 legte fest, dass Deutschland nach Bestimmung der Ostgrenzen Estlands und Livlands das von ihm besetzte Gebiet östlich davon zu räumen hatte. Das Gebiet östlich der Beresina wollte Deutschland in dem Maße räumen, wie Sowjetrussland seinen im Finanzabkommen festgelegten Zahlungen nachkam. Sowjetrussland verzichtete auf die Staatshoheit über Estland, Livland und Georgien. Im deutsch-russischen Finanzabkommen vom 27. August 1918 wurde Sowjetrussland verpflichtet, sechs Milliarden Mark an Deutschland zu zahlen. »Lenin steht sehr respektlos der sogenannten Diplomatie gegenüber. Nachdem er sich entschlossen hatte, Zugeständnisse zu machen, stand er auf dem Standpunkt, dass alles unterzeichnet werden soll, was den Deutschen nur Papierwerte gibt, da doch entweder in dieser Ehe wir oder sie zusammenbrechen und in keinem Falle die Wechsel gezahlt werden.« Karl Radek an Paul Levi, 25. Oktober 1918, in: Paul Levi: Ohne einen Tropfen Lakaienblut. Schriften, Reden, Briefe. Bd. I/1: Spartakus I, hrsg. von Jörn Schütrumpf, Berlin 2018, S. 506.

23 Am 6. Juli 1918 wurde der deutsche Botschafter Wilhelm Graf von Mirbach-Harff durch eine Gruppe der linken Sozialisten-Revolutionäre ermordet. Die Partei war zeitweilig

IV

Wir wollen dies an einigen Beispielen näher prüfen.

Eine hervorragende Rolle in der Politik der Bolschewiki spielte die bekannte Auflösung der Konstituierenden Versammlung im November 1917. Diese Maßnahme war bestimmend für ihre weitere Position, sie war gewissermaßen der Wendepunkt ihrer Taktik. Es ist eine Tatsache, dass Lenin und Genossen bis zu ihrem Oktobersiege die Einberufung der Konstituierenden Versammlung stürmisch forderten, dass gerade die Verschleppungspolitik der Kerenski-Regierung in dieser Sache einen der Anklagepunkte der Bolschewiki gegen jene Regierung bildete und ihnen zu heftigsten Ausfällen Anlass gab. Ja, Trotzki sagt in seinem interessanten Schriftchen »Von der Oktober-Revolution bis zum Brester Friedens-Vertrag«, der Oktoberumschwung sei geradezu »eine Rettung für die Konstituante« gewesen, wie für die Revolution überhaupt. »Und als wir sagten«, fährt er fort, »dass der Eingang zur Konstituierenden Versammlung nicht über das Vorparlament Zeretelis, sondern über die Machtergreifung der Sowjets führe, waren wir vollkommen aufrichtig.«[24]

Und nun war nach diesen Ankündigungen der erste Schritt Lenins nach der Oktoberrevolution – die Auseinandertreibung derselben Konstituierenden Versammlung, zu der sie den Eingang bilden sollte. Welche Gründe konnten für eine so verblüffende Wendung maßgebend sein? Trotzki äußert sich darüber in der erwähnten Schrift ausführlich, und wir wollen seine Argumente hierher setzen:[25]

Das alles ist ausgezeichnet und sehr überzeugend. Nur muss man sich wundern, dass so kluge Leute wie Lenin und Trotzki nicht auf die nächstliegende Schlussfolgerung geraten sind, die sich aus den obigen Tatsachen ergab. Da die Konstituierende Versammlung lange vor dem entscheidenden Wendepunkt, dem Oktoberumschwung, gewählt und in ihrer Zusammensetzung das Bild der überholten Vergangenheit, nicht der neuen Sachlage spiegelte, so ergab sich von selbst der Schluss, dass sie eben die verjährte, also totgeborene Konstituierende Versammlung kassierten und

---

ein enger Verbündeter der Bolschewiki, verließ aber nach dem Frieden von Brest-Litowsk die Regierung. In den Sowjets hatte sie vergleichbar starke Positionen wie die Bolschewiki. Im Umfeld des gerade stattfindenden Sowjetkongresses sollte mit dem Attentat die Wiederaufnahme des Krieges mit Deutschland provoziert werden. Ihrer Auffassung nach hätte durch die Bewaffnung des Volkes und gestützt auf die Solidarität der internationalen Arbeiter*innenklasse ein Sieg über die deutsche Intervention erreicht werden können. Die Bolschewiki nahmen die Tat zum Anlass, um die Partei in den folgenden Monaten zu zerschlagen. Mehrere Funktionär*innen wurden verhaftet. Die in diesem Zusammenhang teilweise genannte Zahl von 200 Erschossenen ist allerdings für diesen Zeitraum nicht belegt. Zahlreiche ihrer Anhänger*innen kamen aber in den folgenden Jahren ums Leben, viele wurden im Zuge des stalinschen Terrors der 1930er-Jahre ermordet.

24 Leo Trotzki: Von der Oktober-Revolution bis zum Brester Friedens-Vertrag, Berlin o. J., S. 90, unter: https://tinyurl.com/trotzki-brest.

25 Diese Argumentation, auch Hinweise auf Trotzkis Schrift, fehlen in der Quelle.

ungesäumt Nachwahlen zu einer neuen Konstituante ausschrieben! Sie wollten und durften die Geschicke der Revolution nicht einer Versammlung anvertrauen, die das gestrige, kerenskische Russland, die Periode der Schwankungen und der Koalition mit der Bourgeoisie spiegelte. Wohlan, es blieb nur übrig, sofort an ihrer Stelle eine aus dem erneuerten, weitergegangenen Russland hervorgegangene Versammlung einzuberufen.

Stattdessen schließt Trotzki aus der speziellen Unzulänglichkeit der im Oktober zusammengetretenen Konstituierenden Versammlung auf die Überflüssigkeit jeder Konstituierenden Versammlung, ja, er verallgemeinert sie zu der Untauglichkeit jeder aus den allgemeinen Volkswahlen hervorgegangenen Volksvertretung während der Revolution überhaupt.

»Dank dem offenen und unmittelbaren Kampf um die Regierungsgewalt häufen die arbeitenden Massen in kürzester Zeit eine Menge politischer Erfahrung an und steigen in ihrer Entwicklung schnell von einer Stufe auf die andere. Der schwerfällige Mechanismus der demokratischen Institutionen kommt dieser Entwicklung umso weniger nach, je größer das Land und je unvollkommener sein technischer Apparat ist.« (Trotzki, S. 93)

Hier haben wir schon den »Mechanismus der demokratischen Institution überhaupt«. Demgegenüber ist zunächst hervorzuheben, dass in dieser Einschätzung der Vertretungsinstitutionen eine etwas schematische, steife Auffassung zum Ausdruck kommt, der die historische Erfahrung gerade aller revolutionären Epochen nachdrücklich widerspricht. Nach Trotzkis Theorie widerspiegelt jede gewählte Versammlung ein für alle Mal nur die geistige Verfassung, politische Reife und Stimmung ihrer Wählerschaft just in dem Moment, wo sie zur Wahlurne schritt. Die demokratische Körperschaft ist demnach stets das Spiegelbild der Masse vom Wahltermin, gleichsam wie der herschelsche Sternhimmel uns stets die Weltkörper nicht zeigt, wie sie sind, da wir auf sie blicken, sondern wie sie im Moment der Versendung ihrer Lichtboten aus unermesslichen Weiten zur Erde waren. Jeder lebendige geistige Zusammenhang zwischen den einmal Gewählten und der Wählerschaft, jede dauernde Wechselwirkung zwischen beiden wird hier geleugnet.

Wie sehr widerspricht dem alle geschichtliche Erfahrung! Diese zeigt uns umgekehrt, dass das lebendige Fluidum der Volksstimmung beständig die Vertretungskörperschaften umspült, in sie eindringt, sie lenkt. Wie wäre es sonst möglich, dass wir in jedem bürgerlichen Parlament zuzeiten die ergötzlichsten Kapriolen der »Volksvertreter« erleben, die, plötzlich von einem »neuen Geist« belebt, ganz unerwartete Töne hervorbringen, dass die vertrocknetsten Mumien sich zuzeiten jugendlich gebärden und verschiedene Scheidemännchen auf einmal in ihrer Brust revolutionäre

Töne finden – wenn es in den Fabriken, Werkstätten und auf den Straßen rumort?

Und diese ständige lebendige Einwirkung der Stimmung und der politischen Reife der Massen auf die gewählten Körperschaften sollte gerade in einer Revolution vor dem starren Schema der Parteischilder und der Wahllisten versagen? Gerade umgekehrt! Gerade die Revolution schafft durch ihre Gluthitze jene dünne, vibrierende, empfängliche politische Luft, in der die Wellen der Volksstimmung, der Pulsschlag des Volkslebens augenblicklich in wunderbarster Weise auf die Vertretungskörperschaften einwirken. Gerade darauf beruhen ja immer die bekannten effektvollen Szenen aus dem Anfangsstadium aller Revolutionen, wo alte reaktionäre oder höchst gemäßigte, unter altem Regime aus beschränktem Wahlrecht gewählte Parlamente plötzlich zu heroischen Wortführern des Umsturzes, zu Stürmern und Drängern werden. Das klassische Beispiel bietet ja das berühmte Lange Parlament in England, das, 1642 gewählt und zusammengetreten, sieben Jahre lang auf dem Posten blieb und in seinem Innern alle Wechselverschiebungen der Volksstimmung, der politischen Reife, der Klassenspaltung, des Fortgangs der Revolution bis zu ihrem Höhepunkt, von der anfänglichen devoten Plänkelei mit der Krone unter einem auf den Knien stehenden »Sprecher« bis zur Abschaffung des Hauses der Lords, Hinrichtung Karls und Proklamierung der Republik [widerspiegelt].

Und hat sich nicht dieselbe wunderbare Wandlung in den Generalständen[26] Frankreichs, im Zensusparlament Louis-Philippes, ja – das letzte, frappanteste Beispiel liegt Trotzki so nahe – in der IV. russischen Duma wiederholt, die, im Jahre des Heils 1912, unter der starrsten Herrschaft der Konterrevolution gewählt, im Februar 1917 plötzlich den Johannistrieb des Umsturzes verspürte und zum Ausgangspunkt der Revolution ward?[27]

Das alles zeigt, dass der »schwerfällige Mechanismus der demokratischen ...«[28] ein kräftiges Korrektiv hat – eben in der lebendigen Bewegung der Masse, in ihrem unausgesetzten Druck. Und je demokratischer die Institution, je lebendiger und kräftiger der Pulsschlag des politischen Lebens der Masse, umso unmittelbarer und genauer die Wirkung – trotz starrer Parteischilder, veralteter Wahllisten etc. Gewiss, jede demokratische Institution hat ihre Schranken und Mängel, was sie wohl mit sämtlichen menschlichen Institutionen teilt. Nur ist das Heilmittel, das Trotzki und Lenin gefunden: die Beseitigung der Demokratie überhaupt, noch schlim-

26 In der Quelle: Generalstaaten.

27 In der Quelle: 1909. Unter dem Eindruck der sich verschärfenden politischen, militärischen und ökonomischen Krise erwogen selbst Vertreter der herrschenden Klassen einen Staatsstreich. Nachdem die alte Ordnung im Februar durch Massenaktionen und den Übergang wesentlicher Teile der Armee auf die Seite der Revolution untergegangen war, formierte sich aus dem alten, im Jahr 1912 gewählten Parlament (Duma) die Provisorische Regierung.

28 Auslassungspunkte in der Quelle.

mer als das Übel, dem es steuern soll: Es verschüttet nämlich den lebendigen Quell selbst, aus dem heraus alle angeborenen Unzulänglichkeiten der sozialen Institutionen allein korrigiert werden können: das aktive, ungehemmte, energische politische Leben der breitesten Volksmassen.

Nehmen wir ein anderes frappantes Beispiel: das von der Sowjetregierung ausgearbeitete Wahlrecht.[29] Es ist nicht ganz klar, welche praktische Bedeutung diesem Wahlrecht beigemessen ist. Aus der Kritik Trotzkis und Lenins an den demokratischen Institutionen geht hervor, dass sie Volksvertretungen aus allgemeinen Wahlen grundsätzlich ablehnen und sich nur auf die Sowjets stützen wollen. Weshalb dann überhaupt ein allgemeines Wahlrecht ausgearbeitet wurde, ist eigentlich nicht ersichtlich. Es ist uns auch nicht bekannt, dass dieses Wahlrecht irgendwie ins Leben eingeführt worden wäre; von Wahlen zu einer Art Volksvertretung auf seiner Grundlage hat man nichts gehört. Wahrscheinlicher ist die Annahme, dass es nur ein theoretisches Produkt sozusagen vom grünen Tisch aus geblieben ist; aber so, wie es ist, bildet es ein sehr merkwürdiges Produkt der bolschewistischen Diktaturtheorie. Jedes Wahlrecht wie überhaupt jedes politische Recht ist nicht nach irgendwelchen abstrakten Schemen der »Gerechtigkeit« und ähnlicher bürgerlich-demokratischer Phraseologie zu messen, sondern an den sozialen und wirtschaftlichen Verhältnissen,

29 Das 13. Kapitel der Verfassung legte fest: »Artikel 64. Das Recht, in die Sowjets zu wählen oder gewählt zu werden, haben, unabhängig von ihrem Glaubensbekenntnis, ihrer Nationalität, ihrer Ansässigkeit, usw., folgende Bürger der Russischen Sozialistischen Föderativen Sowjetrepublik beiderlei Geschlechts, die am Wahltag das 18. Lebensjahr vollendet haben:
a) alle diejenigen, die ihren Lebensunterhalt aus produktiver und gesellschaftlich nützlicher Arbeit bestreiten, sowie Personen, die im Haushalt tätig sind und dadurch jenen eine produktive Arbeit ermöglichen; das sind: Arbeiter und Angestellte aller Arten und Kategorien, die in der Industrie, im Handel, in der Landwirtschaft, usw., beschäftigt sind, Bauern und ackerbautreibende Kosaken, die keine Lohnarbeit zur Erzielung von Gewinn in Anspruch nehmen;
b) Soldaten der Sowjetarmee und der Sowjetflotte;
c) Bürger, die unter die Buchstaben a) oder b) dieses Artikels aufgezählten Kategorien fallen und die ihre Arbeitsfähigkeit teilweise oder ganz eingebüßt haben.
...
Artikel 65. Nicht wählen und nicht gewählt werden können folgende Personengruppen, auch wenn sie zu einer der obengenannten Kategorien angehören:
a) Personen, die zur Erzielung von Gewinn Lohnarbeit in Anspruch nehmen;
b) Personen, die von nicht erarbeitetem Einkommen leben (wie zum Beispiel von Kapitalzinsen, Einnahmen aus Betrieben, Einkünften aus Vermögen, usw.);
c) private Händler, Handels- und Bankvermittler;
d) Mönche und geistliche Diener der Kirchen und religiösen Kulte;
e) Angestellte und Agenten der ehemaligen Polizei, des besonderen Gendarmeriekorps und der Abteilungen der Ochrana sowie Mitglieder des ehemaligen Herrscherhauses in Russland;
f) Personen, die nach dem festgelegten Verfahren für geisteskrank oder geistesgestört erklärt worden sind, sowie Personen, die unter Vormundschaft stehen;
g) Personen, die wegen Verbrechen, die sie aus eigennützigen oder verwerflichen Motiven begangen haben, verurteilt sind, für die Dauer der durch Gesetz oder Gerichtsurteil festgelegten Frist.«
Die Altersgrenze konnte auf lokaler Ebene herabgesetzt werden. Vgl. https://tinyurl.com/verfassung-1918.

auf die es zugeschnitten ist. Das von der Sowjetregierung ausgearbeitete Wahlrecht ist eben auf die Übergangsperiode von der bürgerlich-kapitalistischen zur sozialistischen Gesellschaftsform berechnet, auf die Periode der proletarischen Diktatur. Im Sinne der Auslegung, die Lenin-Trotzki von dieser Diktatur vertreten, wird das Wahlrecht nur denjenigen verliehen, die von eigener Arbeit leben, und allen anderen verweigert.

Nun ist es klar, dass ein solches Wahlrecht nur in einer Gesellschaft Sinn hat, die auch wirtschaftlich in der Lage ist, allen, die arbeiten wollen, ein auskömmliches, kulturwürdiges Leben von eigener Arbeit zu ermöglichen. Trifft das auf das jetzige Russland zu? Bei den ungeheuren Schwierigkeiten, mit denen das vom Weltmarkt abgesperrte, von seinen wichtigsten Rohstoffquellen abgeschnürte Sowjetrussland zu ringen hat, bei der allgemeinen furchtbaren Zerrüttung des Wirtschaftslebens, bei dem schroffen Umsturz der Produktionsverhältnisse infolge der Umwälzungen der Eigentumsverhältnisse in der Landwirtschaft wie in der Industrie und im Handel liegt es auf der Hand, dass ungezählte Existenzen ganz plötzlich entwurzelt, aus ihrer Bahn herausgeschleudert werden, ohne jede objektive Möglichkeit, in dem wirtschaftlichen Mechanismus irgendeine Anwendung für ihre Arbeitskraft zu finden. Das bezieht sich nicht bloß auf die Kapitalisten- und Grundbesitzerklasse, sondern auch auf die breite Schicht des kleinen Mittelstandes und auf die Arbeiterklasse selbst. Ist es doch Tatsache, dass das Zusammenschrumpfen der Industrie ein massenhaftes Abfluten des städtischen Proletariats aufs platte Land hervorgerufen hat, das in der Landwirtschaft Unterkunft sucht. Unter solchen Umständen ist ein politisches Wahlrecht, das den allgemeinen Arbeitszwang zur wirtschaftlichen Voraussetzung hat, eine ganz unbegreifliche Maßregel. Der Tendenz nach soll es die Ausbeuter allein politisch rechtlos machen. Und während produktive Arbeitskräfte massenhaft entwurzelt werden, sieht sich die Sowjetregierung umgekehrt vielfach gezwungen, die nationale Industrie den früheren kapitalistischen Eigentümern sozusagen in Pacht zu überlassen. Desgleichen sah sich [im] April 1918 die Sowjetregierung gezwungen, auch mit den bürgerlichen Konsumgenossenschaften ein Kompromiss zu schließen. Ferner [hat sich die] Benutzung von bürgerlichen Fachleuten als unumgänglich [erwiesen]. Eine andere Folge derselben Erscheinung ist, dass wachsende Schichten des Proletariats als Rotgardisten etc. vom Staate aus öffentlichen Mitteln erhalten werden. In Wirklichkeit macht es rechtlos breite und wachsende Schichten des Kleinbürgertums und des Proletariats, für die der wirtschaftliche Organismus keinerlei Mittel zur Ausübung des Arbeitszwanges vorsieht.

Das ist eine Ungereimtheit, die das Wahlrecht als ein utopisches, von der sozialen Wirklichkeit losgelöstes Fantasieprodukt qualifiziert. Und gerade deshalb ist es kein ernsthaftes Werkzeug der proletarischen Diktatur.[30]

Als der ganze Mittelstand, die bürgerliche und kleinbürgerliche Intelligenz nach der Oktoberrevolution die Sowjetregierung monatelang boykottierten, den Eisenbahn-, Post- und Telegrafenverkehr, den Schulbetrieb, den Verwaltungsapparat lahmlegten und sich auf diese Weise gegen die Arbeiterregierung auflehnten, da waren selbstverständlich alle Maßregeln des Druckes gegen sie: durch Entziehung politischer Rechte, wirtschaftlicher Existenzmittel etc., geboten, um den Widerstand mit eiserner Faust zu brechen. Da kam eben die sozialistische Diktatur zum Ausdruck, die vor keinem Machtaufgebot zurückschrecken darf, um bestimmte Maßnahmen im Interesse des Ganzen zu erzwingen oder zu verhindern. Hingegen ein Wahlrecht, das eine allgemeine Entrechtung ganzer breiter Schichten der Gesellschaft ausspricht, das sie politisch außerhalb des Rahmens der Gesellschaft stellt, während es für sie wirtschaftlich innerhalb ihres Rahmens selbst keinen Platz zu schaffen imstande ist, eine Entrechtung nicht als konkrete Maßnahme zu einem konkreten Zweck, sondern als allgemeine Regel von dauernder Wirkung, das ist nicht eine Notwendigkeit der Diktatur, sondern eine lebensunfähige Improvisation.[31]

Doch mit der Konstituierenden Versammlung und dem Wahlrecht ist die Frage nicht erschöpft, es kommt noch die Abschaffung der wichtigsten demokratischen Garantien eines gesunden öffentlichen Lebens und der politischen Aktivität der arbeitenden Massen in Betracht: der Pressefreiheit, des Vereins- und Versammlungsrechts, die für alle Gegner der Sowjetregierung vogelfrei geworden sind.[32] Für diese Eingriffe reicht die obige Argumentation Trotzkis über die Schwerfälligkeit der demokratischen Wahlkörper nicht entfernt aus. Hingegen ist es eine offenkundige, unbestreitbare Tatsache, dass ohne eine freie, ungehemmte Presse, ohne ungehindertes Vereins- und Versammlungsleben gerade die Herrschaft breiter Volksmassen völlig undenkbar ist.

Lenin sagt: Der bürgerliche Staat sei ein Werkzeug zur Unterdrückung der Arbeiterklasse, der sozialistische – zur Unterdrückung der Bourgeoisie. Es sei bloß gewissermaßen der auf den Kopf gestellte kapitalistische Staat.

30 Bemerkung am linken Rand ohne Einordnungshinweis: »Ein Anachronismus, eine Vorwegnahme der rechtlichen Lage, die auf einer schon fertigen sozialistischen Wirtschaftsbasis am Platze ist, nicht in der Übergangsperiode der proletarischen Diktatur«.

31 Bemerkung am linken Rand ohne Einordnungshinweis: »Sowohl Sowjets als Rückgrat wie Konstituante und *allgemeines Wahlrecht*«. Auf losem, unnummeriertem Blatt die Notiz: »Die Bolschewiki bezeichneten die Sowjets als reaktionär, weil die Mehrheit darin Bauern seien (Bauerndelegierte und Soldatendelegierte). Nachdem sich die Sowjets auf ihre Seite stellten, wurden sie die richtigen Vertreter der Volksmeinung. Aber dieser plötzliche Umschwung hing nur mit *Frieden* und Landfrage zusammen«.

32 Die Verfassung sah in den Artikeln 14 bis 16 Freiheit der Meinungsäußerung, Versammlungs- und Vereinigungsfreiheit lediglich für »Werktätige« vor.

Diese vereinfachte Auffassung sieht von dem Wesentlichsten ab: Die bürgerliche Klassenherrschaft braucht keine politische Schulung und Erziehung der ganzen Volksmasse, wenigstens nicht über gewisse eng gezogene Grenzen hinaus. Für die proletarische Diktatur ist sie das Lebenselement, die Luft, ohne die sie nicht zu existieren vermag.

»Dank dem offenen und unmittelbaren Kampf um die Regierungsgewalt ...«[33] Hier widerlegt Trotzki sich selbst und seine eigenen Parteifreunde aufs Treffendste. Eben weil dies zutrifft, haben sie durch Erdrückung des öffentlichen Lebens die Quelle der politischen Erfahrung und das Steigen der Entwicklung verstopft. Oder aber müsste man annehmen, dass Erfahrung und Entwicklung bis zur Machtergreifung der Bolschewiki nötig war, den höchsten Grad erreicht hatte und von nun an überflüssig wurde. (Rede Lenins: Russland ist überzeugt für den Sozialismus)[34]

In Wirklichkeit umgekehrt! Gerade die riesigen Aufgaben, an die die Bolschewiki mit Mut und Entschlossenheit herantraten, erforderten die intensivste politische Schulung der Massen und Sammlung der Erfahrung.[35]

Die stillschweigende Voraussetzung der Diktaturtheorie im lenin-trotzkischen Sinn ist, dass die sozialistische Umwälzung eine Sache sei, für die ein fertiges Rezept in der Tasche der Revolutionspartei liege, das dann nur mit Energie verwirklicht zu werden brauche.[36] Dem ist leider – oder je nachdem: zum Glück – nicht so. Weit entfernt, eine Summe fertiger Vorschriften zu sein, die man nur anzuwenden hätte, ist die praktische Verwirklichung des Sozialismus als eines wirtschaftlichen, sozialen und rechtlichen Systems eine Sache, die völlig im Nebel der Zukunft liegt. Was wir in unserem Programm besitzen, sind nur wenige große Wegweiser, die die Richtung anzeigen, in der die Maßnahmen gesucht werden müssen, dazu vorwiegend negativen Charakters. Wir wissen so ungefähr, was wir zu allererst zu beseitigen haben, um der

33 Auslassungspunkte in der Quelle. – Vgl. Trotzki, Oktober-Revolution, S. 93.

34 Luxemburg bezieht sich hier und in folgenden Passagen auf einen Artikel, der im *Mitteilungs-Blatt des Verbandes der sozialdemokratischen Wahlvereine Berlins und Umgegend, Nr. 36 vom 8. Dezember 1918* unter dem Titel »Nach der russischen Revolution« veröffentlicht wurde. Er enthält eine sehr ausführliche, teilweise wörtliche Wiedergabe der Arbeit Lenins »Die nächsten Aufgaben der Sowjetmacht« vom Frühjahr 1918 (vgl. W.I. Lenin: Die nächsten Aufgaben der Sowjetmacht, in: ders.: Werke, Bd. 27, Berlin 1960, S. 225–268.

35 Bemerkung am linken Rand ohne Einordnungshinweis: »Freiheit nur für die Anhänger der Regierung, nur für Mitglieder einer Partei – mögen sie noch so zahlreich sein – ist keine Freiheit. Freiheit ist immer Freiheit der Andersdenkenden. Nicht wegen des Fanatismus der ›Gerechtigkeit‹, sondern weil all das Belebende, Heilsame und Reinigende der politischen Freiheit an diesem Wesen hängt und seine Wirkung versagt, wenn die ›Freiheit‹ zum Privilegium wird«.

36 Bemerkung am linken Rand ohne Einordnungshinweis: »Die Bolschewiki werden selbst mit der Hand auf dem Herzen nicht leugnen wollen, dass sie auf Schritt und Tritt tasten, versuchen, experimentieren, hin- und herprobieren mussten und dass ein gut Teil ihrer Maßnahmen keine Perle darstellt. So muss und wird es uns allen gehen, wenn wir darangehen – wenn auch nicht überall so schwierige Verhältnisse herrschen mögen«.

sozialistischen Wirtschaft die Bahn frei zu machen, welcher Art hingegen die tausend konkreten, praktischen großen und kleinen Maßnahmen sind, die auf jedem Schritt zu ergreifen sind, um die sozialistischen Grundsätze in die Wirtschaft, in das Recht, in alle gesellschaftlichen Beziehungen einzuführen, darüber gibt kein sozialistisches Parteiprogramm und kein sozialistisches Lehrbuch Aufschluss. Das ist kein Mangel, sondern gerade der Vorzug des wissenschaftlichen Sozialismus vor dem utopischen: Das sozialistische Gesellschaftssystem soll und kann nur ein geschichtliches Produkt sein, geboren aus der eigenen Schule der Erfahrung, in der Stunde der Erfüllung, aus dem Werden der lebendigen Geschichte, die genau wie die organische Natur, deren Teil sie letzten Endes ist, die schöne Gepflogenheit hat, zusammen mit einem wirklichen gesellschaftlichen Bedürfnis stets auch die Mittel zu seiner Befriedigung, mit der Aufgabe zugleich die Lösung hervorzubringen. Ist dem aber so, dann ist es klar, dass der Sozialismus sich seiner *Natur* nach nicht oktroyieren lässt, durch Ukase[37] einführen. Er hat zur Voraussetzung eine Reihe Gewaltmaßnahmen – gegen Eigentum etc. Das Negative, den Abbau, kann man dekretieren, den Aufbau, das Positive, *nicht.* Neuland. Tausend Probleme. Nur Erfahrung [ist] imstande, zu korrigieren und neue Wege zu eröffnen. Nur ungehemmtes, schäumendes Leben verfällt auf tausend neue Formen, Improvisationen, erhält *schöpferische Kraft,* korrigiert selbst alle Fehlgriffe. Das öffentliche Leben der Staaten mit beschränkter Freiheit ist eben deshalb so dürftig, so armselig, so schematisch, so unfruchtbar, weil es sich durch Ausschließung der Demokratie die lebendigen Quellen allen geistigen Reichtums und Fortschritts absperrt. (Beweis: die Jahre 1905 und die [Monate] Februar bis Oktober 1917.)[38] Wie dort politisch, so auch ökonomisch und sozial. Die ganze Volksmasse muss daran teilnehmen. Sonst wird der Sozialismus vom grünen Tisch eines Dutzends Intellektueller dekretiert, oktroyiert.

Unbedingt öffentliche Kontrolle notwendig. Sonst bleibt der Austausch der Erfahrungen nur in dem geschlossenen Kreise der Beamten der neuen Regierung. Korruption unvermeidlich. (Lenins Worte, Mitteilungs-Blatt Nr. 36.[39]) Die Praxis des Sozialismus erfordert eine ganze geistige Umwälzung in den durch Jahrhunderte der bürgerlichen Klassenherrschaft degradierten Massen. Soziale Instinkte anstelle egoistischer; Masseninitiative anstelle der Trägheit; Idealismus, der über alle Leiden hinwegbringt usw. usw. Niemand weiß das besser, schildert das eindringlicher, wiederholt das

37 Befehle.

38 Die russische Revolution von 1905/06 konnte wegen ihrer Niederlage die Stagnation der russischen Gesellschaft nur teilweise überwinden, die Februarrevolution 1917 brachte zwar das damals demokratischste politische System hervor, jedoch versagte sie vor zentralen Forderungen der Massen, sodass bereits Mitte des Jahres auch hier Stagnation einsetzte.

39 In der Quelle gibt Rosa Luxemburg irrtümlich Nr. 29 an.

hartnäckiger als Lenin.[40] Nur vergreift er sich völlig im Mittel. Dekret, diktatorische Gewalt der Fabrikaufseher, drakonische Strafen, Schreckensherrschaft, das sind alles Palliative. Der einzige Weg zu dieser Wiedergeburt: die Schule des öffentlichen Lebens selbst, uneingeschränkte breiteste Demokratie, öffentliche *Meinung*. Gerade die Schreckensherrschaft demoralisiert.

Fällt das alles hinweg, was bleibt in Wirklichkeit? Lenin und Trotzki haben anstelle der aus allgemeinen Volkswahlen hervorgegangenen Vertretungskörperschaften die Sowjets als die einzige wahre Vertretung der arbeitenden Massen hingestellt. Aber mit dem Erdrücken des politischen Lebens im ganzen Lande muss auch das Leben in den Sowjets immer mehr erlahmen. Ohne allgemeine Wahlen, ungehemmte Presse- und Versammlungsfreiheit, freien Meinungskampf erstirbt das Leben in jeder öffent-

---

40 Bemerkung auf einem losen Blatt ohne Einordnungshinweis: »Lenins Rede über Disziplin und Korruption (gemeint ist die Schrift ›Die nächsten Aufgaben der Sowjetmacht‹) Anarchie wird auch bei uns und überall unvermeidlich sein. Lumpenproletarisches Element haftet der bürgerlichen Gesellschaft an und lässt sich von ihr nicht trennen. Beweise:
1. Ostpreußen, die ›Kosaken‹-Plünderungen.
2. Der generelle Ausbruch von Raub und Diebstahl in Deutschland (›Schiebungen‹, Post- und Eisenbahnpersonal, Polizei, völlige Verwischung der Grenzen zwischen der wohlgeordneten Gesellschaft und dem Zuchthaus).
3. Beweis: Die rapide Verlumpung der Gewerkschaftsführer. Dagegen sind die drakonischen Terrormaßnahmen machtlos. Im Gegenteil, sie korrumpieren noch mehr. Das einzige Gegengift: Idealismus und soziale *Aktivität* der Massen, unbeschränkte *politische* Freiheit.«
Auf einem losen Blatt ohne Einordnungshinweis befindet sich folgende Ausarbeitung: »Ein Problem für sich von hoher Wichtigkeit in jeder Revolution bildet der Kampf mit dem Lumpenproletariat. Auch wir in Deutschland und allerwärts werden damit zu tun haben. Das lumpenproletarische Element haftet tief der bürgerlichen Gesellschaft an, nicht nur als besondere Schicht, als sozialer Abfall, der namentlich in Zeiten riesig wächst, wo die Mauern der Gesellschaftsordnung zusammenstürzen, sondern als integrierendes Element der gesamten Gesellschaft. Die Vorgänge in Deutschland – und mehr oder minder in allen anderen Staaten – haben gezeigt, wie leicht alle Schichten der bürgerlichen Gesellschaft der Verlumpung anheimfallen: Abstufungen zwischen kaufmännischem Preiswucher, Schlachtschitzen-Schiebungen, fiktiven Gelegenheitsgeschäften, Lebensmittelfälschung, Prellerei, Beamtenunterschlagung, Diebstahl, Einbruch und Raub flossen so ineinander, dass die Grenze zwischen dem ehrbaren Bürgertum und dem Zuchthaus verschwand. Hier wiederholt sich dieselbe Erscheinung wie die regelmäßige rasche Verlumpung bürgerlicher Zierden, wenn sie in überseeische koloniale Verhältnisse auf fremden sozialen Boden verpflanzt werden. Mit der Abstreifung der konventionellen Schranken und Stützen für Moral und Recht fällt die bürgerliche Gesellschaft, deren innerstes Lebensgesetz die tiefste Unmoral: die Ausbeutung des Menschen durch den Menschen, unmittelbar und hemmungslos einfacher Verlumpung anheim. Die proletarische Revolution wird überall mit diesem ihrem Feind und Werkzeug der Konterrevolution zu ringen haben.
Und doch ist auch in dieser Beziehung der Terror ein stumpfes, ja zweischneidiges Schwert. Die drakonischste Feldjustiz ist ohnmächtig gegen Ausbrüche des lumpenproletarischen Unwesens. Ja, jedes dauernde Regiment des Belagerungszustandes führt unweigerlich zur Willkür, und jede Willkür wirkt depravierend auf die Gesellschaft. Das einzige wirksame Mittel in der Hand der proletarischen Revolution ist auch hier: radikale Maßnahmen politischer und sozialer Natur, rascheste Umwandlung der sozialen Garantien des Lebens der Masse und – Entfachung des revolutionären Idealismus, der sich nur in uneingeschränkter politischer Freiheit durch intensives aktives Leben der Massen auf die Dauer erhalten lässt. Wie gegen Krankheitsinfektionen und -keime die freie Wirkung der Sonnenstrahlen das wirksamste, reinigende und heilende Mittel ist, so ist die Revolution selbst und ihr erneuerndes Prinzip, das von ihr hervorgerufene geistige Leben, Aktivität und Selbstverantwortung der Massen, also die breiteste politische Freiheit als ihre Form – die einzige heilende und reinigende Sonne«.

lichen Institution, wird zum Scheinleben, in der die Bürokratie allein das tätige Element bleibt. Das öffentliche Leben schläft allmählich ein, einige Dutzend Parteiführer von unerschöpflicher Energie und grenzenlosem Idealismus dirigieren und regieren, unter ihnen leitet in Wirklichkeit ein Dutzend hervorragender Köpfe, und eine Elite der Arbeiterschaft wird von Zeit zu Zeit zu Versammlungen aufgeboten, um den Reden der Führer Beifall zu klatschen, vorgelegten Resolutionen einstimmig zuzustimmen, im Grunde also eine Cliquenwirtschaft – eine Diktatur allerdings, aber nicht die Diktatur des Proletariats, sondern die Diktatur einer Handvoll Politiker, d. h. Diktatur im rein bürgerlichen Sinne, im Sinne der Jakobinerherrschaft (das Verschieben der Sowjetkongresse von drei Monaten auf sechs Monate!). Ja noch weiter: Solche Zustände müssen eine Verwilderung des öffentlichen Lebens zeitigen: Attentate, Geiselerschießungen etc. Das ist ein übermächtiges, objektives Gesetz, dem sich keine Partei zu entziehen vermag.

Der Grundfehler der lenin-trotzkischen Theorie ist eben der, dass sie die Diktatur, genau wie Kautsky, der Demokratie entgegenstellen. »Diktatur *oder* Demokratie« heißt die Fragestellung sowohl bei den Bolschewiki wie bei Kautsky. Dieser entscheidet sich natürlich für die Demokratie, und zwar für die *bürgerliche* Demokratie, da er sie eben als die Alternative der sozialistischen Umwälzung hinstellt. Lenin-Trotzki entscheiden sich umgekehrt für die Diktatur im Gegensatz zur Demokratie und damit für die Diktatur einer Handvoll Personen, d. h. für *bürgerliche* Diktatur. Es sind zwei Gegenpole, beide gleich weit entfernt von der wirklichen sozialistischen Politik. Das Proletariat kann, wenn es die Macht ergreift, nimmermehr nach dem guten Rat Kautskys unter dem Vorwand der »Unreife des Landes« auf die sozialistische Umwälzung verzichten und sich nur der Demokratie widmen, ohne an sich selbst, an der Internationale, an der Revolution Verrat zu üben. Es soll und muss eben sofort sozialistische Maßnahmen in energischster, unnachgiebigster, rücksichtslosester Weise in Angriff nehmen, also Diktatur ausüben, aber Diktatur der *Klasse,* nicht einer Partei oder einer Clique, Diktatur der Klasse, d. h. in breitester Öffentlichkeit, unter tätigster ungehemmter Teilnahme der Volksmassen, in unbeschränkter Demokratie. »Als Marxisten sind wir nie Götzendiener der formalen Demokratie gewesen«, schreibt Trotzki.[41] Gewiss, wir sind nie Götzendiener der formalen Demokratie gewesen. Wir sind auch nie Götzendiener des Sozialismus oder des Marxismus gewesen. Folgt etwa daraus, dass wir auch den Sozialismus, den Marxismus á la Cunow-Lensch-Parvus,[42] wenn er uns unbequem wird, in die Rumpelkammer

41 Trotzki, Oktober-Revolution, S. 93.

42 Heinrich Cunow (1862–1936), Paul Lensch (1873–1926) und Parvus (Alexander Helphand; vgl. S. 56) gehörten bis 1914 zu den Linken in der SPD. Nach 1914 wechselten sie auf die Seite der Kriegsbefürworter*innen und Revolutionsgegner*innen.

werfen dürfen? Trotzki und Lenin sind die lebendige Verneinung dieser Frage.

Wir sind nie Götzendiener der formalen Demokratie gewesen, das heißt nur: Wir unterschieden stets den sozialen Kern von der politischen Form der *bürgerlichen* Demokratie, wir enthüllten stets den herben Kern der sozialen Ungleichheit und Unfreiheit unter der süßen Schale der formalen Gleichheit und Freiheit – nicht um diese zu verwerfen, sondern um die Arbeiterklasse dazu anzustacheln, sich nicht mit der Schale zu begnügen, vielmehr die politische Macht zu erobern, um sie mit neuem sozialem Inhalt zu füllen. Es ist die historische Aufgabe des Proletariats, wenn es zur Macht gelangt, anstelle der bürgerlichen Demokratie sozialistische Demokratie zu schaffen, nicht jegliche Demokratie abzuschaffen. Sozialistische Demokratie beginnt aber nicht erst im gelobten Lande, wenn der Unterbau der sozialistischen Wirtschaft geschaffen ist, als fertiges Weihnachtsgeschenk für das brave Volk, das inzwischen treu die Handvoll sozialistischer Diktatoren unterstützt hat. Sozialistische Demokratie beginnt zugleich mit dem Abbau der Klassenherrschaft und dem Aufbau des Sozialismus. Sie beginnt mit dem Moment der Machteroberung durch die sozialistische Partei. Sie ist nichts anderes als Diktatur des Proletariats.

Jawohl: Diktatur! Aber diese Diktatur besteht in der Art der *Verwendung* der Demokratie, nicht in ihrer Abschaffung, in energischen, entschlossenen Eingriffen in die wohlerworbenen Rechte und wirtschaftlichen Verhältnisse der bürgerlichen Gesellschaft, ohne welche sich die sozialistische Umwälzung nicht verwirklichen lässt. Aber diese Diktatur muss das Werk der *Klasse* und nicht einer kleinen, führenden Minderheit im Namen der Klasse sein, d. h. sie muss auf Schritt und Tritt aus der aktiven Teilnahme der Massen hervorgehen, unter ihrer unmittelbaren Beeinflussung stehen, der Kontrolle der gesamten Öffentlichkeit unterstehen, aus der wachsenden politischen Schulung der Volksmassen hervorgehen.

Genauso würden auch sicher die Bolschewiki vorgehen, wenn sie nicht unter dem furchtbaren Zwang des Weltkrieges, der deutschen Okkupation und aller damit verbundenen abnormen Schwierigkeiten litten, die jede von den besten Absichten und den schönsten Grundsätzen erfüllte sozialistische Politik verzerren müssen.

Ein krasses Argument dazu bildet die so reichliche Anwendung des Terrors durch die Räteregierung, und zwar namentlich in der letzten Periode vor dem Zusammenbruch des deutschen Imperialismus, seit dem Attentat auf den deutschen Gesandten. Die Binsenwahrheit, dass Revolutionen nicht mit Rosenwasser getauft werden, ist an sich ziemlich dürftig.

Alles, was in Russland vorgeht, ist begreiflich und eine unvermeidliche Kette von Ursachen und Wirkungen, deren Ausgangspunkte und Schlusssteine: das Versagen des deutschen Proletariats und die Okkupation Russlands durch den deutschen Imperialismus. Es hieße von Lenin und Genossen Übermenschliches verlangen, wollte man ihnen auch noch zumuten, unter solchen Umständen die schönste Demokratie, die vorbildlichste Diktatur des Proletariats und eine blühende sozialistische Wirtschaft hervorzuzaubern. Sie haben durch ihre entschlossene revolutionäre Haltung, ihre vorbildliche Tatkraft und ihre unverbrüchliche Treue dem internationalen Sozialismus wahrhaftig genug geleistet, was unter so verteufelt schwierigen Verhältnissen zu leisten war. Das Gefährliche beginnt dort, wo sie aus der Not die Tugend machen, ihre von diesen fatalen Bedingungen aufgezwungene Taktik nunmehr theoretisch in allen Stücken fixieren und dem internationalen [Proletariat] als das Muster der sozialistischen Taktik zur Nachahmung empfehlen wollen. Wie sie sich damit selbst völlig unnötig im Lichte stehen und ihr wirkliches, unbestreitbares historisches Verdienst unter den Scheffel notgedrungener Fehltritte stellen, so erweisen sie dem internationalen Sozialismus, dem zuliebe und um dessentwillen sie gestritten und gelitten, einen schlechten Dienst, wenn sie in seine Rüstkammer als neue Erkenntnisse all die von Not und Zwang in Russland eingegebenen Schiefheiten eintragen wollen, die letzten Endes nur Ausstrahlungen des Bankerotts des internationalen Sozialismus in diesem Weltkriege waren.

Mögen die deutschen Regierungssozialisten schreien, die Herrschaft der Bolschewiki in Russland sei ein Zerrbild der Diktatur des Proletariats. Wenn sie es war oder ist, so nur, weil sie eben ein Produkt der Haltung des deutschen Proletariats war, die ein Zerrbild auf sozialistischen Klassenkampf war. Wir alle stehen unter dem Gesetz der Geschichte, und die sozialistische Politik lässt sich eben nur international durchführen. Die Bolschewiki haben gezeigt, dass sie alles können, was eine echte revolutionäre Partei in den Grenzen der historischen Möglichkeiten zu leisten imstande ist. Sie sollen nicht Wunder wirken wollen. Denn eine mustergültige und fehlerfreie proletarische Revolution in einem isolierten, vom Weltkrieg erschöpften, vom Imperialismus erdrosselten, vom internationalen Proletariat verratenen Lande wäre ein Wunder. Worauf es ankommt, ist, in der Politik der Bolschewiki das Wesentliche vom Unwesentlichen, den Kern von dem Zufälligen zu unterscheiden. In dieser letzten Periode, in der wir vor entscheidenden Endkämpfen in der ganzen Welt stehen, war und ist das wichtigste Problem des Sozialismus, geradezu die brennende Zeitfrage nicht diese oder jene Detailfrage der Taktik, sondern: die Aktionsfähigkeit des Proletariats, die revolutionäre Tatkraft der Massen, der Wille zur Macht des Sozialismus überhaupt. In dieser Beziehung waren die Lenin und Trotzki mit ihren Freunden die *Ersten,* die dem Weltproletariat mit dem Beispiel vorangegangen sind, sie sind bis jetzt immer noch die *Einzigen,* die mit Hutten ausrufen können: Ich hab's gewagt!

Dies ist das Wesentliche und *Bleibende* der Bolschewiki-Politik. In *diesem* Sinne bleibt ihnen das unsterbliche geschichtliche Verdienst, mit der Eroberung der politischen Gewalt und der praktischen Problemstellung der Verwirklichung des Sozialismus dem internationalen Proletariat vorangegangen zu sein und die Auseinandersetzung zwischen Kapital und Arbeit in der ganzen Welt mächtig vorangetrieben zu haben. In Russland konnte das Problem nur gestellt werden. Es konnte nicht in Russland gelöst werden, es kann nur international gelöst werden. Und *in diesem Sinne* gehört die Zukunft überall dem »Bolschewismus«.

Aus: Rosa Luxemburg:
Gesammelte Werke, Berlin 1970 ff., Bd. 4, S. 332–365

Hintergrund

Im Februar 1917 (nach westeuropäischem, gregorianischem Kalender: Ab dem 8. März) wurde die zaristische Herrschaft in Russland durch Massenproteste unter der Losung »Brot und Frieden« (getragen vor allem von Frauen*) und den Übertritt der Soldatenmassen auf die Seite der Protestierenden gestürzt (Februarrevolution). Es entstanden zwei Machtpole – die (basisdemokratischen) Sowjets und die Provisorische Regierung. Letztere bestand aus bürgerlichen Demokraten verschiedener Schattierungen und gemäßigten Sozialdemokraten.[43] Sie war nicht bereit bzw. in der Lage, die Forderungen nach einer Landreform, nach Frieden und nach der Einberufung einer verfassungsgebenden Versammlung zu erfüllen. Damit verlor sie die Unterstützung der Bauern – die vor allem als Soldaten die entscheidenden Träger der Revolution waren. Zudem versuchten Provisorische Regierung und konterrevolutionäre Kräfte, den Einfluss der Sowjets zurückzudrängen. Vor diesem Hintergrund wuchs der Einfluss der Bolschewiki und ermöglichte es ihnen, im Oktober (nach westeuropäischem, gregorianischem Kalender: am 7. November) die Macht zu ergreifen (Oktoberrevolution).

Die deutsche Linke begrüßte die Februarrevolution mit Begeisterung und hoffte auf ein baldiges Kriegsende. Rosa Luxemburg analysierte in mehreren Artikeln die Entwicklungen in Russland.[44] Zwar war sie schon im Jahr 1916 als »eine der gefährlichsten und rührigsten Agitatorinnen des extrem-radikalen Flügels der Sozialdemokratie«[45] in Schutzhaft genommen worden, trotzdem war sie über die politischen Entwicklungen in Deutschland und Russland bestens informiert. In diesen Artikeln betonte sie immer wieder die Verantwortung des internationalen Proletariats für den Fortgang der Revolution in Russ-

43 Nur Männer*

44 Vgl. z. B. Rosa Luxemburg: Die Revolution in Russland, in: GW, Bd. 4, S. 242–245.

45 Aus Polizeiakten zitiert in Annelies Laschitza: Vorwort, in: dies: Rosa Luxemburg und die Freiheit der Andersdenkenden. Extraausgabe des unvollendeten Manuskripts »Zur russischen Revolution« und anderer Quellen zur Polemik mit Lenin, Berlin 1990, S. 12.

land. Die bolschewistische Revolution im Oktober fand ein geteiltes Echo. Sofort nach der Machtergreifung durch die Bolschewiki begann eine (bis vor Kurzem aus der Geschichte sowohl der sozialdemokratischen als auch der kommunistischen Strömung verdrängte) lebhafte Diskussion in USPD und Spartakusgruppe.[46] Am Beginn stand ein nachdenklicher Artikel von Karl Kautsky mit dem Titel »Die Erhebung der Bolschewiki«[47] vom 11. November 1917, der auf die Ereignisse vom 7. November in Petrograd reagierte. Die sich anschließende Diskussion drehte sich um eine ernsthafte Frage: Hatten die Machtergreifung durch die Bolschewiki unter Lenin und die von ihnen angewandten Mittel unter den gegebenen Umständen eine Perspektive? Wie auch heute üblich, ging es dabei aber dann bald nur noch um »für« oder »gegen«. Die Kritiker*innen der Bolschewiki folgten der Vorstellung, dass ein Übergang zum Sozialismus nur auf der Grundlage hoch entwickelter Produktivkräfte und einer großen Arbeiter*innenklasse möglich sei. Diese Voraussetzungen seien aber in Russland nicht gegeben.

Rosa Luxemburg griff die Debatte zur Oktoberrevolution nicht erst mit ihrem Manuskript zur russischen Revolution auf. Das Manuskript entstand im September/Oktober 1918. Die dort dargelegten Gedanken bezüglich der konkreten Ereignisse finden sich bereits seit Januar in ihren Artikeln,[48] wobei sie sich zwischen den beiden Polen der Diskussion positionierte. Mit ihrem Ansatz der Einheit von Würdigung und Kritik stand sie unter ihren Kampfgefährt*innen fast alleine. Ihre alten Mitstreiter*innen Franz Mehring und Clara Zetkin z. B. verteidigten die Bolschewiki ohne Wenn und Aber. Ausgehend von ihren Erfahrungen aus der Russischen Revolution 1905, den Organisationsdebatten in den sozialdemokratischen Parteien Deutschlands, Polens und Russlands sowie ihren Studien zu den früheren Revolutionen in England, Frankreich und Deutschland erkannte Luxemburg, dass es notwendig ist, alle Tendenzen zu kritisieren, die die Revolution in eine Sackgasse treiben könnten. Neben der Rolle der Demokratie in einer Diktatur des Proletariats analysierte sie unter diesem Gesichtspunkt die Interessen der Bauernschaft als wesentlichem Akteur der Revolution und die Konsequenzen, die sich aus dem Friedensschluss von Brest-Litowsk und aus der Gewährung des Selbstbestimmungsrechts für die Völkerschaften des russischen Imperiums ergaben. In allen ihren Beiträgen zu den Revolutionen 1917 ging sie davon aus, dass der Erfolg einer proletarischen Revolution von der internationalen Solidarität, im besten Fall von Erhebungen der Arbeiter*innen auch in anderen Ländern abhängen würde. Somit sei auch eine erfolgreiche sozialistische Revolution in Russland legitim und machbar. Die russische Bewegung zeige, dass der Sturz der Kapitalherrschaft möglich sei – aber diese Möglichkeit sei von der westeuropäischen Sozialdemokratie nicht aufgegriffen worden. Eine Kritik der russischen Revolution konnte und musste daher zwangsläufig auch eine Kritik

46 Die Debatte ist dokumentiert in Schütrumpf (Hrsg.), Diktatur.

47 Vgl. Schütrumpf (Hrsg.), Diktatur, S. 98–102.

48 Vgl. z. B. Rosa Luxemburg: Die geschichtliche Verantwortung, in: GW, Bd. 4, S. 374–379, und vor allem: dies.: Die russische Tragödie, in: ebd., S. 385–392.

Paul Levi
(1883–1930)

… war Rechtsanwalt, seit 1909 Mitglied der SPD und in den letzten Jahren ihres Lebens enger Mitarbeiter von Rosa Luxemburg. Er wurde 1919 Vorsitzender der KPD und versuchte, die von Luxemburg begründete und gegenüber den Bolschewiki eigenständige Politik fortzusetzen. Er scheiterte mit diesem Ansatz, trat 1921 zurück und wurde nach seiner Kritik am Märzputsch der KPD in Mitteldeutschland aus der Partei ausgeschlossen. Bis zu seinem Lebensende gehörte er, weitgehend isoliert, zum linken Flügel der SPD.*

des eigenen Handelns im Westen sein. Wenn also Kautsky und andere die Bolschewiki wegen der Missachtung demokratischer Rechte verurteilten, hätten sie, so die Logik Luxemburgs, auch ihr eigenes Verhalten und Handeln kritisieren, hätten sie die Entwicklung der eigenen Partei neu befragen müssen. Dazu waren sie weder bereit noch in der Lage. Luxemburg sah aber auch nicht, dass das internationale Proletariat mit weiteren Revolutionen Russland unterstützen würde. Die nach der Entstehung der Schrift stattfindende Novemberrevolution 1918 in Deutschland und die Revolution in Ungarn 1919 blieben die einzigen größeren Erhebungen, die allerdings schnell scheiterten.

Luxemburgs Herangehen war also eine Zumutung gegenüber allen – gegenüber denen, die sagten, dass die Revolution unmöglich sei, gegenüber denen, die sie rückhaltlos begrüßten, und gegenüber denen in Russland, die den Erfolg ersehnten und dafür kämpften. Die Geschichte sollte zeigen, dass sie in wesentlichen Fragen recht behalten sollte, vor allem in der Demokratie-Frage. An dieser Frage sollte die kommunistische Bewegung um 1990 nach einem mindestens 40 Jahre anhaltenden Erosionsprozess zerbrechen.

Die rücksichtslose Analyse der Widersprüche der Revolution machte die Veröffentlichung des Manuskripts durch Paul Levi im Jahr 1920 vor allem für die inzwischen entstandene kommunistische Strömung zu einem Politikum. Schon auf dem Gründungsparteitag der KPD war deutlich geworden, dass die neue Partei in wesentlichen Punkten der Linie Rosa Luxemburgs nicht bereit war zu folgen. Mit der Ablehnung der Beteiligung an den Wahlen zur Nationalversammlung und der Arbeit in den Gewerkschaften stand die Mehrheit der Partei für einen Kurs, der sie immer wieder in Sackgassen führen sollte.

Das, was Luxemburg über Jahrzehnte an der Sozialdemokratie kritisiert hatte, die umfassende Dominanz des Apparates, war auch in der russischen und deutschen kommunistischen Bewegung nicht überwunden worden. Eine Kritik Lenins oder der Bolschewiki wurde sofort als Angriff auf die eigene Stellung im Apparat, als Bedrohung empfunden. Bis zum Zerfall der bolschewistisch-kommunistischen Bewegung hielt sich der ausgerechnet von Luxemburgs engen Kampfgefährt*innen Clara Zetkin und Adolf Warski begründete Mythos, dass sie die Veröffentlichung des Textes nicht gewollt und ihre Position in den letzten Lebensmonaten geändert hätte. Die Entstehungsgeschichte des Manuskripts, ihre Äußerungen auf dem Gründungsparteitag der KPD und ihre Ablehnung putschistischer und antiparlamentarischer Auffassungen in der KPD sprechen aber überzeugend dagegen. Jedenfalls gelang es mit diesem Trick, eine ernsthafte Diskussion über Luxemburgs Positionen zur russischen Revolution und zur Rolle der Demokratie in sozialistischen Revolutionen im Allgemeinen in wesentlichen Teilen der Linken für Jahrzehnte unmöglich zu machen.

»Die sogenannte ›Dummheit der Massen‹, die seit jeher als der Sündenbock bei allerlei Prinzipienverstößen aufmarschiert, ist im Grunde genommen nichts anderes als die Beschränktheit derjenigen, die sich auf diese Dummheit berufen.«

Innerparteiliche Demokratie. Achse luxemburgscher Parteipolitik

von Lutz Brangsch

Warum soll man sich heute mit Texten befassen, die in einer anderen Zeit in anderen Parteien über diese Parteien geschrieben wurden? Warum sich mit Texten einer Autorin auseinandersetzen, die mit ihren Vorstellungen letztlich gescheitert ist?

Weder die SPD, die USPD, die polnische Sozialdemokratie noch die KPD konnten die von Rosa Luxemburg erarbeiteten Ansprüche realisieren. Sie selbst war nie Organisatorin einer Partei. In ihren Texten tritt sie uns als außerparlamentarische Aktivistin, Agitatorin, Lehrerin, Journalistin oder Theoretikerin gegenüber. Als Frau war ihr eine parlamentarische Karriere im deutschen Kaiserreich oder im russischen Imperium ohnehin unmöglich.

Trotzdem wurden ihre Überlegungen zur innerparteilichen Demokratie immer wieder aufgegriffen und neu entdeckt. Hinter dieser anhaltenden Aktualität stand und steht bis heute die Frage, welche Mittel dem Ziel linker Bewegungen, der Emanzipation des Menschen, seiner Selbstbefreiung, entsprechen. Diese Frage nimmt unter konkreten Umständen immer wieder neue Formen an.

Für Luxemburg verband sie sich mit dem Kampf gegen den Blanquismus auf der einen und gegen den Opportunismus auf der anderen Seite. Dabei ging es um das Verhältnis von Reform und Revolution, von Parlamentarismus und außerparlamentarischer Bewegung, um die Rolle des Massenstreiks, der Demonstrationen zum 1. Mai und anderer Formen politischen Handelns jenseits der vom Parlamentarismus bestimmten Kalküle.

Im Realsozialismus und in der bolschewistisch-kommunistischen Linie der Arbeiter*innenbewegung boten zum Beispiel das sehr beschränkte Recht auf offene Diskussion von gesellschaftlichen Problemen und auf Kritik von Beschlüssen der übergeordneten Parteigremien, der Rolle der Erfahrungen der Sowjetunion oder der Personalpolitik Ansatzpunkte für eine Kritik im Sinne Luxemburgs.

Heute sind es wieder Fragen nach dem Verhältnis von Partei und Parlament, nach Möglichkeiten und Grenzen von Kompromissen mit bürgerlichen Kräften oder Aspekte des Antimilitarismus, die eine Neubeschäftigung mit Rosa Luxemburgs Denken sinnvoll erscheinen lassen.

Dass die Natur innerparteilicher Demokratie ein »globales« und »überzeitliches« Thema gerade linker Bewegungen ist, zeigte sich schon in einer Fußnote zur Publikation des Artikels »Organisationsfragen der russischen Sozialdemokratie« aus dem Jahr 1904. Dort vermerkte die Redaktion der *Neuen Zeit,* dass die Organisationsfragen, die Rosa Luxemburg hier behandelte, auch für die deutsche Sozialdemokratie wichtig seien »nicht bloß wegen der großen internationalen Bedeutung, die heute unsere russische Bruderpartei erlangt hat, sondern auch, weil ähnliche Probleme der Organisation zurzeit unsere eigene Partei aufs Lebhafteste beschäftigen«.[1]

Rosa Luxemburg wirkte in einer Zeit des Umbruchs. Dies betraf Partei und Gesellschaft gleichermaßen. So stellt sich als erste Frage, in welcher Partei sie ihre Kämpfe führte, über welche Partei sie schrieb. Wer waren die proletarischen Massen, wer die Mitglieder der sozialdemokratischen und gewerkschaftlichen Organisationen, die Parteifunktionäre, wer die Reichstagsabgeordneten? Wie positionierten sie sich in der deutschen Gesellschaft des ausgehenden 19. und beginnenden 20. Jahrhunderts?

Die hier zusammengestellten Texte entstanden in einer Zeit, in der die Arbeiter*innenbewegung und ihre Parteien nach harten Kämpfen die ihnen gemäßen Formen politischen Handelns gefunden zu haben schienen. Deutschland erlebte in der zweiten Hälfte des 19. Jahrhunderts eine rasche Industrialisierung mit allen sozialen Folgen. Dazu gehörte nicht zuletzt das Anwachsen der Zahl von Lohnarbeiter*innen. Wer aber waren die »sozialdemokratischen Massen«? Betrachten wir an dieser Stelle erst einmal die deutsche Arbeiter*innenklasse.

Die Arbeiter*innen der Jahre 1898 bis 1919, der Zeit des unmittelbaren Wirkens Luxemburgs in der deutschen Sozialdemokratie, entstammten oftmals Familien von Landarbeiter*innen, Bauern und

1 Vgl. Luxemburg, GW, Bd 1.2, S. 422 (Fn.).

Bäuerinnen oder Handwerker*innen. In Deutschland hatte die Industrialisierung nach 1871 mit der Gründung des Kaiserreiches enorm an Geschwindigkeit zugelegt. Die Wanderung vom Land in die Stadt, die Verwandlung von Landarbeiter*innen oder Handwerker*innen in industrielle Lohnarbeiter*innen war begleitet von einer sofort einsetzenden Differenzierung unter ihnen.[2] Das einigende Band, die aus den täglichen Erlebnissen resultierende Opposition gegen Staat und Unternehmer*innen, war stark, bedeutete aber nicht, dass die Verhältnisse in der Klasse widerspruchsfrei waren. Die Sozialdemokratie erreichte vor allem Industriearbeiter*innen, jedoch Landarbeiter*innen und das Heer der Dienstboten und Angestellten nur in geringem Umfang. Schwach war die Sozialdemokratie auch unter den katholischen Arbeiter*innen. Das hing unter anderem damit zusammen, dass sich die »gewerblichen Arbeiter« seit 1869 organisieren durften und zudem immer mehr soziale und bürgerliche Rechte erlangten. Das blieb Landarbeiter*innen zum Beispiel noch Jahrzehnte verwehrt.

Bis in die 1860er-Jahre konnten die Arbeiter*innen ihre Interessen bestenfalls in bürgerlichen Bildungsvereinen und über liberale Parteien[3] artikulieren. Der Beginn einer selbstständigen Arbeiter*innenbewegung in Deutschland datiert von 1863. In diesem Jahr wurde durch Ferdinand Lassalle der Allgemeine Deutsche Arbeiterverein (ADAV) gegründet.

Er war »ein neuartiges Experiment im Prozess der Suche nach einer effektiven – der effektivsten – Form der Organisation des Proletariats. Die zentralistische Organisation sollte nicht nur die Aktionsfähigkeit gewährleisten, sondern insbesondere die Fallstricke der reaktionären Vereinsgesetzgebung umgehen. Lassalle ging es darum, die Arbeiterpartei als legale Massenbewegung zu etablieren. Dem entsprachen die legalen, aber zugleich über die unmittelbare Gegenwart hinausgehenden Forderungen nach einem allgemeinen Wahlrecht ... und nach Produktivgenossenschaften.«[4] Damit löste Lassalle

2 Vgl. dazu aus unterschiedlichen Perspektiven Gerhard A. Ritter/Klaus Tenfelde: Arbeiter im deutschen Kaiserreich. 1871 bis 1914, Bonn 1992, S. 426–466, sowie Jürgen Kuczynski: Geschichte des Alltags des deutschen Volkes. Studien 4. 1871–1918, Berlin 1983, S. 86–110.

3 »Liberal« bedeutete in Deutschland zu dieser Zeit, bürgerlich-demokratische Forderungen gegenüber dem konservativ-klerikalen, monarchistischen Block zu vertreten.

4 Wolfgang Schröder: Leipzig – die Wiege der deutschen Arbeiterbewegung. Wurzeln und Werden des Arbeiterbildungsvereins 1848/49 bis 1878/81 mit einer Dokumentation der Tätigkeitsberichte, Berlin 2010, S. 69.

die Arbeiter*innenbewegung aus ihrer Bindung an die bürgerlichen Liberalen. Für die erste Generation von Sozialdemokrat*innen war er der prägende Organisator und Propagandist des entstehenden Proletariats.

Fünf Jahre später (7.–9. August 1869) konstituierte sich in Eisenach die Sozialdemokratische Arbeiterpartei Deutschlands (SDAP). Dem gingen Auseinandersetzungen im ADAV voraus, die sowohl programmatische als auch organisatorische Fragen betrafen. Dabei ging es insbesondere um die innerparteiliche Demokratie. In der Kritik stand unter anderem der autoritäre Führungsstil des damaligen Vorsitzenden. August Bebel betonte anlässlich der Gründung der neuen Partei:

»Es gibt ... in unserer Parteiorganisation keinen Führer mehr, und das ist notwendig; sobald eine Partei bestimmte Personen als Autorität anerkennt, verlässt sie den Boden der Demokratie; denn der Autoritätsglaube, der blinde Gehorsam, der Personenkultus ist an sich undemokratisch. Deswegen wollen wir statt einer Person fünf Personen an die Spitze setzen.«[5] Er forderte ein Programm, das nicht nur sozialistisch, sondern auch demokratisch sein müsse.

Von 1869 bis 1875 bestanden mit ADAV und SDAP zwei relativ große Arbeiterparteien nebeneinander. Die Vereinigung der bis dahin getrennt agierenden proletarischen Organisationen auf dem Gothaer Parteitag 1875 brachte die Sozialistische Arbeiterpartei Deutschlands (SAPD) hervor, die sich 1890 den Namen Sozialdemokratische Partei Deutschlands (SPD) gab. Man darf die heutige SPD nicht zum Ausgangspunkt der Interpretation der luxemburgschen Interventionen nehmen, auch wenn viele Probleme, die sie Ende des 19. Jahrhunderts/Anfang des 20. Jahrhunderts diskutierte, durchaus noch heute aktuell sind. Programmatisch setzte sich in dieser Zeit der an Karl Marx orientierte Flügel durch. Im Programm von 1891 heißt es in marxscher Tradition:

»Die Sozialdemokratische Partei Deutschlands kämpft also nicht für neue Klassenprivilegien und Vorrechte, sondern für die Abschaffung der Klassenherrschaft und der Klassen selbst und für

5 August Bebel: Programm und Organisation der Partei. Referat auf dem Gründungskongress der Sozialdemokratischen Arbeiterpartei in Eisenach, 8. August 1869, in: August Bebel: Ausgewählte Reden und Schriften. Bd. 1, Berlin 1978, S. 53.

gleiche Rechte und gleiche Pflichten Aller ohne Unterschied des Geschlechts und der Abstammung. Von diesen Anschauungen ausgehend, bekämpft sie in der heutigen Gesellschaft nicht bloß die Ausbeutung und Unterdrückung der Lohnarbeiter, sondern jede Art der Ausbeutung und Unterdrückung, richte sie sich gegen eine Klasse, eine Partei, ein Geschlecht oder eine Rasse.«[6]

Die Durchsetzung der marxschen Richtung mit ihrer konsequent antikapitalistischen und revolutionären Orientierung war eng mit dem Wirken von Politikern verbunden, die später zu Verbündeten und Kontrahenten Rosa Luxemburgs wurden: August Bebel, Wilhelm Liebknecht, Karl Kautsky und Eduard Bernstein. Diese Funktionäre waren in hohem Maße durch ihre persönlichen Beziehungen zu Karl Marx und Friedrich Engels geprägt. Ihre Autorität in der Partei bezogen sie einerseits aus ihren Erfahrungen aus der Gründungszeit der Sozialdemokratie, aber natürlich auch aus den persönlichen Beziehungen zu Marx und Engels.

Der Weg dieser Generation war dornenreich. Organisationspolitisch war die Partei gezwungen, immer wieder Formen zu finden, die der repressiven Politik des Staates und dem Druck des Kapitals widerstehen konnten. Eine Resolution des Parteikongresses 1877 spiegelte dies wider:

»Mit Rücksicht auf die von preußischen Behörden mit unerhörter Dreistigkeit förmlich proklamierte völlige Rechtlosigkeit sozialistischer Vereine in Preußen nimmt der Kongress von der Herstellung irgendeiner Organisation der Partei Abstand, auf welche die in Deutschland, besonders in Preußen, bestehenden Vereinsgesetze angewendet werden können; der Kongress überlässt es den Parteigenossen an den einzelnen Orten, sich je nach den örtlichen Verhältnissen und Bedürfnissen zu organisieren.«[7]

In dieser ersten Phase der Organisationsentwicklung bis 1878 verfügten die sozialdemokratischen Organisationen über keine feste Struktur. So sollten die Hürden, die das Vereinsrecht einer politi-

---

6 Programm der Sozialdemokratischen Partei Deutschlands, beschlossen auf dem Parteitag in Erfurt 1891, in: Dieter Dowe/Kurt Klotzbach (Hrsg.): Programmatische Dokumente der deutschen Sozialdemokratie, Bonn/Berlin 1973, S. 177–178, unter: https://tinyurl.com/erfurter-programm.

7 Zit. nach: Dieter Fricke: Die deutsche Arbeiterbewegung 1869–1914. Ein Handbuch über ihre Organisation und Tätigkeit im Klassenkampf, Berlin 1976, S. 126.

schen Tätigkeit entgegenstellte, umgangen werden. Sie lebten von der Selbstorganisationsfähigkeit der Massen und der freiwilligen, bewussten Disziplin der Mitglieder.

Diese Fähigkeit zur Selbstorganisation wurde in der zweiten Phase der Parteientwicklung durch das Sozialistengesetz (1878–1891)[8] in weit höherem Maße herausgefordert. Die Parteiarbeit war zwischen 1878 und 1890 illegal. Die Parlamentsfraktionen wurden zu den organisatorischen Zentren der Partei und oft mit ihr identifiziert. Im Jahr 1885 schrieb Karl Kautsky an Eduard Bernstein: »Die Leute in Deutschland müssen sich erst daran gewöhnen, in der Fraktion etwas von der Partei Verschiedenes zu betrachten, und das geht nicht so schnell.«[9] Die politisch aktiven Proletarier*innen wichen in Vereine aus. Zeitungen und andere Publikationen kursierten zum großen Teil illegal und mussten zudem im Ausland gedruckt werden.

Nach dem Fall des Sozialistengesetzes konsolidierte sich die Partei in organisatorischer Hinsicht. In dieser dritten Phase der Parteientwicklung erlebte sie einen enormen Zuwachs an Mitgliedern und steigende Zustimmung bei Wahlen. Trotz der anhaltenden Versuche, ihre Wirksamkeit zu begrenzen und sie zu zerstören, wuchsen Einfluss und parlamentarische Präsenz. Der Anteil der Stimmen für die Sozialdemokratie bei Reichstagswahlen stieg von 1871 bis 1912 von 3,2 auf 34,7 Prozent. Allerdings zeigte sich das nicht in der Zahl der Reichstagsmandate. Wegen des Wahlrechts[10] erhielt die Partei 1871 nur 0,5 (2) und 1912 immerhin 27,7 Prozent der Sitze (110).[11]

Bei den Reichstagswahlen galt seit 1871 das allgemeine, gleiche, geheime und direkte Wahlrecht. Frauen*, Männer* unter 25 Jahre, Empfänger*innen von Armenunterstützung, Militärangehörige und Personen, die nicht mindestens drei Jahre an einem Ort ansässig

8 Vgl. das sogenannte Sozialistengesetz aus dem Jahr 1878 (»Gesetz gegen die gemeingefährlichen Bestrebungen der Sozialdemokratie«), in: Walter Steitz (Hrsg.): Quellen zur deutschen Wirtschafts- und Sozialgeschichte von der Reichsgründung bis zum Ersten Weltkrieg. Ausgewählte Quellen zur deutschen Geschichte der Neuzeit, Darmstadt 1985, S. 86–91, unter: https://tinyurl.com/sozialistengesetz.

9 Karl Kautsky: 4. Aus den Briefen Karl Kautskys [an Eduard Bernstein]; b) Brief vom 11. Mai 1885, in: Helmut Hirsch (Hrsg.): Eduard Bernsteins Briefwechsel mit Friedrich Engels. Quellen und Untersuchungen zur Geschichte der deutschen und österreichischen Arbeiterbewegung, n. F. Assen 1970, S. 435–436.

10 Grundsätzliches zur Rolle und Entwicklung des Wahlrechts aus der Sicht der damaligen Sozialdemokratie vgl. August Bebel: Die Sozialdemokratie und das Allgemeine Stimmrecht. Berlin 1895, in: Deutsches Textarchiv, unter: https://tinyurl.com/bebel-1895.

11 Vgl. Fricke, Arbeiterbewegung 1869–1914, S. 526.

waren, waren von der Wahl ausgeschlossen. Militärangehörige hatten immerhin das passive Wahlrecht. Das Wahlrecht in den Bundesstaaten war bedeutend restriktiver. Hier wurde durch Mehrklassenwahlrecht bzw. die Installierung zweier Kammern oder Häuser die Dominanz der alten monarchistischen Eliten und des Besitzbürgertums abgesichert. Die Historiker Gerhard Ritter und Klaus Tenfelde beschreiben das sehr gut am Beispiel Preußens. Die ungleichen, indirekten und öffentlichen Wahlen hatten zwei Folgen. Erstens beteiligten sich nur wenige Menschen an ihnen (die Stimmabgabe war öffentlich, daher konnte auf die Wähler*innen Druck ausgeübt werden) und zweitens entstand zwischen der Zahl der für eine Partei abgegebenen Stimmen und der Zahl der Mandate eine enorme Diskrepanz. Abhängig von ihrem Vermögen wurden die Wähler in drei Abteilungen eingeteilt. »[D]ie Stimmen der Wähler der ersten Abteilung [zählten] ... im Durchschnitt etwa das 18–26-Fache, die Stimmen von Wählern der zweiten Abteilung das 5–8-Fache der Stimme von Wählern der dritten Abteilung.«[12] Bei den preußischen Landtagswahlen von 1898 umfasste die erste Abteilung 3,3 Prozent, die zweite 11,4 Prozent und in die dritte 85,4 Prozent der Wähler![13] Jede Abteilung wählte im Prinzip die gleiche Zahl an Wahlmännern, sodass die der ersten beiden, die der vermögenden Wähler, die der dritten Abteilung überstimmen konnten. Trotzdem legte die SPD auch in den Bundesstaaten und Gemeinden an Gewicht zu.

Unter diesen Bedingungen entwickelte sich ein reges geistiges und kulturelles Leben in der Partei und ihrem Umfeld. Zeitungen wie der *Vorwärts* oder die *Leipziger Volkszeitung*, theoretische Zeitschriften wie *Die Neue Zeit* oder die *Sozialistischen Monatshefte* wurden zu wichtigen Informationsquellen und zu Orten angeregter und nicht selten hitziger Debatten um theoretische, strategische und taktische Fragen. In gut besuchten öffentlichen Versammlungen wurden kontroverse Positionen ausgetauscht.[14]

Gleichzeitig jedoch verfestigte sich die Dominanz des Apparates, vor allem der Parlamentsfraktionen gegenüber der Mitgliedschaft.

12 Ritter/Tenfelde, Arbeiter, S. 90.

13 Vgl. Fricke, Arbeiterbewegung 1869–1914, S. 565.

14 Die Veränderungen im sozialdemokratischen Milieu lassen sich gut in dem Roman »Die Väter« von Willi Bredel nachverfolgen. Das Werk umfasst den Zeitraum vom Fall des Sozialistengesetzes bis zum Ersten Weltkrieg.

Die Parlamentsfraktionen wurden von Kleinbürgern und Intellektuellen dominiert, die sich der Sozialdemokratie angeschlossen hatten. Durch ihre soziale Stellung waren sie in der Lage, ihren Lebensunterhalt selbst zu bestreiten, oder schienen durch ihre Qualifikation dazu prädestiniert, als Angestellte der Partei (z. B. als Funktionäre oder Redakteure) oder der Gewerkschaften zu arbeiten. Erst ab 1906 erhielten die Reichstagsabgeordneten Diäten.

Friedrich Engels, nach Marx' Tod 1883 der wichtigste Theoretiker und Berater der Sozialdemokratie, beobachtete diese Entwicklung skeptisch und schrieb schon 1890:

»Tussy[15] schreibt, dass die Leute vom deutschen Reichstag, zumindest ein großer Teil von ihnen, nach dem Kongress in Lille einen ziemlich philisterhaften Eindruck auf sie machten. Das habe ich auch erwartet. Da unsere Abgeordneten keine Vergütung erhalten, können wir nicht immer die besten Leute bekommen, sondern müssen von denen, die sich in einer mehr oder weniger bürgerlichen Position befinden, die am wenigsten schlechten nehmen. Deshalb sind unsere Massen weitaus besser als die Fraktion.«[16]

Bernstein charakterisierte die Organisationskultur der englischen Arbeiter*innenbewegung und die Eigendynamik der entstandenen Apparate in einem Brief an Engels 1890 dahingehend, dass es auf Partei- und Gewerkschaftskongressen immer so sei, dass »gemogelt« werde: »Die Arbeiterparlamente geben da den Bourgeoisparlamenten nichts nach.«[17]

Diese Äußerungen verweisen darauf, dass revolutionäre Programmatik allein noch nicht die Wirklichkeit einer Partei ausmacht. Nicht nur die politischen, auch die puren materiellen Interessen der Parteimitglieder, der Parteifunktionäre und der Abgeordneten sind Faktoren, die die Wirklichkeit einer Partei prägen. Unter den Bedingungen der zwölfjährigen außerparlamentarischen Illegalität und der parlamentarischen Legalität auf der einen und den unterschiedlichen sozialen Milieus von Funktionären und »einfacher« Mitgliedschaft

15 Eleanor Marx, die jüngste Tochter von Karl Marx, die selbst eine aktive Rolle in der internationalen Arbeiterbewegung spielte.

16 Friedrich Engels: Engels an Laura Lafargue in Le Perreux, London, 19. Okt. 1890, in: MEW, Bd. 37, S. 484.

17 Eduard Bernstein: 144. Bernstein an Engels; London, 3. September 1890, in: Hirsch (Hrsg.), Briefwechsel, S. 373.

auf der anderen Seite entstand in der SPD und ihrem Umfeld ein kompliziertes Geflecht von Parteiapparat, Gewerkschaftsapparat, Landtags- und Reichstagsfraktionen, Parteipresse und Verlagen, verbunden mit gegenseitigen Abhängigkeiten der in diesen Netzwerken agierenden Personen. Dies betraf sowohl politische Aspekte, als auch die schiere materielle Existenz der Funktionäre.[18] In Auswertung des Parteitages 1894 erklärte August Bebel:

»Man strebt heut oft nicht nach Vertiefung unserer Anschauungen, nach ernster Aufklärung unter den Parteigenossen, sondern man will in erster Linie neue Anhänger gewinnen um jeden Preis. Um das zu erreichen, macht man Konzessionen nach allen Seiten hin, verwischt man den rein proletarischen Charakter der Partei, steckt häufig die Forderung des Klassenkampfes in die Rocktasche. So gelingt es zwar, große Scharen neuer Anhänger zu gewinnen, die aber dem Sozialismus recht fernstehen, die unsere Partei nicht fördern, sie vielmehr nur belasten. Ich sage es offen heraus, mir ist eine kleinere Zahl zielbewusster und klassenbewusster Genossen ungleich viel lieber als eine große Schar von Anhängern, die nicht wissen, was sie wollen und was die Sozialdemokratie will. Es wird das Schwergewicht darauf gelegt, bei Reichstagswahlen, bei Landtagswahlen, bei Gemeindewahlen äußere Erfolge zu erzielen. Die Position im Reichstage ist ja noch die vergleichsweise leichteste. Aber in den Landtagen, in den Gemeindevertretungen können unsere Leute, wenn sie nicht ganz prinzipienfest, wenn sie nicht vollständig vertraut mit dem Wesen des Sozialismus sind, in Positionen hineingeraten, wo sie Entschließungen fassen, die eine Gefahr für unsere Ziele und Grundsätze sind.«[19]

In dieser Situation tauchte Rosa Luxemburg in der deutschen Arbeiterbewegung auf. Sie war 1888/89 aus Russisch-Polen in die Schweiz emigriert und kam während ihres Studiums mit den revolutionären Bewegungen in Polen, Russland und Deutschland in unmittelbaren Kontakt. Seit Anfang der 1890er-Jahre war sie in der polnischen Sozialdemokratie aktiv. Im Jahr 1892 gründeten Rosa

18 Analysiert in: Wilhelm Heinz Schröder: Sozialstruktur der sozialdemokratischen Reichstagskandidaten, in: Otto Brenner Stiftung (Hrsg.): Herkunft und Mandat. Beiträge zur Führungsproblematik in der Arbeiterbewegung. Schriftenreihe der Otto Brenner Stiftung, Frankfurt a. M./Köln 1976, S. 72–96.

19 August Bebel: Noch kein Parteitag hat bei mir einen so unbefriedigenden Eindruck hinterlassen (Nov. 1894), in: Anneliese Beske/Gustav Seeber (Hrsg.): August Bebel. Ausgewählte Reden und Schriften. Bd. 3, München 1995, S. 453–454.

Luxemburg, Leo Jogiches, Julian Marchlewski und Adolf Warski die *Socjaldemokracja Królestwa Polskiego* (SDKP), die Sozialdemokratie des Königreiches Polen.

Als sie 1898 nach Deutschland übersiedelte, war sie bereits eine erfahrene Politikerin:

»Für ihre neue Wahlheimat entschied sich Rosa Luxemburg als junge Frau von 27 Jahren, die sich von 1889 bis 1897/98 durch gründliches Studium und reges politisches Engagement zu einer gebildeten, kritischen und im Disput geübten Marxistin entwickelt hatte. Sie hatte bereits ein polnisches Blatt geleitet und sich in der polnischen wie internationalen sozialdemokratischen Presse ausgewiesen. Als Mitbegründerin und theoretisch tonangebende Vertreterin der Sozialdemokratie des Königreichs Polen war sie zweimal auf internationalen Kongressen in Erscheinung getreten und hatte Bekanntschaft geschlossen mit vielen Sozialdemokraten oder Sozialisten in der Schweiz, in Frankreich, Deutschland, England und Russland. Sie war eine in Politik und Wissenschaft aufmerksam beobachtete und geachtete Frau, die sich gegen Häme und Hass ihrer Widersacher klar zu behaupten verstand.«[20]

Als sie in die deutsche Sozialdemokratie kam, war sie an keinerlei parlamentarische Logiken gebunden. Sie stand auch außerhalb der in den Jahren seit der Gründung der sozialdemokratischen Parteien in Deutschland entstandenen Netzwerke. So konnte Luxemburg den Maßstab der Emanzipation der Arbeiterklasse auf die deutsche Sozialdemokratie, wie sie sie vorfand, ohne Vorbehalte und falsche Rücksichten anwenden. Es ging ihr um »revolutionäre Realpolitik«.[21] Die Besonderheit einer sozialdemokratischen Realpolitik, des Kampfes um Reformen im Interesse der Massen, bestand in diesem Sinne darin, dass sie eben nicht zum Selbstzweck werden. Sie sollten weitere Schritte zur Selbstbefreiung der Arbeiter*innenklasse ermöglichen. Jenes »Selbst« im Handeln der Massen, das »Wie« von Politik, ist für Luxemburg Kriterium der Beurteilung politischer Entscheidungen und der Organisationsstruktur der Partei.

---

20 Annelies Laschitza: Rosa Luxemburg. Im Lebensrausch, trotz alledem. Eine Biographie, Berlin 2010, S. 75.

21 Rosa Luxemburg: Karl Marx, in: GW, Bd. 1.2., S. 373. Siehe auch in dieser Ausgabe S. 21 Die Tragweite des von Rosa Luxemburg verfolgten Konzeptes diskutiert ausführlich Frigga Haug: Rosa Luxemburg und die Kunst der Politik, Hamburg 2007.

Mit dieser Haltung geriet sie aber nach 1908 immer mehr in eine Außenseiterposition. Das Abstimmungsergebnis zur Frage der Haltung zur Haushaltspolitik und die Erklärung der Mehrheit der süddeutschen Landtagsabgeordneten, dass sie sich nicht daran halten würden (siehe Seite 87), machte deutlich, dass relevante Mehrheiten der Partei bereit waren, der Dominanz des Nur-Parlamentarischen und der entsprechenden Form einer auf Wahlen fixierten Partei zu folgen. Von da an, und das zeigten auch die Zwischenrufe und die Repliken in den Parteitagsauftritten, wurde sie in den Führungsebenen mehr und mehr als Nörglerin, ja Feindin wahrgenommen. In dieser vierten Etappe der Parteientwicklung wurde die SPD zunehmend zu einem Instrument ihrer Führung, die sich von den Interessen der Mitgliedschaft weitgehend gelöst hatte. Die Zustimmung zum Krieg 1914 und die Unterwerfung der Partei unter die Konditionen des »Burgfriedens« waren die verheerende Konsequenz.

Der Kampf um innerparteiliche Demokratie ergab sich für Luxemburg aus der unlöslichen Verbindung von Ziel und Mittel. Das machte ihn zu einer der zentralen Achsen des luxemburgschen Werkes. Ihr bedingungsloser Internationalismus und Antimilitarismus und ihre konsequent republikanisch-demokratische Gesinnung waren für sie mit der Organisationsfrage und der Frage der innerparteilichen Demokratie als jeweils unterschiedliche Momente der Selbst-Emanzipation der Arbeiterklasse verbunden. Dieser Standort machte sie außerordentlich sensibel für die Zusammenhänge zwischen der »Außenpolitik« von Parteien, also ihren parlamentarischen Aktivitäten oder ihrem Verhältnis zu außerparlamentarischen Aktionen, und ihrer »Innenpolitik«, ihrer Organisationsweise und politischen Kultur. So konnte sie zum Kern revolutionär-sozialdemokratischer Organisationspolitik vordringen, egal, unter welchen nationalen Besonderheiten er sich verbirgt.

In der deutschen Sozialdemokratie bildeten die Kolonial- und Militärpolitik, die Massenstreikdebatte und die Haushaltspolitik derartige Schnittpunkte von »Innen« und »Außen«. Auffällig ist, wie sich in Luxemburgs Arbeiten zur russischen Sozialdemokratie letztlich die gleichen Positionen zur innerparteilichen Demokratie finden wie in ihren Interventionen in die Politik der deutschen Sozialdemokratie. Diese Arbeiten waren es auch, in der sie ihre diesbezüglichen Vorstellungen am systematischsten entwickelte. Ausgangspunkt war der Aufsatz »Organisationsfragen der russischen Sozialdemokratie« (1904), Endpunkt »Zur Kritik der russischen Revolution« (1918). Eine dritte Schrift vermittelt die Kontinuität zwischen beiden. Es handelt sich um einen Text aus dem Jahr 1911, der bisher in den Gesammelten Werken nicht erschienen ist. Sein Titel lautet »Zur Lage in der russischen Sozialdemokratie«.[22] Diese Kontinuität widerlegt einen der großen Mythen der Luxemburg-Kritik: Dass die Kritik, die sie in ihrem Manuskript »Zur russischen Revolution« an den Bolschewiki übte, Produkt ihrer Uninformiertheit über den realen Verlauf der Revolution in Russland gewesen sei. Es ging um eine prinzipielle Frage. Ihr Kampf galt sowohl den Opportunisten als auch den Bolschewiki, auch wenn sie mit den Bolschewiki in viel mehr Punkten übereinstimmte als mit den Opportunisten. Aber diese Übereinstimmung, zum Beispiel hinsichtlich eines konsequenten Antikapitalismus und Antimilitarismus oder bezüglich der zentralen Rolle der Arbeiter*innenklasse, hinderte sie nicht daran, Lenins zentralistische Organisationsauffassung hart zu kritisieren. Aus ihrer Sicht ließen sich richtige Ziele nicht mit falschen Mitteln realisieren. Die Geschichte sollte ihr recht geben. Auf unterschiedliche Weise beraubten sich sowohl die Sozialdemokratie als auch die auf Lenin bezogenen kommunistischen Bewegungen letztlich ihrer emanzipatorischen Energie.

Diese Geschichte des Scheiterns ist keine Geschichte, die auf die handelnden Personen reduziert werden könnte. Es ist auch nicht so, dass es nur die Funktionäre waren, die den Niedergang der linken Strömungen zu verantworten hätten. Die Akzeptanz des »bequemen« Weges, sei es in seiner nur-parlamentarischen, sei es in seiner zentralistischen Form, die Abgabe der Initiative an »Repräsentantinnen und Repräsentanten« gleich welcher Art ist das Problem. Hier liegt die Herausforderung an alle linken Organisationen, hier liegt die Aktualität der organisationspolitischen Überlegungen Rosa Luxemburgs.

22 Rosa Luxemburg: Zur Lage in der russischen Sozialdemokratie (1911), in: Feliks Tych: Ein unveröffentlichtes Manuskript von Rosa Luxemburg zur Lage in der russischen Sozialdemokratie (1911), in: Internationale wissenschaftliche Korrespondenz zur Geschichte der deutschen Arbeiterbewegung 3/1991, S. 344–357.

Rosa Luxemburgs Beitrag zur Kunst, sich nicht regieren lassen zu müssen

von Alex Demirović

Das große, gemeinsame Ziel so unterschiedlicher kritischer Denker*innen wie Marx, Engels, Luxemburg, Gramsci, Adorno oder Foucault ist es, dass Menschen sich nicht mehr als Herde regieren und verwalten lassen, dass sie sich nicht nur nicht auf diese Weise und dermaßen regieren lassen, sondern dass sie sich gar nicht mehr regieren lassen. »Das Wesen der sozialistischen Gesellschaft besteht darin, dass die große arbeitende Masse aufhört, eine regierte Masse zu sein, vielmehr das ganze politische und wirtschaftliche Leben selbst lebt und in bewusster freier Selbstbestimmung lenkt.«[1] Deswegen hat Luxemburg die spontanen Bestrebungen und organisierten Aktivitäten dieser arbeitenden Massen registriert, Erwartungen an sie geknüpft und sich selbst engagiert, dass sich daraus weitere Initiativen entfalten könnten über alle gegebenen Institutionen hinaus, Institutionen, die ja alle immer noch zum Zweck haben, die Menschen mehr oder weniger gut zu verwalten und zu regieren. Eines der Ziele der sozialistischen Bewegung, die Emanzipation von fremdbestimmter Arbeit für den Privatnutzen anderer, konnte nur das eigene Werk der Arbeitenden sein. Das stellt eine gewaltige, nicht nur die Gegenwart, sondern auch die Vergangenheit und die Zukunft betreffende Herausforderung dar. Denn wie Foucault gezeigt hat, ist die Technik der Techniken, nämlich die Kunst, Menschen zu regieren, eine der großen und am längsten bestehenden Machttechniken des sogenannten Abendlandes, die weit in die Antike zurückreicht.

Als 34 Jahre nach dem Tod von Marx, während des Ersten Weltkriegs, der am Ende etwa neun Millionen Soldaten und mehr als zehn Millionen Menschen in der Zivilbevölkerung das Leben kostete, die russische Revolution stattfand, erschien es den Zeitgenoss*innen so,

1 Rosa Luxemburg: Was will der Spartakusbund?, in: GW, Bd. 4, S. 444.

dass es nun möglich würde, die Vorgeschichte der Klassengesellschaften hinter sich zu lassen. Es war nicht erwartet worden, dass eine sozialistische Revolution gerade in Russland stattfinden würde, einem Land, das weitgehend agrarisch war und wenig Erfahrung mit demokratischen Institutionen besaß. Doch wurde sie als der Beginn des weltrevolutionären Prozesses gedeutet, der dann in den Revolutionen in Westeuropa und vor allem in Deutschland seine Fortsetzung haben sollte. Dies schien sich mit der politischen Revolution in Deutschland und Österreich zu erfüllen.

Die revolutionäre Linke war auf die Herausforderungen, die die historischen Ereignisse mit sich brachten, nicht gut vorbereitet. Rosa Luxemburg zufolge war dies nicht zu bedauern, sie hielt es für ein Glück, weil es für das, was im Sinne einer sozialistischen Umwälzung der Verhältnisse zu tun sei, kein fertiges Rezept gebe. Die Verwirklichung des Sozialismus sei eine Sache, die grundsätzlich »im Nebel der Zukunft« liege, es handele sich um einen Prozess des Tastens, Versuchens, Experimentierens.[2] Für erforderlich hielt sie aber auch die Einsicht in die ganze Kompliziertheit der Aufgaben. Die Massen bedürften der kritischen Urteilsfähigkeit, die jedoch von der deutschen Sozialdemokratie »ertötet« worden sei.[3] Das Suchende findet sich auch in den Texten, die Luxemburg im Prozess der Revolution verfasst hat. In der kurzen Zeitspanne zwischen September 1918 und Januar 1919 äußerte sie sich mehrfach zu demokratischen Institutionen. Nach meinem Eindruck nimmt sie mehrere Positionen ein, die nicht immer – oder nicht auf den ersten Blick – zu vereinbaren sind. Es ist dabei bemerkenswert, dass Luxemburg abwägend und auf die konkrete politische Konstellation bezogen argumentiert. Sie unterstützt die Rätebewegung, es finden sich bei ihr aber auch positive Äußerungen zur parlamentarischen Demokratie.

1) Noch in der Schutzhaft in Breslau fasste sie im September 1918 ihre Überlegungen zur russischen Revolution zusammen, die allerdings von ihr nicht publiziert wurden.[4] Das sozialistische Gesellschaftssystem könne nur das Ergebnis geschichtlicher Erfah-

2 Rosa Luxemburg: Zur russischen Revolution, in: ebd., S. 359. In dieser Ausgabe S. 150.

3 Ebd., S. 335. In dieser Ausgabe S. 127.

4 Zu Details vgl. Annelies Laschitza: Vorwort, in: dies.: Rosa Luxemburg und die Freiheit der Andersdenkenden. Extraausgabe des unvollendeten Manuskripts »Zur russischen Revolution« und anderer Quellen zur Polemik mit Lenin, Berlin 1990.

rung sein. Das Negative lasse sich verfügen, der Aufbau, das Positive, hingegen nicht. »Neuland. Tausend Probleme. ... Nur ungehemmtes, schäumendes Leben verfällt auf Tausend neue Formen, Improvisationen, erhält schöpferische Kraft, korrigiert selbst alle Fehlgriffe. Das öffentliche Leben der Staaten mit beschränkter Freiheit ist eben deshalb so dürftig, so armselig, so schematisch, so unfruchtbar, weil es sich durch Ausschließung der Demokratie die lebendigen Quellen allen geistigen Reichtums und Fortschritts absperrt. ... Die ganze Volksmasse muss daran teilnehmen. Sonst wird der Sozialismus vom grünen Tisch eines Dutzends Intellektueller dekretiert, oktroyiert.«[5]

Luxemburg kritisiert Lenins und Trotzkis Verhältnis zur Konstituierenden Versammlung in Russland, die von ihnen für untauglich gehalten würde, weil sie, wie sie behaupteten, aufgrund innerer Mechanismen einen überholten Stand der Kräfteverhältnisse repräsentiere. Luxemburg bezweifelt diese Sicht, die von ihr als mechanisch bezeichnet wird: Vertretungskörperschaften würden beständig vom »Fluidum der Volksstimmung« umspült und von den Massen unter Druck gesetzt und korrigiert.[6] Die Verhinderung der Konstituierenden Versammlung sei kein Heilmittel, sondern befördere die Übel. »Es verschüttet nämlich den lebendigen Quell selbst, aus dem heraus alle angeborenen Unzulänglichkeiten der sozialen Institutionen allein korrigiert werden können: das aktive, ungehemmte, energische politische Leben der breitesten Volksmassen.«[7] Dafür seien Wahlrecht, freie Presse, ungehindertes Vereins- und Versammlungsleben elementar.[8]

Sie kritisiert die Beschränkung des Wahlrechts auf diejenigen, die von eigener Arbeit leben. Was wäre dann mit der Beteiligung der Arbeitslosen, der Arbeiter*innen, die aufs platte Land zurückkehrten, all derer, die als Rotgardist*innen aktiv seien, der wachsenden Schichten des Kleinbürgertums? »Eine Entrechtung nicht als konkrete Maßnahme zu einem konkreten Zweck, sondern als allgemeine Regel von dauernder Wirkung, das ist nicht eine Notwendigkeit der Diktatur, sondern eine lebensunfähige Improvisation.«[9] Räte und allgemeine Volkswahlen sollten nicht gegeneinandergestellt werden,

5 Luxemburg: Russische Revolution, S. 360. In dieser Ausgabe S. 151.
6 Ebd., S. 354. In dieser Ausgabe S. 145.
7 Ebd., S. 355–356. In dieser Ausgabe S. 147.
8 Vgl. ebd., S. 358. In dieser Ausgabe S. 149.
9 Ebd.

wie Lenin und Trotzki dies täten. »Aber mit dem Erdrücken des politischen Lebens im ganzen Lande muss auch das Leben in den Sowjets immer mehr erlahmen. Ohne allgemeine Wahlen, ungehemmte Presse- und Versammlungsfreiheit, freien Meinungskampf erstirbt das Leben in jeder öffentlichen Institution, wird zum Scheinleben, in der die Bürokratie allein das tätige Element bleibt.«[10]

2) Aus dem Gefängnis entlassen, kam Luxemburg am 10. November 1918 in Berlin an. Die nächsten Wochen verbrachte sie vor allem im Redaktionslokal der *Roten Fahne*.[11] Der Kaiser und seine Regierung waren zurückgetreten, der Großrat der Berliner Arbeiter- und Soldatenräte war vorübergehend das höchste Organ des Reiches. Auf einer Versammlung am 10. November setzte er einen Vollzugsrat ein und bestätigte – sehr zum Unwillen Luxemburgs – die Regierung der Volkskommissare unter Leitung von Ebert und Scheidemann, zwei sozialdemokratischen Politikern, die die Kriegspolitik der Monarchie unterstützt hatten und den revolutionären Prozess hintertrieben. Die revolutionäre Diskussion im November 1918 war bestimmt von der Forderung nach einer Räterepublik; eine neue Revolutionsregierung sollte gewählt werden. Der Spartakusbund, in dem Luxemburg und Liebknecht eine maßgebliche Rolle spielten, forderte die Auflösung aller Parlamente und Ministerien sowie die Entlassung des Reichskanzlers, aller Minister und Staatssekretäre.

Luxemburg plädierte in einem Artikel am 18. November für eine Vertiefung der Rätebewegung durch Ausbau und Wiederwahl der lokalen Arbeiter- und Soldatenräte, damit es zu einer Selbstverständigung über Ziele, Aufgaben und Wege der Revolution kommen könnte. Sie argumentierte dafür, dass die an den Vollzugsrat übertragene Macht an die Arbeiter- und Soldatenräte zurückgegeben werden müsse, die permanent tagen sollten. Die alten Mächte – und das heißt für Luxemburg, nicht nur die Monarchie und ihr Beamtentum, sondern auch der Kapitalismus, der ja vor allem den Weltkrieg angetrieben hatte – sollten mit aller Konsequenz zurückgedrängt werden und die revolutionäre Bewegung sollte ihre Initiative zur Umgestaltung Deutschlands entfalten können.

10 Ebd., S. 362. In dieser Ausgabe S. 153.

11 Vgl. Jörn Schütrumpf: Von Hechingen nach Moskau – aus der Provinz an die Peripherie, in: Paul Levi: Ohne einen Tropfen Lakaienblut. Schriften, Reden, Briefe. Bd. I/1: Spartakus, hrsg. von Jörn Schütrumpf, Berlin 2018, S. 54.

3) Aber Räte schienen ihr nicht ausreichend, um die revolutionäre Veränderungsdynamik voranzutreiben. Im selben Artikel trat sie auch für die Einberufung eines Reichsparlaments der Arbeiter*innen und Soldaten ein, um die Proletarier als Klasse, als »kompakte politische Macht zu konstituieren«.[12] Es ist denkbar, dass Luxemburg bei dieser Formulierung einfach an eine Versammlung von Delegierten aller Arbeiter- und Soldatenräte in Deutschland dachte. In einem zwei Tage später geschriebenen Artikel vom 20. November spricht sie nur von einem Arbeiterparlament als Vertretung des Stadt- und Landproletariats und lässt die Soldaten unerwähnt. Dieses Arbeiterparlament sei als politisches Organ das Symbol der »neuen, sozialistischen Gesellschaftsordnung, deren Trägerin die jetzige proletarische Revolution ist«.[13] Die Rede vom Arbeiterparlament könnte aber doch darauf hinweisen, dass Luxemburg mehr im Sinn hatte und auf eine Differenz zu den Räten und eine andere Logik der Versammlung aufmerksam machte. Der Grund dafür könnte sein, dass Arbeiterräte in den Betrieben gewählt wurden, Soldatenräte in ihren militärischen Einheiten – gerade unter ihnen waren auch viele Offiziere, die eher nicht aus der Arbeiterklasse kamen. Bei Arbeiterräten ist es wahrscheinlich, dass sie sich an den Interessen der Betriebe und Branchen und damit auch an engen korporativen Interessen orientieren; von den Betrieben werden dann – nach dem rätedemokratischen Modell – Delegierte in höhere Gremien geschickt. In den Räten spielten de facto die Parteien eine große Rolle, also die Mehrheitssozialdemokratie und die USPD, die beide den revolutionären Prozess bremsten, wenn nicht regelrecht verhindern wollten.

Es stellt sich wie immer in der Demokratietheorie die Frage, wie aus einer Zusammenkunft partikularer Willen gesamtgesellschaftliche Entscheidungen zustande kommen. Demgegenüber deutet die Forderung nach einer parlamentarischen Versammlung der Arbeiter*innen und Soldaten auf eine andere Form der Wahl, des Versammlungsablaufs und der Funktionen des Entscheidungsgremiums hin. Denn mit dem Parlament verbindet sich die Forderung nach einer breiten gesellschaftlichen Diskussion über die allgemeinen gesellschaftlichen Zielsetzungen und Entwicklungsperspektiven. Auch

12 Rosa Luxemburg: Der Anfang, in: GW, Bd. 4, S. 398.
13 Rosa Luxemburg: Die Nationalversammlung, in: ebd., S. 409–410.

der Anspruch auf eine Gesetzgebungskompetenz und Bestimmung der Regierung ist damit verbunden. Offensichtlich denkt Luxemburg hier an eine Einschränkung des Wahlrechts auf Arbeiter*innen und Landarbeiter*innen. Ohne dass dieser Punkt präzisiert worden wäre, könnte es sich entsprechend ihren oben dargelegten Überlegungen um eine einmalige Maßnahme handeln. Auf alle Fälle aber hätte in der Konsequenz ihres Arguments über Auswahlverfahren nachgedacht werden müssen: über eine Wahl von Repräsentanten oder von Delegierten genauer zu bestimmender territorialer Einheiten. Anders als in den Betrieben hätten in diesem Fall viele wählen können, die in den Betrieben kein Stimmrecht gehabt hätten (also Kleingewerbetreibende, Hausfrauen und Rentner*innen aus der Arbeiter*innenklasse). Eine öffentliche Diskussion über die Kandidat*innen und damit auch über ihr Verhältnis zum Krieg wäre eine naheliegende Konsequenz gewesen. Möglicherweise hätte auch der Einfluss der Parteien zurückgedrängt werden können, weil diejenigen, die sich hätten delegieren lassen, im Rahmen von Versammlungen bestimmt worden wären und nicht auf Parteilisten kandidiert hätten. Es handelt sich um hypothetische Überlegungen, denn Luxemburg hat sich zu diesen Fragen nicht näher geäußert.

4) Was Luxemburg an der Lage in Deutschland als Selbstwiderspruch der Revolution vorkommt, ist die Tatsache, dass die revolutionäre Regierung sich nicht ganz selbstverständlich und entsprechend ihrer Legitimationsgrundlage für eine Durchsetzung der revolutionären Ziele einsetzt und dennoch das Vertrauen und die Unterstützung vieler derjenigen genießt, die sich für die Revolution engagieren. Die Arbeiter*innen wünschen die Wiederherstellung der Einheit der Arbeiterparteien. Nicht nur die Sicherung des kapitalistischen Privateigentums auch unmittelbar in der Rüstungsindustrie oder die Kontinuität der Ministerialverwaltung gewährleisteten eine Fortsetzung der gegenrevolutionären, antidemokratischen Politik. Dazu gehört auch das Ziel der Einberufung einer konstituierenden Nationalversammlung. Das war gegen die Institutionalisierung der Räte gerichtet, denn eine Nationalversammlung bedeutete, dass alle Bürger*innen eine gleiche Wahlstimme erhalten, also auch alle diejenigen, die noch wenige Wochen zuvor eine imperialistische Kriegsführung und die Monarchie unterstützt hatten. Die revolutionären

Kräfte würden sich also ständig mit den adligen und bürgerlichen Kräften, die sie gerade von der politischen Macht verdrängt hatten, arrangieren müssen; diese Kräfte könnten sich in den Wahlen und in der täglichen Parlamentsarbeit als Parteien reorganisieren und ihr enges Verhältnis zur Verwaltung systematisch für eine bürgerliche Politik nutzen. Ohne Not würde also die sozialistische Revolution geschwächt, indem mit der Nationalversammlung ein bürgerliches Gegengewicht zu den Arbeiter- und Soldatenräten geschaffen würde. Auf diese Weise würden die sozialistischen Ziele der Revolution zum Verschwinden gebracht und jene Kräfte, die von den kapitalistischen Verhältnissen profitierten und die wesentlich den Krieg verantworteten, könnten weiterhin die Macht ausüben. Luxemburg äußert sich also ganz entschieden gegen den Plan einer Nationalversammlung, weil dieser die »Revolution bewusst oder unbewusst auf das historische Stadium bürgerlicher Revolution« zurückschraube. Sie betont, dass es nicht um die demagogische Alternative Demokratie oder Diktatur gehe, sondern um die Alternative bürgerliche oder sozialistische Demokratie.[14] Diese Überlegungen gehen auf den ersten Blick nicht zusammen mit ihrer (zu diesem Zeitpunkt der Öffentlichkeit nicht bekannten) Kritik an der Auflösung der Konstituierenden Versammlung in Russland. Doch Luxemburg konnte befürchten, dass die Wahlen zur Nationalversammlung eine Beschneidung gerade der regen Diskussionen um eine zukünftige sozialistische Demokratie mit sich bringen würden.

5) Eine weitere Position formuliert Luxemburg auf dem Gründungsparteitag der Kommunistischen Partei Deutschlands (KPD), der vom 30. Dezember 1918 bis zum 1. Januar 1919 in Berlin stattfand. Luxemburg war zunächst gegen eine Abspaltung von der USPD und die Gründung einer eigenen Partei. Der von Paul Levi eingebrachte und von Luxemburg verteidigte Vorschlag, die KPD solle sich an den Wahlen zur konstituierenden Nationalversammlung beteiligen, wurde abgelehnt. Luxemburg wandte sich gegen die Alternative von »Nichts-als-Parlamentarismus«, bei dem eine Parlamentsfraktion über die Geschicke und Aufgaben der Partei entscheiden würde, oder Barrikadenkampf.[15] Gleichzeitig betonte sie, dass die Revolution bis-

14 Ebd., S. 409.
15 Rosa Luxemburg: Unser Programm und die politische Situation, in: ebd., S. 492.

lang eine »elende halbe« Revolution geblieben sei, die Massen seien unreif und hätten es »bis jetzt nicht verstanden«, das Rätesystem zum Sieg zu bringen.[16] Die von der Mehrheit vertretene Behauptung, die Massen seien reif für die Aktivität einer Machtübernahme, hält sie für falsch; und wenn sie es wären, würde die Beteiligung an den Parlamentswahlen sie nicht daran hindern, sondern der KPD ein starkes Mandat geben, von innen heraus zu handeln. Luxemburg vertritt die Ansicht, dass die Massen weiter geschult werden müssten. Die Wahlen und die parlamentarischen Diskussionen seien verfeinerter Radikalismus, sie stellten ein »neues Instrument des revolutionären Kampfes« dar und dienten der Erziehung, der »geistigen Revolutionierung« der Massen, bis sie tatsächlich die Fähigkeit besitzen würden, die Zügel zu ergreifen.[17] Aus Luxemburgs Sicht sollte die Taktik der Wahlen ergänzt werden durch Aktionen auf der Straße. Vor allem vertritt sie die Ansicht, dass die bislang bloß politisch gebliebene Revolution durch eine ökonomische Revolution zu ergänzen sei. Damit meint sie die weitere Ausgestaltung der Arbeiter- und Soldatenräte als »Organe für den wirtschaftlichen Kampf«: Arbeiterräte, Betriebsräte, Reichswirtschaftsräte, die die wirtschaftlichen Kämpfe leiten und beaufsichtigen.[18] Dies stellt eine Veränderung ihrer Position dar, denn sie argumentiert nicht für ein Arbeiterparlament, ebenso wenig für Arbeiterräte als Organe verstanden, die sowohl ökonomische als auch politische Entscheidungskompetenzen auf sich vereinigen. Ohnehin muss man mit Blick auf die zeitgenössische Rätediskussion feststellen, dass in ihr die Räte eher als ökonomische denn als politische Entscheidungsgremien konzipiert wurden und das Verhältnis zu einem nationalen politischen Organ unterbestimmt blieb, das für eine allgemein verbindliche Koordination zuständig sein würde. Luxemburg konzipiert die Räte nun ausdrücklich als eine wirtschaftsdemokratische Ergänzung zum Parlament. Offenkundig stellt dies eine defensive Position dar.

Es wären vermutlich nicht die letzten Überlegungen von Rosa Luxemburg zur Frage der bürgerlichen und sozialistischen Demokra-

16 Rosa Luxemburg: Rede für die Beteiligung der KPD an den Wahlen zur Nationalversammlung, in: ebd., S. 483.

17 Ebd., S. 485.

18 Rosa Luxemburg: [Rede gegen eine wirtschaftlich-politische Einheitsorganisation der Arbeiterbewegung], in: ebd., S. 486–487.

tie gewesen. Wäre sie nicht ermordet worden, hätte sie die Gelegenheit gehabt, für ihre Position in der deutschen Linken weiter einzutreten. Unmittelbar vor dem Ausbruch der deutschen Revolution und in deren weiterem Verlauf vertrat Luxemburg durchaus verschiedene Positionen hinsichtlich der Demokratiefrage. Gibt es Gesichtspunkte, die diese verschiedenen Interventionen zusammenhalten? Luxemburg hat keine Theorie ausgearbeitet, die erklären könnte, wie sie die nicht immer zusammenpassenden Überlegungen zusammengeführt hätte. Die Texte zeigen ihre Fähigkeit, sich auf die Dynamik des revolutionären Prozesses, sein Vorwärts und Rückwärts, einzulassen, und die Bemühungen, auf seinen Verlauf Einfluss zu nehmen. Doch erweist es sich politisch durchaus als ein Nachteil, wenn Luxemburg jeweils nur situativ reagiert. Es ist klar, sie möchte den Prozess der Revolution unterstützen, deren Verlauf sie für sehr inkonsequent hält; und sie drängt deswegen darauf, die inneren Gründe und die Dynamik der Revolution selbst ernst zu nehmen, aber eine konkrete Strategie, die Luxemburg verfolgt, wird nicht erkennbar. Ihre Texte sind von einer gewissen Ambivalenz gekennzeichnet. Schon früh erkennt sie, dass die Menschen keineswegs so entschlossen sind und sich durchaus mit den alten Mächten arrangieren.

Ich meine, dass Luxemburg in einer Hinsicht aber sehr konsequent ist. Das betrifft ihre große Wertschätzung der Fähigkeit der Arbeitenden, ein Verständnis der gesellschaftlichen Prozesse zu erlangen, um diese und ihr eigenes Leben selbst bestimmen zu können. Dies erwartet sie sich von einer breiten gesellschaftlichen, freien Diskussion, in der die Menschen auf der Höhe der Erkenntnisse die gesellschaftliche Entwicklung bestimmen. Eine solche freie, lebendige, schöpferische Diskussion ist wiederum der Maßstab der Demokratie. Denn nur, wenn sich alle an solchen Diskussionen uneingeschränkt beteiligen können, kann sich die Diskussion selbst wiederum überhaupt erst entfalten. Offensichtlich ist es ihr nicht so wichtig, in welchen Institutionen die freien Diskussionen durchgeführt werden. Das kann das Parlament sein, das können die Räte sein, die Luxemburg zufolge ein größeres Potenzial haben, weil sie mehr Menschen einbeziehen, einen breiten und direkten Diskussionsprozess begünstigen und wirtschaftliche Entscheidungen mit einschließen. Entscheidend ist die Perspektive, dass die arbeitenden

Massen tastend und experimentierend neue gesellschaftliche Formen entwickeln, in denen die Produktions- und Machtmittel nicht mehr in der Verfügung weniger liegen und sie nicht mehr regiert werden. Das Dilemma, vor das Luxemburg die Menschheit gestellt sieht, besteht darin: Der Sozialismus sei geschichtliche Notwendigkeit geworden, werde er vom Proletariat nicht verwirklicht, stehe ihr der Untergang bevor.[19] Nach der Katastrophe des Ersten Weltkriegs weist Luxemburg also auf eine Weggabelung der gesellschaftlichen Entwicklung hin. Seitdem haben wir weitere Katastrophen erlebt, die Warnung vor dem Untergang beeindruckt die Gesellschaften wenig, Akteure, die den Sozialismus in Luxemburgs Sinn verwirklichen könnten, finden sich kaum. Gleichwohl leben wir im Horizont der Katastrophen und der Untergangsdrohungen. Zu Verhinderung, Einschränkung und Verknappung verbindlicher freier Diskussionen kommt es selbst noch in den fortgeschrittensten parlamentarischen Demokratien; und immer wieder muss, so wusste Luxemburg, die Demokratie geschützt werden. Luxemburgs Wunsch, tastend und experimentell auf etwas ganz Neues zuzugehen, um der Tendenz zur Barbarei den Boden zu entziehen, ist aktueller denn je.

19 Luxemburg: Programm, S. 496.

Emanzipation! Kein Fazit

von Miriam Pieschke

Die Frage nach der demokratischen Verfasstheit von Gesellschaft, den Organisationen der Arbeiter*innenbewegung und nach linker Organisierung zieht sich durch Rosa Luxemburgs Werk. In fast jedem ihrer Texte, unabhängig von deren vordergründigem Thema, behandelt sie immer auch diese Frage.

Aus ihren Schriften geht hervor, dass für sie die demokratische Gestaltung der Organisationen der Arbeiter*innenklasse eine Voraussetzung für den demokratischen Transformationsprozess und eine sich daraus entwickelnde demokratische sozialistische Gesellschaft ist. Nur wenn die Institutionen der Arbeiter*innenklasse demokratisch gestaltet sind, in ihnen Entscheidungsfindung demokratisch organisiert ist, sie demokratisch in ihrem Verhältnis von »Masse und Führung« sind und die Revolution selbst so demokratisch wie möglich abläuft, kann durch sie eine wirklich demokratische nachrevolutionäre Gesellschaft erkämpft werden. Das ist der Anspruch, dem sich Projekte einer sozialistischen Gesellschaftstransformation laut Luxemburg stellen müssen. Doch bereits in der bürgerlichen Gesellschaft müssen Sozialist*innen um die Ausweitung der Demokratie kämpfen, um die Chancen eines sozialistischen Transformationsversuchs zu erhöhen. Das heißt, für Luxemburg ist die Art und Weise nicht verhandelbar, *wie* sowohl im Kapitalismus als auch in einer möglichen revolutionären Situation politisch gearbeitet und gekämpft wird. Den Verzicht auf demokratische Prozesse, geheiligt durch irgendwelchen Zweck, lässt sie nicht gelten. Zwar kann sie Umstände anerkennen, in denen sich Revolutionär*innen gezwungen sehen, undemokratisch zu handeln. Das zeigt ihre Auseinandersetzung mit der Russischen Revolution von 1917. Dann verlangt sie aber, dass diese Revolutionär*innen darüber »schonungslose Selbstkritik« ablegen, statt sich nachträglich zu rechtfertigen und aus der Not eine

Tugend zu machen. So formuliert sie es in ihrer solidarischen Kritik am Vorgehen der Bolschewiki.

Zu diesen Einschätzungen kann Luxemburg kommen, weil sie unerschütterlich auf das Potenzial zur (Selbst-)Emanzipation der Massen setzt. Manchmal wird ihr unterstellt, sie überhöhe die Massen. Nein, für sie ist die grundsätzliche Fähigkeit der Menschen zur (Selbst-)Emanzipation eine unhintergehbare Voraussetzung für eine sozialistische Gesellschaft. Dabei läuft der Emanzipationsprozess nicht von selbst. Er muss vorbereitet, begleitet und gestaltet werden.

Für politisches Handeln im Sinne Luxemburgs ergibt sich eine eher unübliche Vorstellung von linker politischer Arbeit und politischer Führung. Politische Arbeit, politisch aktiv sein, Politik machen heißt in diesem Verständnis nämlich vor allem, einen ständigen kollektiven Lernprozess zu organisieren. Dieser muss darauf abzielen, aktuelle gesellschaftliche Entwicklungen gemeinsam zu beobachten, zu analysieren und strategische Überlegungen daran anzuknüpfen. Der gesamte Prozess muss dabei, nehmen wir Luxemburg ernst, *mit* den Menschen stattfinden, nicht für sie. Es reicht nicht aus, ihnen die Ergebnisse von klugem Nachdenken zu präsentieren, egal wie schlüssig und verständlich sie auch formuliert sein mögen.

Natürlich kann, soll und muss es dabei Arbeitsteilung geben. Denn nicht alle (politisch interessierten) Menschen haben die gleichen Voraussetzungen für gesellschaftliches Engagement. Gemeinsam mit anderen über politische Entwicklungen nachzudenken und sich zu engagieren, braucht Zeit, Kraft, Zugang zu Informationen, Schutz durch und in solidarischen Strukturen, außerdem Übung und Selbstbewusstsein. Selbstverständlich gibt es Menschen mit mehr Vorwissen, Erfahrung oder Ressourcen und daher steigen alle Beteiligten an unterschiedlichen Punkten in einen Lernprozess ein, der dann aber ein gemeinsamer werden soll.

Dennoch, oder gerade deswegen, hinterlässt Luxemburg der gesellschaftlichen und politischen Linken den hohen Anspruch, Politik als Organisierungs- und Lehr-/Lernprozess zugleich zu begreifen und entsprechend zu gestalten. Dies gilt für sie schon in kapitalistischen Verhältnissen, damit überhaupt die Chance besteht, dass ein Transformationsprozess über das Bestehende hinaus in Gang gesetzt wird.

Was das dann in der jeweiligen Situation konkret heißt, kann nicht vorhergesagt werden, schon deshalb nicht, weil es viele Akteur*innen im gesellschaftlichen Prozess gibt. Luxemburg verlangt daher, dass politisch Arbeitende immer auf die jeweils aktuelle Entwicklung reagieren. Dies kann umso besser gelingen, je mehr Stimmen an dieser Klärung beteiligt sind und ihre Ideen, Vorschläge und Kritik einbringen. Im gemeinsamen Nachdenken, Abwägen, Ausprobieren liegt die größte Chance, die richtigen Entscheidungen zu treffen. Oder eben aus der gemeinsam getroffenen falschen Entscheidung zu lernen. Dabei müssen zwei Fragen eine gleichrangige Rolle spielen: Wie lässt sich die jeweils konkrete Situation in Bezug auf eine kurzfristige Strategie deuten? Und: Wie lässt sie sich auf langfristiges Handeln hin analysieren? Aus beiden Überlegungen müssen politisch Handelnde Schlussfolgerungen ziehen und entsprechend agieren.

Wir müssen also jetzt herausfinden, wie wir miteinander umgehen, wie wir miteinander lernen wollen, wie wir Entwicklungen gemeinsam analysieren, wie wir miteinander streiten, wie wir Strategien ausprobieren, Siege und Niederlagen gemeinsam auswerten, welche weitere gesellschaftliche Entwicklung denkbar ist. Und denen, die die meisten Ressourcen haben, in Form von Zeit, Vorwissen, Kraft, Zugang, kommt hier die Verantwortung zu, diesen Prozess bestmöglich vorzubereiten, zu begleiten, zu ermöglichen, ohne gleichzeitig zu dominieren.

Diese Riesenaufgabe hat Luxemburg linken politischen Menschen hinterlassen. Sie war keine Verfechterin des Entweder-Oder, sondern des Sowohl-als-Auch: Reform *und* Revolution, kurzfristige Strategie *und* langfristiges Handeln, Lernen *und* Lehren, Führung *und* Masse. In diesem Sinne ist Luxemburgs Demokratieverständnis tatsächlich alternativlos.

»Mensch sein ist vor allem die Hauptsache. Und das heißt: fest und klar und heiter sein, ja heiter trotz alledem und alledem, denn das Heulen ist Geschäft der Schwäche. Mensch sein heißt, sein ganzes Leben ›auf des Schicksals große Waage‹ freudig hinwerfen, wenn's sein muss, sich zugleich aber an jedem hellen Tag und jeder schönen Wolke freuen … Die Welt ist so schön bei allem Graus und wäre noch schöner, wenn es keine Schwächlinge und Feiglinge auf ihr gäbe.«

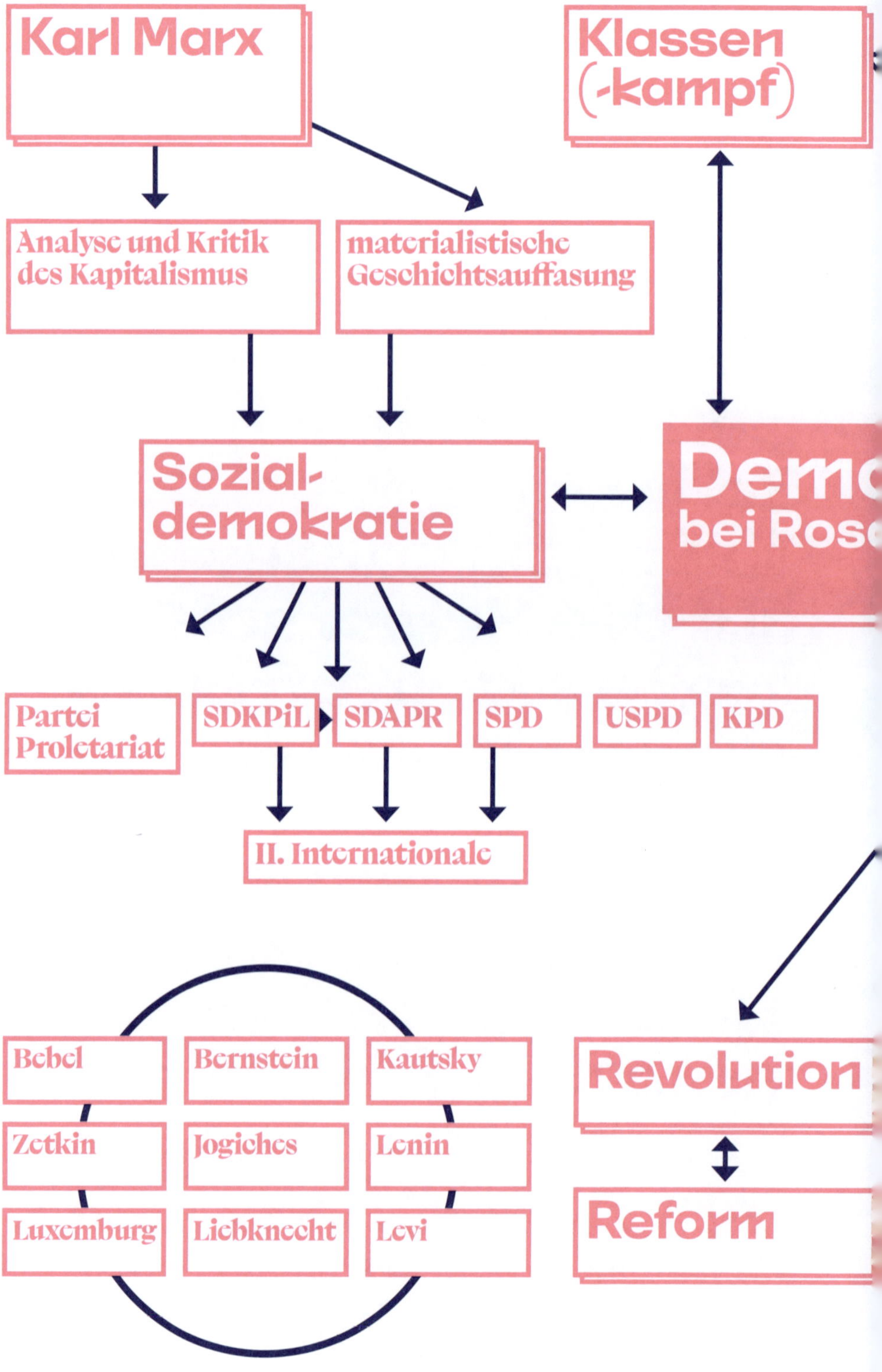
Karl Marx
Klassen (-kampf)
Analyse und Kritik des Kapitalismus
materialistische Geschichtsauffasung
Sozial-demokratie
Demo
bei Ros
Partei Proletariat
SDKPiL
SDAPR
SPD
USPD
KPD
II. Internationale
Bebel
Bernstein
Kautsky
Zetkin
Jogiches
Lenin
Luxemburg
Liebknecht
Levi
Revolution
Reform

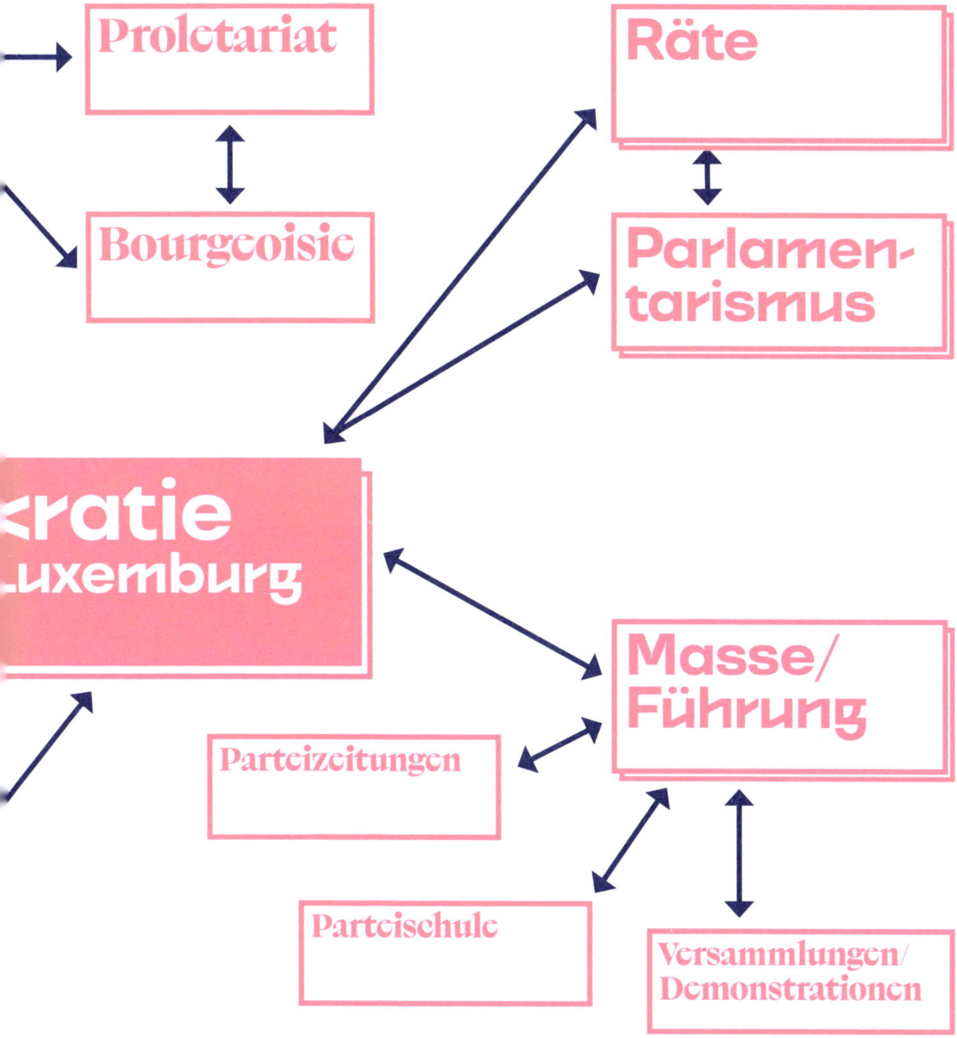

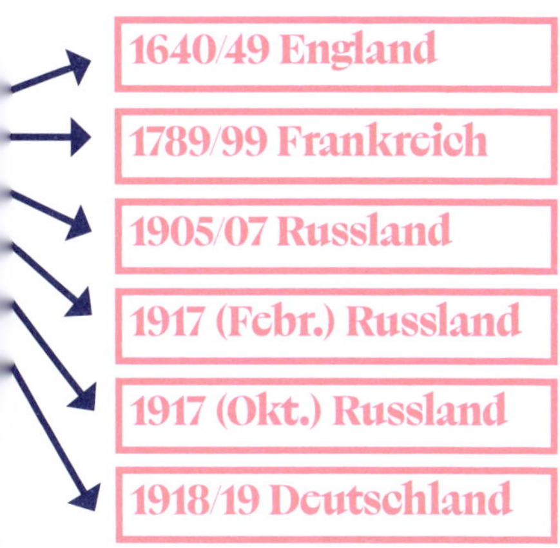

Mindmap

Luxemburgs Gedanken und Argumentationen sind klar und komplex zugleich. Eine Möglichkeit, sie sich zu erschließen, ist, zentrale Begriffe, die in den Texten des Buches eine Rolle spielen, in Bezug zueinander zu setzen. Es handelt sich um *eine* mögliche Interpretation des luxemburgschen Denkens über Demokratie – findet eure eigene!

Niederlage und Optimismus

Anfang Januar 1919 kam es in Berlin zu Unruhen, die lange Zeit als »Spartakusaufstand« bezeichnet wurden. Das war kein Aufstand des Spartakusbundes, sondern erhielt diesen Namen unter anderem dadurch, dass alle Kräfte links der SPD von dieser und den bürgerlichen Kreisen als Spartakisten bezeichnet wurden. Vielmehr wurde er vor allem von der USPD[1] und den revolutionären Obleuten[2] getragen.[3] Auslöser war die Abberufung des Berliner Polizeipräsidenten Emil Eichhorn, der dem linken Flügel der USPD angehörte. Dagegen richteten sich am 5. Januar 1919 Demonstrationen und es erging ein Aufruf zum Generalstreik – allerdings ohne dass deren Initiator*innen eine Vorstellung vom weiteren Vorgehen gehabt hätten. Rosa Luxemburg und die gerade gegründete KPD standen für eine verschwindende Minderheit und hatten, wie neuere Forschungen belegen, kaum Einfluss auf den Gang der Dinge. Rosa Luxemburg war gegen die Aktion und nicht an deren Vorbereitung und Durchführung beteiligt. Nach den Demonstrationen besetzten Bewaffnete, zum Teil angefeuert von Polizeispitzeln, das Zeitungsviertel und andere Institutionen. Das wurde von der SPD-Regierung zum Anlass genommen, um gegen die Linken eine Terrorwelle zu entfachen, der auch Rosa Luxemburg zum Opfer fiel. Die Aktion scheiterte an einer falschen Einschätzung der Kräfteverhältnisse und dem Fehlen einer konsequenten Führung.

1 Unabhängige Sozialdemokratische Partei Deutschlands. Ging aus der Spaltung der sozialdemokratischen Reichstagsfraktion 1916 hervor, als sich Gegner des Krieges von der Fraktionsmehrheit trennten. Die Partei wurde im April 1917 gegründet. Der Spartakusbund wirkte unter ihrem Dach und war später auch Teil der Partei, bevor er sich zur KPD konstituierte.

2 Linke Gewerkschafter*innen, die im Laufe des Krieges ein gegen die Unterstützung der Kriegspolitik durch SPD und Gewerkschaften gerichtetes Netzwerk aufgebaut hatten. Sie spielten in der Novemberrevolution eine zentrale Rolle.

3 Zu Hintergründen und Verlauf der Ereignisse vgl. Jörn Schütrumpf: Der Spartakusaufstand – ein deutsches Wintermärchen, in: ders. (Hrsg.): »Spartakusaufstand«. Der unterschlagene Bericht des Untersuchungsausschusses der verfassunggebenden Preußischen Landesversammlung über die Januar-Unruhen 1919 in Berlin, Berlin 2018, S. 13–44.

Die Ordnung herrscht in Berlin — 1919

»Ordnung herrscht in Warschau!« teilte der Minister Sebastiani im Jahre 1831 in der Pariser Kammer mit, als Suworows Soldateska nach dem furchtbaren Sturm auf die Vorstadt Praga in der polnischen Hauptstadt eingerückt war und ihre Henkerarbeit an den Aufständischen begonnen hatte.[4]

»Ordnung herrscht in Berlin!« verkündet triumphierend die bürgerliche Presse, verkünden Ebert und Noske, verkünden die Offiziere der »siegreichen Truppen«, denen der Berliner kleinbürgerliche Mob in den Straßen mit Tüchern winkt, mit Hurra zujubelt.

Der Ruhm und die Ehre der deutschen Waffen sind vor der Weltgeschichte gerettet. Die jämmerlich Geschlagenen von Flandern und den Argonnen haben ihren Ruf wiederhergestellt durch den glänzenden Sieg – über die 300 »Spartakisten« im

Gustav Noske
(1868–1946)

… langjähriger Funktionär in SPD und Gewerkschaften, Redakteur verschiedener Zeitungen, Reichstagsabgeordneter, Anhänger der militär- und kolonialfreundlichen Strömung der SPD. Ab 29. Dezember 1918 Mitglied des Rates der Volksbeauftragten, zuständig für Wehrfragen, dann Reichswehrminister. Aufgrund seiner Politik wurde er nach dem Kapp-Putsch 1920 zum Rücktritt gezwungen. Spielte danach keine Rolle mehr in der Sozialdemokratie.

4 Hier unterläuft Luxemburg in der Hektik des journalistischen Tagesgeschäfts eine Ungenauigkeit. Das Massaker unter dem russischen General Suworow ereignete sich 1794 im Zuge eines Aufstandes gegen die russische Besatzung. 1830/31 kam es zu einer weiteren Erhebung, die ebenfalls mit der Besetzung Warschaus durch russische Truppen und der Flucht vieler polnischer Patriot*innen ins Ausland, aber ohne ein vergleichbares Massaker endete.

Vorwärts.[5] Die Zeiten des ersten ruhmreichen Eindringens deutscher Truppen in Belgien, die Zeiten Generals von Emmich, des Bezwingers von Lüttich, erblassen vor den Taten der Reinhardt und Gen. in den Straßen Berlins.[6]

Niedergemetzelte *Parlamentäre*, die über die Übergabe des *Vorwärts* verhandeln wollten und von der Regierungs-Soldateska mit Kolben bis zur Unkenntlichkeit zugerichtet wurden, sodass die Rekognoszierung ihrer Leichen unmöglich ist, Gefangene, die an die Wand gestellt und in einer Weise hingemordet werden, dass Schädel und Hirn herumspritzen: Wer denkt da noch angesichts so glorreicher Taten an die schmählichen Niederlagen vor den Franzosen, Engländern und Amerikanern? »Spartakus« heißt der Feind und Berlin der Ort, wo unsere Offiziere zu siegen verstehen, Noske, der »Arbeiter«, heißt der General, der Siege zu organisieren weiß, wo Ludendorff versagt hat.[7]

Wer denkt da nicht an den Siegesrausch der »Ordnungs«meute in Paris, an das Bacchanal der Bourgeoisie auf den Leichen der Kommunekämpfer, derselben. Bourgeoisie, die eben erst vor den Preußen erbärmlich kapituliert und die Hauptstadt des Landes dem äußeren Feinde

5 »Nach zermürbendem Artilleriebeschuss bieten die Besetzer des Vorwärts ein Ende des ungleichen Kampfes und die Übergabe des Gebäudes an. Sie schicken sieben Parlamentäre, ... die sofort festgenommen und schwer misshandelt werden. Man verschleppt sie in die Dragonerkaserne, wo sie auf bestialische Weise ermordet werden. Im Laufe des Tages werden bis zu 300 weitere Verhaftete aus dem Vorwärts-Gebäude dorthin gebracht, unter ihnen eine Frau, die für Rosa Luxemburg gehalten wird. Ein Offizier verhindert im letzten Moment auch ihre Ermordung.« (Jörn Schütrumpf/Uwe Sonnenberg: Rosa Luxemburg in der deutschen Revolution. Eine Chronik, Berlin 2020, S. 100, unter: https://tinyurl.com/luxemburg-chronik).

6 Otto von Emmich (1848–1915), preußisch-deutscher General, der zu Beginn des Ersten Weltkrieges die Besetzung Belgiens einleitete. Die Besatzer (hier nur Männer*) versuchten, den Widerstand der belgischen Bevölkerung mit Terror zu brechen. Wilhelm Reinhardt (1869–1955), preußisch-deutscher Offizier, stellte Ende Dezember 1918 eine Freiwilligen-Einheit auf (Freikorps). Diese Truppen hatten den größten Anteil an der Niederschlagung des Januar-Aufstandes. Reinhardt trat schon 1927 der NSDAP bei und stieg unter den Nazis zum SS-Obergruppenführer und General auf.

7 Erich Ludendorff (1865–1937), ab 1916 faktisch Chef der Obersten Heeresleitung, orientierte die Kriegsführung konsequent an den politischen und wirtschaftlichen Vorstellungen der deutschen Eliten. Er setzte in der Endphase des Krieges die völlige Militarisierung des gesellschaftlichen Lebens durch (Hindenburg-Plan). Seine offensive Kriegsführung 1918 ging von unrealistischen Einschätzungen der Kräfteverhältnisse aus und war eine der entscheidenden Ursachen der militärischen Niederlage des Deutschen Reiches. Nach 1918 war er an Putschversuchen gegen die Republik beteiligt und vertrat als Politiker extrem reaktionäre Anschauungen.

preisgegeben hatte, um selbst, wie die letzten Feiglinge, Fersengeld zu geben! Aber gegen die schlecht bewaffneten, ausgehungerten Pariser Proletarier, gegen ihre wehrlosen Weiber und Kinder – wie flammte da wieder der Mannesmut der Bourgeoissöhnchen, der »goldenen Jugend«, der Offiziere auf! Wie tobte sich da die Tapferkeit der vor dem äußeren Feind zusammengeknickten Marssöhne in bestialischen Grausamkeiten an Wehrlosen, an Gefangenen, an Gefallenen aus!

»Ordnung herrscht in Warschau!« »Ordnung herrscht in Paris!« »Ordnung herrscht in Berlin!« So laufen die Meldungen der Hüter der »Ordnung« jedes halbe Jahrhundert von einem Zentrum des weltgeschichtlichen Kampfes zum andern. Und die frohlockenden »Sieger« merken nicht, dass eine »Ordnung«, die periodisch durch blutige Metzeleien aufrechterhalten werden muss, unaufhaltsam ihrem historischen Geschick, ihrem Untergang entgegengeht. Was war diese letzte »Spartakuswoche« in Berlin, was hat sie gebracht, was lehrt sie uns? Noch mitten im Kampf, mitten im Siegesgeheul der Gegenrevolution müssen sich die revolutionären Proletarier über das Geschehene Rechenschaft ablegen, die Vorgänge und ihre Ergebnisse am großen historischen Maßstab messen. Die Revolution hat keine Zeit zu verlieren, sie stürmt weiter – über noch offene Gräber, über »Siege« und »Niederlagen« hinweg – ihren großen Zielen entgegen. Ihren Richtlinien, ihren Wegen mit Bewusstsein zu folgen ist die erste Aufgabe der Kämpfer für den internationalen Sozialismus.

War ein endgültiger Sieg des revolutionären Proletariats in dieser Auseinandersetzung, war der Sturz der Ebert-Scheidemann und eine Aufrichtung der sozialistischen Diktatur zu erwarten? Gewiss nicht, wenn man alle Momente reiflich in Betracht zieht, die über die Frage entscheiden. Die wunde Stelle der revolutionären Sache in diesem Augenblick, die politische Unreife der Soldatenmasse, die sich immer noch von ihren Offizieren zu volksfeindlichen gegenrevolutionären Zwecken missbrauchen lässt, ist allein schon ein Beweis dafür, dass ein *dauernder* Sieg der Revolution in diesem Zusammenstoß nicht möglich war. Andererseits ist diese Unreife des Militärs selbst nur ein Symptom der allgemeinen Unreife der deutschen Revolution.

Das platte Land, aus dem ein großer Prozentsatz der Soldatenmasse stammt, ist nach wie vor noch von der Revolution kaum berührt. Berlin ist bislang noch vom Reich so gut wie isoliert. Zwar stehen in der Provinz die revolutionären Zentren – im Rheinland, an der Wasserkante, in Braunschweig, in Sachsen, in Württemberg – mit Leib und Seele aufseiten des Berliner Proletariats. Doch fehlt vorerst noch der unmittelbare Gleichschritt des Vormarsches, die direkte Gemeinsamkeit der Aktion, die den Vorstoß und die Schlagfertigkeit der Berliner Arbeiterschaft unvergleichlich wirksamer gestalten würde. Sodann sind – was nur der tiefere Zusammenhang jener politischen Unfertigkeiten der Revolution – die wirtschaftlichen Kämpfe, die eigentliche vulkanische Quelle, die den revolutionären Klassenkampf fortlaufend speist, erst im Anfangsstadium begriffen.

Aus alledem ergibt sich, dass auf einen endgültigen, dauernden Sieg in diesem Augenblick noch nicht gerechnet werden konnte. War deshalb der Kampf der letzten Woche ein »Fehler«? Ja, wenn es sich überhaupt um einen absichtlichen »Vorstoß«, um einen sogenannten »Putsch« handeln würde! Was war aber der Ausgangspunkt der letzten Kampfwoche? Wie in allen bisherigen Fällen, wie am 6. Dezember,[8]

8 »Am Nachmittag ziehen mehrere Soldatenkolonnen, vor allem des Garde-Grenadier-Regiments ›Kaiser Franz‹ (die sogenannten Franzer) zur Reichskanzlei, fordern Wahlen zur Nationalversammlung noch im Dezember und rufen Friedrich Ebert zu einem Präsidenten mit diktatorischen Vollmachten aus. Ebert lehnt diesen Ruf allerdings dankend mit der Begründung ab, dass er sich in einer solch wichtigen Angelegenheit erst mit dem Rat der Volksbeauftragten absprechen müsse. Angeblich im Namen der Reichsregierung setzen weitere Soldaten im preußischen Abgeordnetenhaus den Vollzugsrat der Arbeiter- und Soldatenräte fest. Sie können nach einiger Zeit aber davon überzeugt werden, für putschistische Zwecke missbraucht worden zu sein … Der in seiner Konsequenz letztlich dilettantisch durchgeführte Putschversuch endet kurz vor 18 Uhr jedoch in einem Blutbad. Von Stadtkommandant Otto

wie am 24. Dezember[9] – eine brutale Provokation der Regierung! Wie früher das Blutbad gegen wehrlose Demonstranten in der Chausseestraße, wie die Metzelei gegen die Matrosen, so war diesmal der Anschlag gegen das Berliner Polizeipräsidium[10] die Ursache aller weiteren Ereignisse. Die Revolution operiert eben nicht aus freien Stücken, in einem offenen Blachfeld, nach einem schlau von »Strategen« zurechtgelegten Plan. Ihre Gegner haben *auch* die Initiative, ja, sie üben sie in der Regel viel mehr als die Revolution selbst aus.

Vor die Tatsache der frechen Provokation seitens der Ebert-Scheidemann gestellt, war die revolutionäre Arbeiterschaft *gezwungen,* zu den Waffen zu greifen. Ja, es war *Ehrensache* der Revolution, sofort den Angriff mit aller Energie abzuschlagen, sollten nicht die Gegenrevolution zu weiterem Vordringen ermuntert, die revolutionären Reihen des Proletariats, der moralische Kredit der deutschen Revolution in der Internationale erschüttert werden.

Der sofortige Widerstand kam auch spontan mit einer so selbstverständlichen Energie aus den Berliner Massen heraus, dass gleich im ersten Anlauf der moralische Sieg aufseiten der »Straße« blieb.[11]

Wels (SPD) an die Ecke Chausseestraße/Invalidenstraße beorderte Gardefüsiliere schießen in eine gegen den Putschversuch gerichtete Spontandemonstration. Erstmals seit Beginn der Revolution werden in Berlin Maschinengewehrsalven abgefeuert. Sie hinterlassen mindestens 16 Tote und mehrere Dutzend Schwerverletzte, darunter Willi Budich vom Roten Soldatenbund, für dessen Genesung sich Rosa Luxemburg besonders einsetzt. Der Auslöser des Massakers bleibt unbekannt.« (Schütrumpf/Sonnenberg, Chronik, S. 46–47)

9 Am 24. Dezember 1918 griffen konterrevolutionäre Truppen unter Führung von Generalleutnant Arnold Lequis die Volksmarinedivision in Berlin mit Artillerieunterstützung an. Diese Einheit bestand aus Matrosen (Militärangehörige waren nur Männer*), die vor allem mit der Bewachung wichtiger Regierungseinrichtungen beauftragt waren. Sie galt als Verteidigerin der Revolution, weshalb sie auch in diesen Kämpfen von Arbeiter*innen unterstützt wurde, wodurch der Angriff zusammenbrach. In den Kämpfen fanden elf Matrosen und 56 Soldaten der Lequis-Truppen den Tod. Zur Geschichte der Volksmarinedivision vgl. Klaus Gietinger: Blaue Jungs mit roten Fahnen. Die Volksmarinedivision 1918/19, Münster 2019.

10 Am 4. Januar 1919 wurde der Berliner Polizeipräsident Emil Eichhorn, der dem linken Flügel der USPD angehörte, von der sozialdemokratischen Regierung abgesetzt. Eichhorn war Kontrahent des rechtssozialdemokratischen Stadtkommandanten von Berlin, Otto Wels. Neben dieser Machtfrage sollten die Linken mit diesem Schritt zu Gewaltaktionen provoziert werden. Das gelang unter anderem dadurch, dass ihre Organisationen massiv durch Agenten (nur Männer*) unterwandert waren.

11 Zu Hintergründen und Verlauf der Ereignisse vgl. Schütrumpf, Spartakusaufstand, S. 13–44.

Nun ist es inneres Lebensgesetz der Revolution, nie beim erreichten Schritt in Untätigkeit, in Passivität stehen zu bleiben. Die beste Parade ist ein kräftiger Hieb. Diese elementare Regel jeden Kampfes beherrscht erst recht alle Schritte der Revolution. Es versteht sich von selbst und zeugt von dem gesunden Instinkt, von der inneren frischen Kraft des Berliner Proletariats, dass es sich nicht bei der Wiedereinsetzung Eichhorns in sein Amt beruhigte, dass es spontan zur Besetzung anderer Machtposten der Gegenrevolution: der bürgerlichen Presse, des offiziösen Nachrichtenbüros, des *Vorwärts* schritt. Alle diese Maßnahmen ergaben sich bei der Masse aus der instinktiven Erkenntnis, dass sich die Gegenrevolution ihrerseits bei der davongetragenen Niederlage nicht beruhigen, sondern auf eine allgemeine Kraftprobe ausgehen wird.

Auch hier stehen wir vor einem der großen historischen Gesetze der Revolution, gegen die alle Klügeleien und Besserwissereien jener kleinen »Revolutionäre« vom Schlage der USP zerschellen, die in jedem Kampfe nur nach Vorwänden zum Rückzug haschen. Sobald das Grundproblem der Revolution klar aufgestellt worden ist – und das ist in *dieser* Revolution der Sturz der Regierung Ebert-Scheidemann als des ersten Hindernisses für den Sieg des Sozialismus –, dann taucht dieses Grundproblem immer wieder in seiner ganzen Aktualität auf, und jede einzelne Episode des Kampfes rollt mit der Fatalität eines Naturgesetzes das Problem in seinem vollen Umfang auf, mag die Revolution zu seiner Lösung noch so unvorbereitet, mag die Situation noch so unreif sein. »Nieder mit Ebert-Scheidemann!« – diese Losung taucht unausweichlich in jeder Revolutionskrise auf als die einzig erschöpfende Formel aller partiellen Konflikte und treibt dadurch von selbst, durch ihre innere objektive Logik, ob man es will oder nicht, jede Kampfepisode auf die Spitze.

Aus diesem Widerspruch zwischen der Zuspitzung der Aufgabe und den mangelnden Vorbedingungen zu ihrer Lösung in einer anfänglichen Phase der revolutionären Entwicklung ergibt sich, dass die Einzelkämpfe der Revolution formal mit einer *Niederlage* enden. Aber die Revolution ist die einzige Form des »Krieges« – auch dies ihr besonderes Lebensgesetz –, wo der Endsieg nur durch eine Reihe von »Niederlagen« vorbereitet werden kann!

Was zeigt uns die ganze Geschichte der modernen Revolutionen und des Sozialismus? Das erste Aufflammen des Klassenkampfes in Europa, der Aufruhr der Lyoner Seidenweber 1831, endete mit einer schweren Niederlage; die Chartistenbewegung in England – mit einer Niederlage. Die Erhebung des Pariser Proletariats in den Junitagen 1848 endete mit einer niederschmetternden Niederlage. Die Pariser Kommune endete mit einer furchtbaren Niederlage. Der ganze Weg des Sozialismus ist – soweit revolutionäre Kämpfe in Betracht kommen – mit lauter Niederlagen besät.

Und doch führt diese selbe Geschichte Schritt um Schritt unaufhaltsam zum endgültigen Siege! Wo wären wir heute *ohne* jene »Niederlagen«, aus denen wir historische Erfahrung, Erkenntnis, Macht, Idealismus geschöpft haben! Wir fußen heute, wo wir unmittelbar bis vor die Endschlacht des proletarischen Klassenkampfes herangetreten sind, geradezu auf jenen Niederlagen, deren *keine* wir missen dürften, deren jede ein Teil unserer Kraft und Zielklarheit ist.

Es ist da mit Revolutionskämpfen das direkte Gegenteil der parlamentarischen Kämpfe. Wir hatten in Deutschland binnen vier Jahrzehnten lauter parlamentarische »Siege«, wir schritten geradezu von Sieg zu Sieg. Und das Ergebnis war bei der großen geschichtlichen Probe am 4. August 1914 eine vernichtende politische und moralische Niederlage, ein unerhörter Zusammenbruch, ein beispielloser Bankrott. Die Revolutionen haben uns bis jetzt lauter Niederlagen gebracht, aber diese unvermeidlichen Niederlagen häufen gerade Bürgschaft auf Bürgschaft des künftigen Endsieges.

Allerdings unter *einer* Bedingung! Es fragt sich, unter welchen Umständen die jeweilige Niederlage davongetragen wurde, ob sie sich dadurch ergab, dass die vorwärtsstürmende Kampfenergie der Massen an die Schranke der mangelnden Reife der historischen Voraussetzungen geprallt, oder aber dadurch, dass die revolutionäre Aktion selbst durch Halbheit, Unentschlossenheit, innere Schwächen gelähmt war.

Klassische Beispiele für beide Fälle sind einerseits die französische Februarrevolution, andererseits die deutsche Märzrevolution. Die heldenmütige Aktion des Pariser Proletariats im Jahre 1848 ist der lebendige Quell der Klassenenergie für das ganze internationale Proletariat geworden. Die Jämmerlichkeiten der deutschen Märzrevolution hingen der ganzen modernen deutschen Entwicklung wie eine Fußkugel an. Sie wirkten durch die besondere Geschichte der offiziellen deutschen Sozialdemokratie bis in die jüngsten Vorgänge der deutschen Revolution, bis in die eben erlebte dramatische Krise nach.

Wie erscheint die Niederlage dieser sogenannten Spartakuswoche im Lichte der obigen historischen Frage? War sie eine Niederlage aus stürmender Revolutionsenergie und unzulänglicher Reife der Situation oder aber aus Schwächlichkeit und Halbheit der Aktion?

Beides! Der zwiespältige Charakter dieser Krise, der Widerspruch zwischen dem kraftvollen, entschlossenen, offensiven Auftreten der Berliner Massen und der Unentschlossenheit, Zaghaftigkeit, Halbheit der Berliner Führung ist das besondere Kennzeichen dieser jüngsten Episode.

Die Führung hat versagt. Aber die Führung kann und muss von den Massen und aus den Massen heraus neu geschaffen werden. Die Massen sind das Entscheidende, sie sind der Fels, auf dem der Endsieg der Revolution errichtet wird. Die Massen waren auf der Höhe, sie haben diese »Niederlage« zu einem Glied jener historischen Niederlagen gestaltet, die der Stolz und die Kraft des internationalen Sozialismus sind. Und darum wird aus dieser »Niederlage« der künftige Sieg erblühen.

»Ordnung herrscht in Berlin!« Ihr stumpfen Schergen! Eure »Ordnung« ist auf Sand gebaut. Die Revolution wird sich morgen schon »rasselnd wieder in die Höh' richten« und zu eurem Schrecken mit Posaunenklang verkünden:

Ich war, ich bin, ich werde sein!

Aus: Rosa Luxemburg:
Gesammelte Werke, Berlin 1970 ff., Bd. 4, S. 533–538

»Aber mein innerstes Ich gehört mehr meinen Kohlmeisen als den ›Genossen‹. Und nicht etwa, weil ich in der Natur, wie so viele innerlich bankrotte Politiker, ein Refugium, ein Ausruhen finde. Im Gegenteil, ich finde auch in der Natur auf Schritt und Tritt so viel Grausames, dass ich sehr leide.«

1800 1850

Schriften
von Rosa Luxemburg

IMPERIALISMUS

Französische Revolution

Deutsche März-Revolution

Aufstand der Seidenweber von Lyon

Pariser Kommune

Kommunistisches Manifest

Gründung der SPD

I. Internationale

INDUSTRIALISIERUNG

Lebensdaten
von Rosa Luxemburg:

5. März 1871
in Polen geboren

1900

1905

1897 | Sozialismus in Polen«

1898 | »Zum kommenden Parteitag«

1899 | »Sozialreform oder Revolution«

1903 | »Karl Marx«

1904 | »Sozialdemokratie und Parlamentarismus«

1904 | »Organisationsfragen der russischen Sozialdemokratie«

1906 | »Massenstreik, Partei und Gewerkschaften«

Sozialistengesetz

Bismarcksche Sozialreformen

Russische Revolution

Aufstand der Herero und Nama

II. Internationale

Revisionismusstreit

Massenstreikdebatte

»Gleichheit« erscheint

Frauenstudium in Deutschland

in Polen

Studium in Zürich

Umzug nach Berlin

Wahlagitation

Journalistische Tätigkeit

1910

1909/10
»Einführung in die Nationalökonomie«

1912
»Frauenwahlrecht und Klassenkampf«

1913
»Die Akkumulation des Kapitals«

1908
»Reden zur Frage der Parteischule und gegen die Budgetbewilligung«

1911
»Rede gegen die Passivität des Parteivorstandes in der Marokkokrise «

1913
»Rede über die Taktik der Sozialdemokratie«

Marokkokrise

I. WELTKRIEG

☹ Burgfrieden

I. Internationaler Frauentag

Parteitagsdelegierte

Parteischule

Schutzhaft

1915 1920

1915 | »Die Akkumulation des Kapitals« »Eine Antikritik«

1916 | »Die Krise der Sozialdemokratie«

1917 | »Offene Briefe an Gesinnungsfreunde«

1918 | »Zur russischen Revolution«

1919 | »Die Ordnung herrscht in Berlin«

Russische Revolution

Novemberrevolution

Januaraufstand

Ausrufung der Republik

Gruppe Internationale → Spartakusgruppe → KPD

Spaltung → USPD, MSPD

Einführung Frauenwahlrecht

Redaktion »Rote Fahne«

15. Januar 1919 Ermordung

Anmerkungen zu den Biografien

Karl Liebknecht

* Wilhelm Liebknecht (1826–1900) gilt gemeinsam mit August Bebel als Begründer der Sozialdemokratie in Deutschland. Vgl. Hermann Weber: Liebknecht, Wilhelm, unter: https://tinyurl.com/liebknecht-bio.

** Otto Rühle (1874–1943) trat 1896 der SPD bei und arbeitete als Redakteur und Wanderlehrer für die Partei. Sein Schwerpunkt war die Bildungspolitik. Von 1912 bis 1918 gehörte er dem Reichstag an. Rühle gehörte zu den Begründer*innen der Spartakusgruppe und übernahm nach der Verhaftung Liebknechts 1916 einen Teil der Koordination. Vgl. Annelies Laschitza: Rosa Luxemburg. Im Lebensrausch, trotz alledem. Eine Biographie, Berlin 2010, S. 513–684.

*** In der Spartakusgruppe vereinigte sich ein Teil der Opposition gegen die Kriegspolitik Deutschlands und ihre Unterstützung durch SPD und Gewerkschaften nach 1914. Aus ihr ging Ende 1918/Anfang 1919 die KPD hervor.

**** Vgl. Einführung zu »Die Ordnung herrscht in Berlin«, in diesem Band S. 190; vgl. auch Jörn Schütrumpf: Die Legende vom Spartakusaufstand, unter: https://tinyurl.com/spartakusaufstand.

***** Vgl. Annelies Laschitza: Die Liebknechts: Karl und Sophie, Politik und Familie, Berlin 2007.

Karl Marx

* Eine interessante Einführung in Leben und Werk von Marx: Dietmar Dath: Karl Marx. 100 Seiten, Ditzingen 2018.

Friedrich Engels

* Vgl. Michael Krätke: Friedrich Engels oder: Wie ein »Cotton-Lord« den Marxismus erfand, Berlin 2020.

Leo Jogiches

* Vgl. https://tinyurl.com/jogiches.

Julian Marchlewski

* Vgl. https://tinyurl.com/julian-marchlewski.

Adolf Warski

* Vgl. https://tinyurl.com/adolf-warski.

August Bebel

* Neben der Möglichkeit, sich politisch zu betätigen, war auch die Weiterbildung in Vereinen oder Gruppen für Frauen* eingeschränkt. Wir haben uns aber entschieden, von Arbeiter*innenbildungsvereinen zu sprechen, da Frauen* von

Anfang an darum kämpften, an der politischen Erwachsenenbildung teilzuhaben, und dies auch erfolgreich taten.

** Zum widerspruchsvollen Leben Bebels vgl. zwei in Teilen widersprüchliche Biografien: Jürgen Schmidt: August Bebel – Kaiser der Arbeiter. Eine Biografie, Zürich 2013, und Ursula Herrmann/Volker Emmrich: August Bebel: Eine Biographie, Berlin 1989.

Eduard Bernstein

* Vgl. Engels' Testament [und dessen Beilagen bzw. Änderungen], in: MEW, Bd. 39, S. 505–511.

** Vgl. zu den Positionen Bernsteins Michael Brie: Rosa Luxemburg neu entdecken: ein hellblaues Bändchen zu »Freiheit für den Feind! Demokratie und Sozialismus«, Hamburg 2019, S. 66–70. Eine Auswahl seiner Schriften und ein streitbares Essay zu seiner Bedeutung: vgl. Tom Strohschneider: Eduard Bernstein oder: Die Freiheit des Andersdenkenden, Berlin 2019.

Wladimir Iljitsch Lenin

* Vgl. Michael Brie: Lenin neu entdecken: das hellblaue Bändchen zur Dialektik der Revolution & Metaphysik der Herrschaft, Hamburg 2017, unter: https://tinyurl.com/brie-lenin; Wladislaw Hedeler: Lenin oder: Revolution gegen das Kapital, Berlin 2013.

Alexander Parvus

* Vgl. Winfried B. Scharlau/Zbynek A. Zeman: Parvus-Helphand. Eine politische Biographie, Köln 1964.

Ferdinand Lassalle

* »Arbeiter-Programm: über den besonderen Zusammenhang der gegenwärtigen Geschichtsperiode mit der Idee des Arbeiterstandes«, unter: https://tinyurl.com/lassalle-programm.

Georgi Plechanow

* Vgl. zur Biografie das Nachwort zu: Georgij Valentinovič Plechanov: Zwischen Revolution und Demokratie. Artikel und Reden 1917–1918. Mit einem Textanhang: Erinnerungen an Plechanow, hrsg. von Wladislaw Hedeler/Ruth Stoljarowa, Berlin 2016.

Kurt Eisner

* Vgl. zum Verlauf der Revolution und der Rolle Rosa Luxemburgs Jörn Schütrumpf/Uwe Sonnenberg: Rosa Luxemburg in der deutschen Revolution. Eine Chronik, Berlin 2020, unter: https://tinyurl.com/luxemburg-chronik.

** Wir haben hier die männliche* Form beibehalten. Zwar waren auch Frauen* zentrale Personen in der Novemberrevolution, nicht zuletzt Rosa Luxemburg, institutionalisierte Führungsämter wie etwa diejenige Eisners hatten sie jedoch nicht inne. Auf dem 1. Reichsrätekongress 1918 waren zwei Frauen* vertreten, auf dem Folgekongress keine mehr.

*** Vgl. https://tinyurl.com/eisner-kurt.

Heinrich Schulz

* Vgl. Peter Braune: Die gescheiterte Einheitsschule. Heinrich Schulz – Parteisoldat zwischen Rosa Luxemburg und Friedrich Ebert, Berlin 2004, unter: https://tinyurl.com/braune-schulz.

Clara Zetkin

★ Vgl. Mario Hesselbarth: Zur Geschichte der USPD, Berlin 2017, unter: https://tinyurl.com/uspd-geschichte.

★★ Vgl. Hermann Weber/Andreas Herbst: Deutsche Kommunisten. Biographisches Handbuch 1918 bis 1945, Berlin 2008, S. 1054–1056.

Eduard David

★ Eduard David: Das Kriegstagebuch des Reichstagsabgeordneten Eduard David 1914 bis 1918, Düsseldorf 1966.

Hermann Molkenbuhr

★ Wir haben hier die männliche* Form beibehalten, da zu dieser Zeit nur Männer* Reichstagsabgeordnete sein konnten.

Georg Theodor Ledebour

★ Zum sogenannten Spartakusaufstand vgl. die Einführung zu »Die Ordnung herrscht in Berlin« in diesem Band S. 190; vgl. auch Jörn Schütrumpf: Die Legende vom Spartakusaufstand, unter: https://tinyurl.com/spartakusaufstand.

Philipp Scheidemann

★ Vgl. Philipp Scheidemann: Das historische Versagen der SPD. Schriften aus dem Exil, Lüneburg 2002, S. 154–155.

Friedrich Ebert

★ Da Frauen* dem Reichstag nicht angehörten, haben wir hier die männliche* Form beibehalten.

Carl Legien

★ In diesem Abkommen erkannte die Kapitalseite die Gewerkschaften als alleinige Vertretung der Arbeiter*innen und Angestellten und deren Koalitionsrecht an, fixierte den Acht-Stunden-Arbeitstag und begründete die Praxis der friedlichen gemeinsamen Regelung von Streitfragen zwischen Kapital und Arbeit. Vgl. den Wortlaut in: Walter Steitz (Hrsg.): Quellen zur deutschen Wirtschafts- und Sozialgeschichte vom Ersten Weltkrieg bis zum Ende der Weimarer Republik, Darmstadt 1993, S. 72–73, unter: https://tinyurl.com/stinnes-legien.

Fjodor Iljitsch Dan

★ Vgl. Hartmut Rüdiger Peter: Vor dem Vergessen bewahren. Fedor I. Dan (1871–1947), in: Jahrbuch zur Geschichte der Arbeiterbewegung III/2008, S. 141–152.

Paul Levi

★ Vgl. ausführlich Paul Levi: Ohne einen Tropfen Lakaienblut. Schriften, Reden, Briefe. Bd. I/1: Spartakus, hrsg. von Jörn Schütrumpf, Berlin 2018, S. 33–80. Vgl. auch Jörn Schütrumpf: Unabgegoltenes. Politikverständnis bei Paul Levi, in: Utopie kreativ 150, April 2003, S. 330–342, unter: https://tinyurl.com/paul-levi.

Über Rosa Luxemburg

Rosa Luxemburg wird am 5. März 1871 in Zamość im russisch besetzten Polen geboren. Sie besucht in Warschau das Gymnasium und geht 1889 zum Studium nach Zürich.

1893 wird sie Mitbegründerin der Sozialdemokratie des Königreiches Polen (SDKP). 1897 promoviert sie zur wirtschaftlichen Entwicklung Polens. Ein Jahr später siedelt sie nach Deutschland über und wird zu einer profilierten Agitatorin und Theoretikerin der Linken in SPD und Internationale. Während der Revolution in Warschau 1905/06 wird sie verhaftet und im Juni 1906 gegen Kaution freigelassen.

Von 1907 bis 1914 ist sie Lehrerin an der Parteischule der SPD. Sie gerät zunehmend in Gegensatz zu Parteivorstand und Parteigrößen wie August Bebel und Karl Kautsky. Nach Ausbruch des Ersten Weltkrieges 1914 schließt sie sich mit anderen Kriegsgegner*innen zur Gruppe Internationale, später Spartakusgruppe, zusammen.

Mit ganzer Kraft engagiert sie sich nach ihrer Haft 1916 bis 1918 in der Novemberrevolution. Gemeinsam mit Karl Liebknecht gibt sie die *Rote Fahne* heraus und gehört Ende 1918 zu den Gründer*innen der Kommunistischen Partei Deutschlands (KPD).

Am 15. Januar 1919 wird sie von Konterrevolutionären ermordet.

Über die Herausgeber*innen

Miriam Pieschke (geb. 1981) ging in Berlin auf eine Schule, die nach Rosa Luxemburg benannt war. Die Sozialwissenschaftlerin und politische Bildnerin arbeitet aktuell an der Alice Salomon Hochschule in Berlin in einem Projekt des *Transformativen Community Organizing.*

Sie ist Fellow am Institut für Gesellschaftsanalyse der Rosa-Luxemburg-Stiftung und Mitglied der Redaktion der Zeitschrift *LuXemburg.*

Seit zehn Jahren beschäftigt sie sich intensiver mit Rosa Luxemburg und gibt immer wieder Seminare zu deren Werk.

Lutz Brangsch (geb. 1957) ist Ökonom und arbeitet als Referent für Demokratie und Staat am Institut für Gesellschaftsanalyse der Rosa-Luxemburg-Stiftung. In der DDR wissenschaftlicher Mitarbeiter an der Akademie für Gesellschaftswissenschaften war er von 1990 bis 1999 Mitarbeiter im Bundesvorstand der PDS.

Seit vielen Jahren beschäftigt er sich mit der Frage historischer und politischer Bildung für eine lebendige Linke.

Danksagung

Die Idee zur ersten Auflage dieses Buches hatten Sabine Nuss und Martin Beck. Michael Brie und Jörn Schütrumpf haben uns bei einer ersten Beratung wichtige konzeptionelle Anregungen gegeben. Camilla Zoller und Franza Drechsel halfen uns mit ihrem kritisch-solidarischen Feedback zur ersten Variante des Manuskripts sehr weiter. Christoph Lieber und Jörn Schütrumpf unterstützten uns zudem bei der Textauswahl. Last not least haben wir durch unseren Lesekreis Rosa Luxemburg, bei der Rosa-Luxemburg-Stiftung, viel darüber erfahren, mit welchen Fragen Neuleser*innen an Luxemburgs Werk herantreten. Ohne die Geduld und Unterstützung von Freund*innen und Familienmitgliedern hätten wir nicht die Zeit oder Kraft gehabt, dieses Buch zu entwickeln. Allen gilt unser Dank.

Wir freuen uns sehr, dass das Buch nach zwei Jahren jetzt in einer Taschbuchausgabe erscheint.

Impressum

Bibliografische Informationen der Deutschen Nationalbibliothek
Die Deutsche Nationalbibliothek verzeichnet diese Publikation in der Deutschen Nationalbibliografie; detaillierte bibliografische Daten sind im Internet über http://dnb.dnb.de abrufbar.

Gefördert von der Rosa-Luxemburg-Stiftung

1. Auflage 2023

Gestaltung: Andreas Homann
Druck, Bindung und Verarbeitung: Friedrich Pustet GmbH & Co. KG Regensburg
Printed in Germany
ISBN 978-3-320-02405-5

Die Rechtschreibung der Texte von Rosa Luxemburg und aller anderen Zitate in diesem Buch wurden an die neuen Regeln angepasst.

Fotos: Bilder von Rosa Luxemburg: Dietz Berlin; Amélie-Suzanne Serre/Public Domain: S. 38; Dietz Berlin: S. 9, 15, 43, 45, 48, 62, 67, 73, 75, 76, 88, 103, 109, 124, 127, 132, 158; Gemeinfrei, anonyme Urheber*in: S. 16, 35, 36, 37, 44, 51, 56, 74, 91, 96, 98, 116, 118, 119, 125, 137, 191. Trotz sorgfältiger Recherche konnten nicht alle Inhaber*innen der Urheber*innenrechte ermittelt werden. Sollten berechtigte Ansprüche bestehen, möge sich die*der Betreffende beim Verlag melden.